惊呆了！哲学这么好

〔日〕田中正人 著 〔日〕斋藤哲也 编
尹国鹏 译

南海出版公司

新经典文化股份有限公司
www.readinglife.com
出　品

目 录

古希腊

▶年表

▶人物介绍

▶概念解说

中世纪

▶年表

▶人物介绍

▶概念解说

近代（前期）

近代（后期）

▶年表

▶人物介绍

▶概念解说

现代

▶年表

▶人物介绍

▶概念解说

本书的使用方法

若从头阅读本书，能够了解自泰勒斯伊始的西方哲学史是如何发展变化至今的，可以把握西方哲学的大致脉络。若将本书作为哲学概念辞典使用，卷末的索引则非常方便。检索哲学概念的时候，除了哲学概念本身的页面之外，如果一并浏览相关页面，可达到更加全面深入的了解。

人物
七十二位哲学家的插图。

主要活跃地点
与该哲学家关系深远的国家的国旗。

名言
该哲学家的代表性名言及其解说。

条目
与该哲学家关联紧密的事件及其解说。

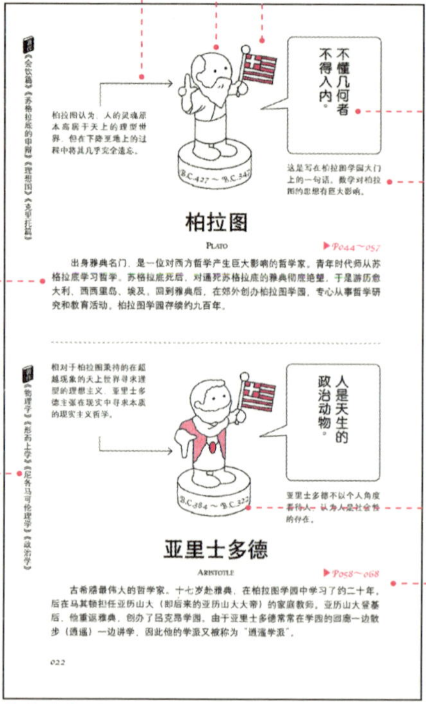

人物介绍页

简介
介绍该哲学家的生平。

年代
该哲学家的生卒年。

概念解说页
和该哲学家关联紧密的哲学概念的解说页。

主要著作
介绍该哲学家的主要著作。

标题概念
介绍二百多个主要哲学概念。

相关人物介绍页
介绍相关哲学家的页面。

相关人物
与标题概念关系深远的哲学家的插图。

资料
增添有助于理解概念的资料。针对不同概念，设置了以下项目。
[含义] 一句话简单说明概念的内涵。
[词源] 解释概念从何而来。
[示例] 举出具体范畴和语境下的使用实例或代表人物。
[对应词] 介绍与该概念相反或相对的概念。
[最初出处] 列出最早使用该概念的文献。
[出处] 针对引用的语句，明确列出引用自何处。
[影响] 说明该概念所产生的影响。
[文献] 列举主要论述该概念的文献。
[相关] 列举相关的概念。
[备注] 介绍一些有助于更深入了解该概念的知识。

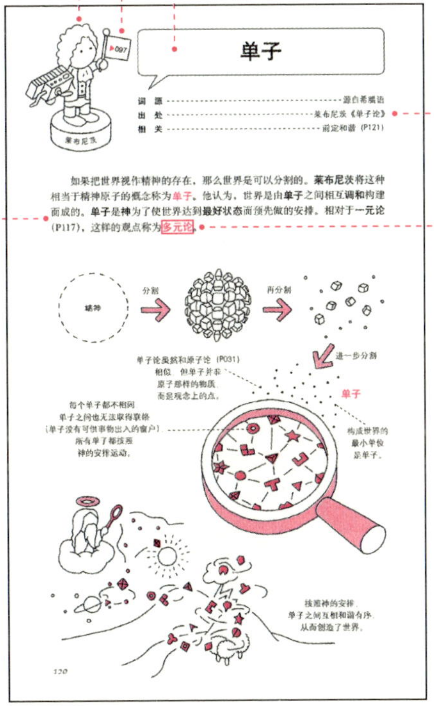

概念解说页

其他重要概念
不同于标题概念的其他哲学概念，重要程度与标题概念相同。

解说
解释该标题概念。

古希腊

古希腊的哲学家

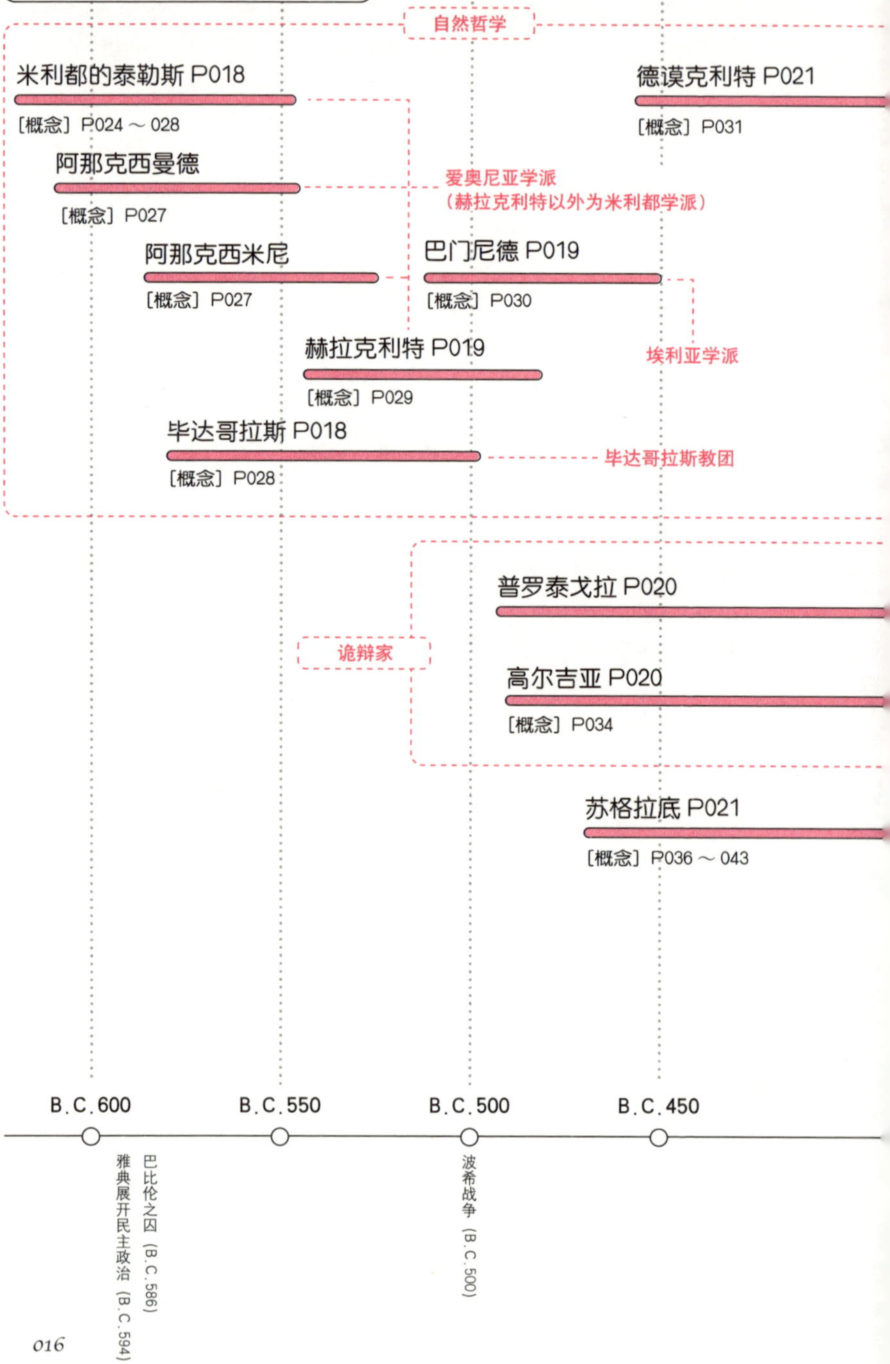

自然哲学
米利都的泰勒斯 P018
[概念] P024～028
阿那克西曼德
[概念] P027
爱奥尼亚学派
（赫拉克利特以外为米利都学派）
阿那克西米尼
[概念] P027
巴门尼德 P019
[概念] P030
埃利亚学派
赫拉克利特 P019
[概念] P029
毕达哥拉斯 P018
[概念] P028
毕达哥拉斯教团
德谟克利特 P021
[概念] P031
诡辩家
普罗泰戈拉 P020
高尔吉亚 P020
[概念] P034
苏格拉底 P021
[概念] P036～043
B.C.600
B.C.550
B.C.500
B.C.450
巴比伦之囚（B.C.586）
雅典展开民主政治（B.C.594）
波希战争（B.C.500）

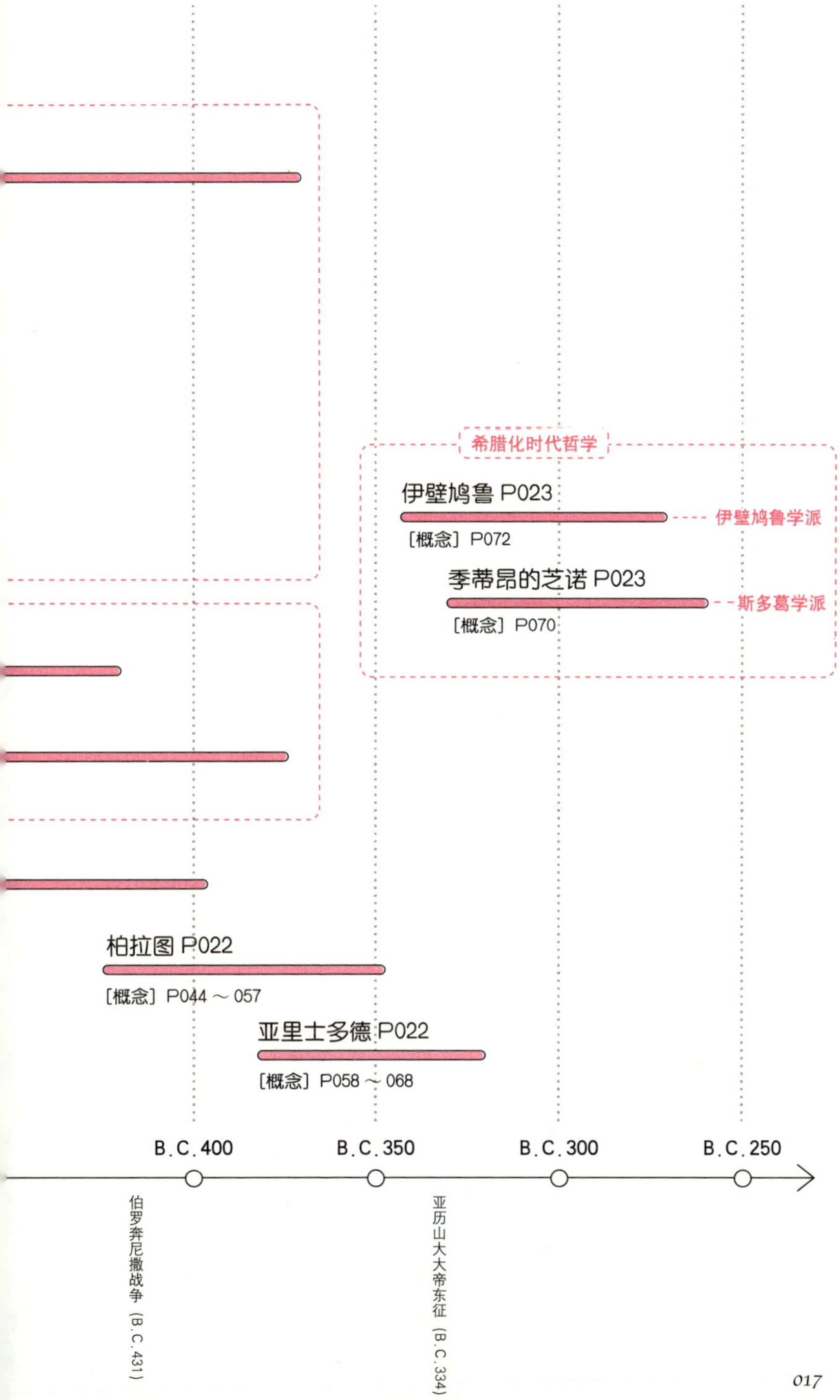
希腊化时代哲学
伊壁鸠鲁 P023
伊壁鸠鲁学派
［概念］P072
季蒂昂的芝诺 P023
斯多葛学派
［概念］P070
柏拉图 P022
［概念］P044 ～ 057
亚里士多德 P022
［概念］P058 ～ 068
B.C.400
B.C.350
B.C.300
B.C.250
伯罗奔尼撒战争（B.C.431）
亚历山大大帝东征（B.C.334）

泰勒斯并没有留下著作。亚里士多德以“泰勒斯认为水是万物的本原”介绍他，并将他奉为哲学的创始人。

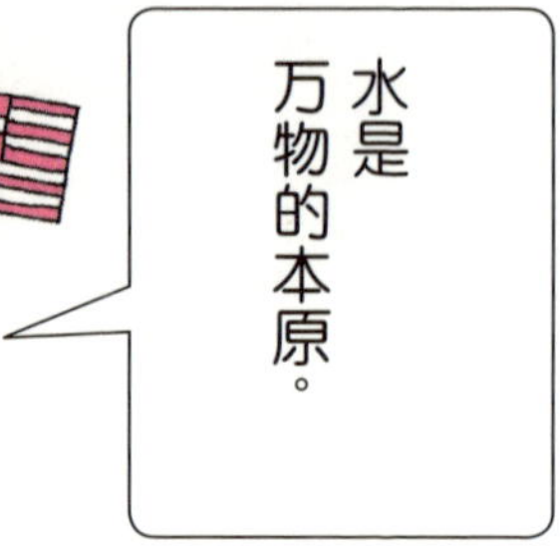

自泰勒斯开始，哲学迈入了合理说明世界结构的阶段。

米利都的泰勒斯

THALES OF MILETUS

▶P024~028

出生于希腊殖民地米利都的自然哲学家。“希腊七贤”之一，被亚里士多德奉为“哲学的创始人”。活跃于政治、气象、水利工程、航海术、几何学等诸多领域。据传，他预测橄榄会丰收，就买断了全部榨橄榄油的机器并垄断抬高价格出租，赚得盆满钵满。此外，他还通晓天文学，据说成功预测了公元前五三八年的日食。

毕达哥拉斯活跃于几何学和音乐领域，提出了勾股定理、三角形内角和为 180 度以及琴弦定律等。他对柏拉图产生了巨大的影响。

毕达哥拉斯自己并未留下只言片语，上面这句话出自他的弟子菲洛劳斯。

毕达哥拉斯

PYTHAGORAS

▶P028

出生于萨摩斯岛的哲学家、数学家。在家乡进行政治改革受挫后，移居南意大利，建立了一个宗教、政治、哲学合一的宗教团体。相信灵魂不朽和轮回转世，与门下弟子一起过着禁欲的生活。他开展了让数字具有思辨意义的哲学，比如 1 是理性、2 是女性、3 是男性。他主张数字才是万物的本原。

赫拉克利特认为，一旦有一定量的火燃烧，就会有相同量的火熄灭。这样永不停息，永远活动的火是宇宙的本原。

赫拉克利特主张“万物流转”，认为“变化”才是世界的本质。

赫拉克利特

HERACLITUS

▶ P029

出生于爱奥尼亚地区以弗所的自然哲学家。据传生于一个贵族家庭，但具体不详。性格孤傲不擅交际，过着孤高的人生。由于风格毒舌、措辞晦涩而被称为“晦涩哲人”“谜一般的人”。他认为冲突与变化才是世界的真实样貌，在对立事物的平衡之上，有某种支配万物的理性准则（逻各斯）在发挥作用。

巴门尼德以希腊叙事诗的形式阐述自己的思想。在仅余残篇的《论自然》中，他借女神之口述说真理。

避免以感官为基础的认识，以彻底的理性来思考“有”和“无”的关系。

巴门尼德

PARMENIDES

▶ P030

生于南意大利的城市埃利亚。出身名门，因强烈的爱国情怀而为祖国制定了法律。据柏拉图讲述，巴门尼德曾赴雅典与年轻的苏格拉底会面。同赫拉克利特相反，巴门尼德主张万物之源是永恒不动、没有变化的“不动的一”。此外，提出著名的“阿基里斯和乌龟的悖论”的埃利亚的芝诺，是巴门尼德的弟子。

普罗泰戈拉收取高额学费，据说几乎可以买下两艘军舰。

同追求绝对真理的苏格拉底相反，普罗泰戈拉认为真理是相对的。

普罗泰戈拉

PROTAGORAS

▶P032

出生于色雷斯的阿布德拉，活动于雅典的诡辩家。他与雅典的大政治家伯利克里是挚交好友，是当时声望最盛的哲学家，甚至被赞“无人可与普罗泰戈拉比肩”。他坚持相对主义立场，即对客观事物的判断及标准因人而异，主张对于任何问题都有正反两种意见。

高尔吉亚收取弟子每人一百米纳的学费。据说当时底层市民维持一年生活需要约一点二米纳。

高尔吉亚的修辞诡辩术，可以在《海伦颂》和《为帕拉墨得斯的辩护》中读到。

高尔吉亚

GORGIAS

▶P034

生于西西里岛的希腊殖民地雷昂底恩城。公元前四二七年，雷昂底恩遭受锡拉库萨压迫，高尔吉亚担任祖国的外交使节出使雅典，以能言善辩而闻名遐迩。他是同普罗泰戈拉齐名的诡辩家，尤以精妙的即席回答而受到欢迎。在柏拉图的对话集《高尔吉亚篇》中，以嘲笑的口吻将他描绘成一个卖弄知识的形象。

被判死刑的苏格拉底认为“恶法亦法”，拒绝了逃狱的计划，将毒芹酒一饮而尽后死去。

认识你自己。

苏格拉底认为哲学最大的课题是认识自己是谁。

苏格拉底

SOCRATES

▶P036～043

出生于雅典。父亲是雕刻家，母亲是助产士，妻子赞西佩被外界认为是“世界三大恶妻”之一。在伯罗奔尼撒战争中，三次以战士身份加入雅典军队作战。苏格拉底容貌怪异，据说有时会突然陷入冥想的状态。他批判诡辩家，认为问答的方法可以求得普遍的真理，然而最终被指控为危险人物，在民众审判下被判处死刑。

德谟克利特提出原子论，认为万物的本原来自原子，原子在虚空中运动，形成各种不同形式的结合，从而构成了世界。

世界只是原子和虚空。

德谟克利特确立了以原子来解释万物的原子唯物论。

德谟克利特

DEMOCRITUS

▶P031

出生于色雷斯，据说曾广游东方。除哲学之外，还精通伦理学、天文学、数学、音乐、生物学等诸多学问。由于他性格活泼开朗，因此被称为“欢笑的哲学家”。他认为除物体之外，人的灵魂也是由原子构成的；人生的理想是寻求原子井然有序的平稳状态。

著作《会饮篇》《苏格拉底的申辩》《理想国》《克里托篇》

柏拉图认为，人的灵魂原本高居于天上的理型世界，但在下降至地上的过程中将其几乎完全遗忘。

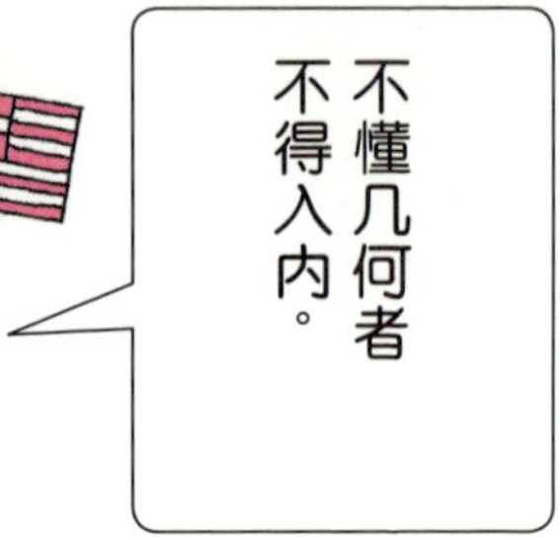

这是写在柏拉图学园大门上的一句话。数学对柏拉图的思想有巨大影响。

柏拉图

PLATO

▶P044～057

出身雅典名门，是一位对西方哲学产生巨大影响的哲学家。青年时代师从苏格拉底学习哲学。苏格拉底死后，对逼死苏格拉底的雅典彻底绝望，于是游历意大利、西西里岛、埃及。回到雅典后，在郊外创办柏拉图学园，专心从事哲学研究和教育活动。柏拉图学园存续约九百年。

著作《物理学》《形而上学》《尼各马可伦理学》《政治学》

相对于柏拉图秉持的在超越现象的天上世界寻求理型的理想主义，亚里士多德主张在现实中寻求本质的现实主义哲学。

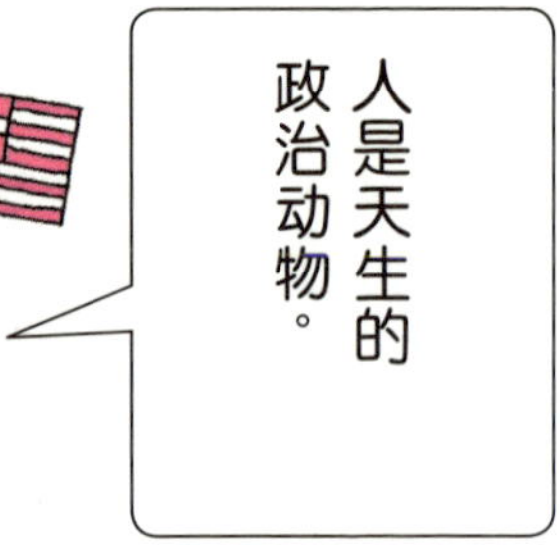

亚里士多德不以个人角度看待人，认为人是社会性的存在。

亚里士多德

ARISTOTLE

▶P058～068

古希腊最伟大的哲学家。十七岁赴雅典，在柏拉图学园中学习了约二十年。后在马其顿担任亚历山大（即后来的亚历山大大帝）的家庭教师。亚历山大登基后，他重返雅典，创办了吕克昂学园。由于亚里士多德常常在学园的回廊一边散步（逍遥）一边讲学，因此他的学派又被称为“逍遥学派”。

芝诺创立的斯多葛学派主张，不为情感所乱的禁欲主义才是最合乎自然的生存方式。

斯多葛学派秉持世界主义，认为所有人在自然法则逻各斯面前都是平等的。

季蒂昂的芝诺

ZENO OF CITIUM

▶ P070

出生于塞浦路斯岛季蒂昂的商人家庭。青年时代以贸易商身份出海遭遇海难，辗转至雅典。在雅典的书店读了色诺芬的《回忆苏格拉底》，深受感动，开始学习哲学。之后在斯多葛柱廊（用壁画装饰的柱廊）开设学园，因而芝诺创设的学派被称为“斯多葛学派”。

伊壁鸠鲁远离政治或社会的纠葛，追求个人灵魂的平静安宁。从这个角度来看，他具有强烈的个人主义，同亚里士多德形成了鲜明对比。

当我们活着时，死亡还没到来；当死亡到来时，我们已经不再活着了。因此没有必要因死亡而困扰。

伊壁鸠鲁

EPICURUS

▶ P072

出生于萨摩斯岛。在雅典郊外开设带有庭园的学园，创建了“伊壁鸠鲁学派”。深受德谟克利特原子论的影响，认为死亡只是构筑灵魂的原子重归散乱，因此无须感到厌恶或恐惧。伊壁鸠鲁的哲学被认为是享乐主义，但他所谓的快乐是指从对死亡的恐惧中解放出来的灵魂的安宁。

神话

含　义 ---------------------------- 虚构的故事（希腊语）
词　源 ------------------------"口耳相传下来的东西"之意
示　例 ------------------------------ 希腊神话、伊索寓言
对应词 -- 逻各斯

古时候，自然（世界）的一切都以**神话**来解释。例如自然灾害就被理解成神灵之怒。

逻各斯

含　义 ----------------- 语言、逻辑、法则、理性（希腊语）

词　源 ----------- 源自表达“收集”之意的“legein”这个动词

对应词 ------------------------------------ 神话、感情

希腊的哲学家不以**神话**（P024）理解自然，而是寻求以**合理的逻辑（逻各斯）**来理解。

自然哲学

含　义 ------------------------ 合理地探求自然本质的哲学
文　献 ------------------------ 亚里士多德《形而上学》
示　例 ----------------泰勒斯、阿那克西曼德、阿那克西米尼
备　注 ------------------------------ 与"物理学"同义

曾经，人们笃信诸神创造自然（世界），从**神话**中学习世界的起源。

不久，随着技术的进步，人们的生活也渐渐丰裕起来。人口增多，居住在不同地域的人相互之间开始有了交流。

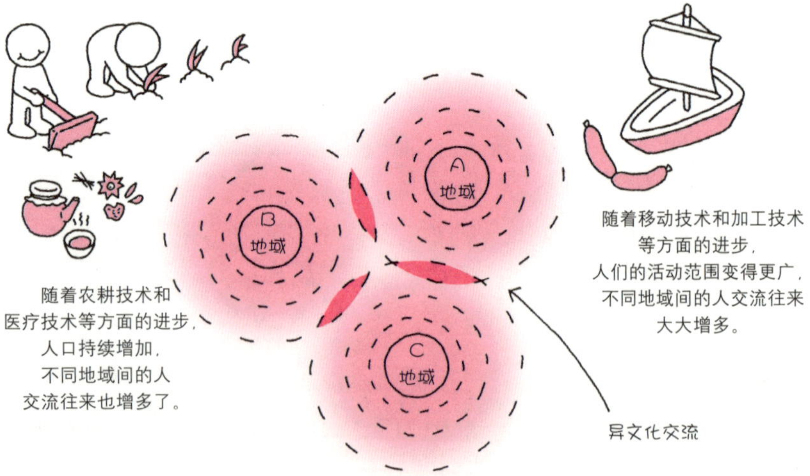

于是，人们开始察觉到，不同地域的神话对于自然起源的解释各不相同。

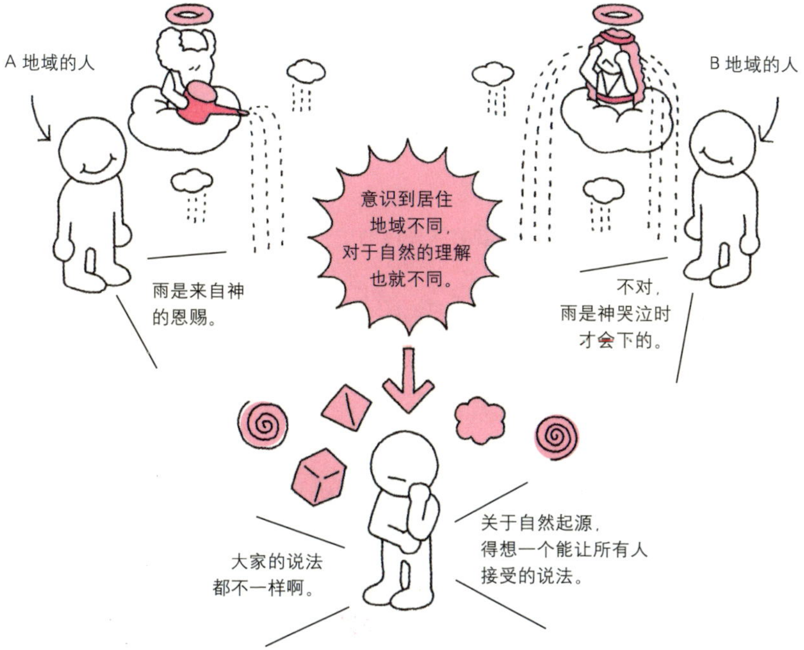

因此，有必要找到一个所有人都可以接受的说法，来解释万物的本原。**泰勒斯**认为万物的本原是**水**，**阿那克西米尼**则认为是**空气**。然而，万物的本原是水还是空气并不重要，重要的是人们脱离了神话的桎梏，开始以自我的大脑思考，在自然中找寻万物的本原。这就是**自然哲学**的肇始。

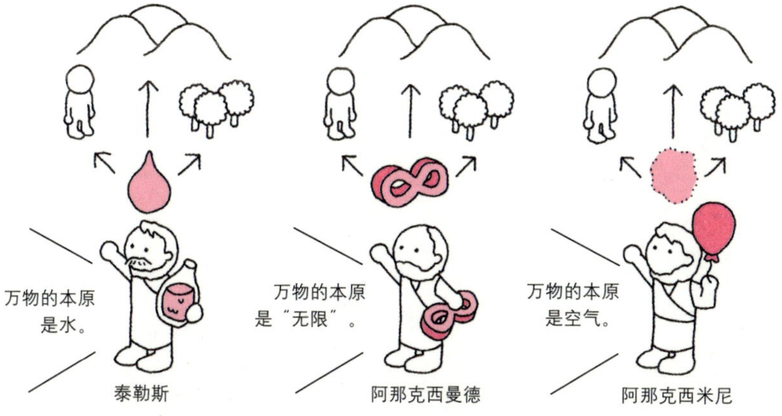

本原

含　　义----起始、根源、原理（希腊语）
最初出处----据说阿那克西曼德最早使用
示　　例----泰勒斯的水、德谟克利特的原子
对 应 词----目的

自然哲学 (P027) 的哲学家们以理性的思考来探寻**万物的本原**，而不是以神话或传说。

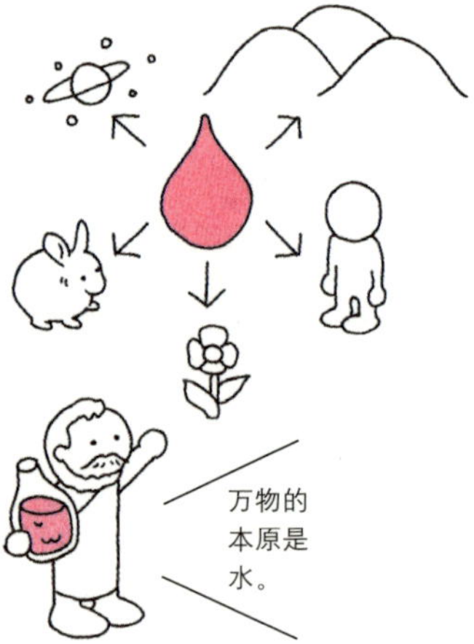

泰勒斯认为本原是水。

阿那克西米尼认为本原是空气。

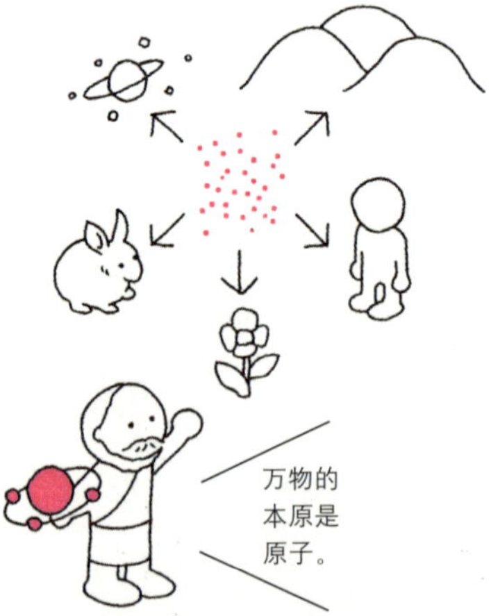

德谟克利特认为本原是原子。

毕达哥拉斯认为本原是数字。

万物流转

含　义 ------------------------ 一切事物都是变化运动的

文　献 ---------------------- 通过柏拉图的著作广为流传，赫拉克利特本人并没有说过“万物流转”

备　注 --------------- 黑格尔称赫拉克利特为“辩证法始祖”

赫拉克利特说：**“一个人不可能两次踏入同一条河流。”**这句话是什么意思呢？

不仅是河流，人、物乃至自然都是不断**变化**的。**赫拉克利特**的思考不仅限于**本原**（P028），更发现了**万物流转**这一**机制**。

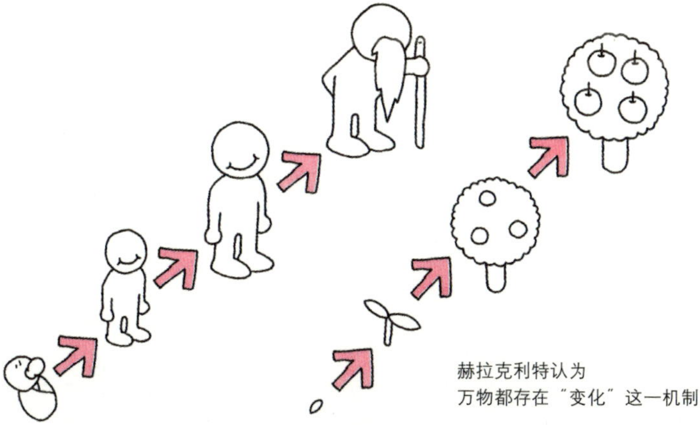

存在者存在，不存在者不存在

含　义 ---------------------------- 不可能会无中生有
文　献 ---------------------------- 巴门尼德《残篇 6》
影　响 ---------------------------- 毕达哥拉斯的科学思考

巴门尼德反对**赫拉克利特**（万物流转 P029），认为世界不会**变化**。巴门尼德主张，**变化**就是物质从**有**到**无**或从**无**到**有**，但其在逻辑上是不可能的。**巴门尼德**不以眼睛，而是从**理性**的角度来探讨存在的有无，因此被认为是**理性主义**的鼻祖。

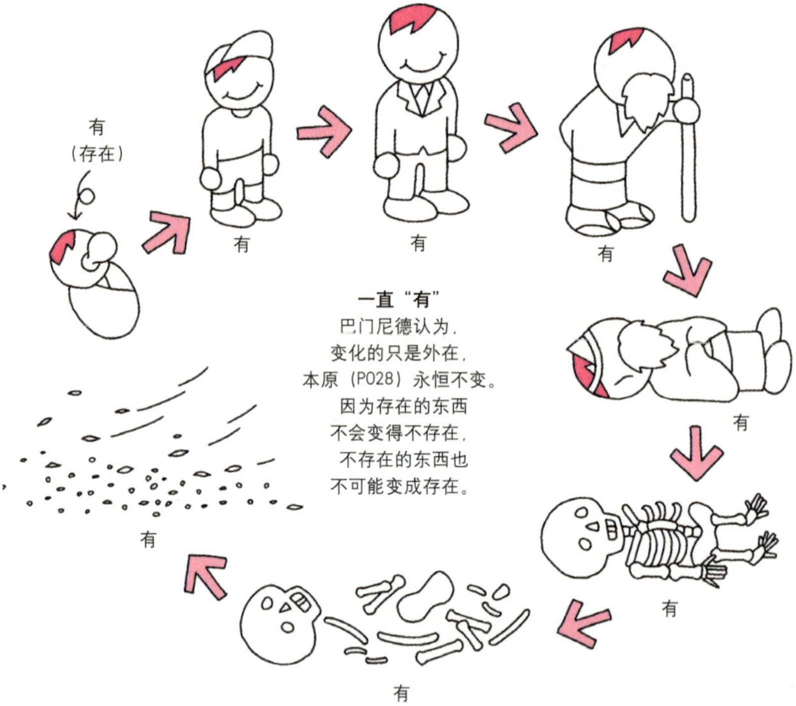

他将存在的状态表达为“存在者存在，不存在者不存在”。这样的思考为探究“**存在**本身对人类来说是什么”的**存在论**（P256）的诞生打下了基础。

原子论

含 义 ---------- 认为宇宙可以用原子的离合聚散来说明

文 献 ---------- 德谟克利特《残篇 125》

相 关 ---------- 原子的英文“atom”意为“不可分割之物”

如果将物体一直分割下去，最终将成为无法再分割的粒子。**德谟克利特**将被分割至无法再进一步分割的粒子称为**原子**，认为万物是由**原子**构成的。这就是**原子论**。

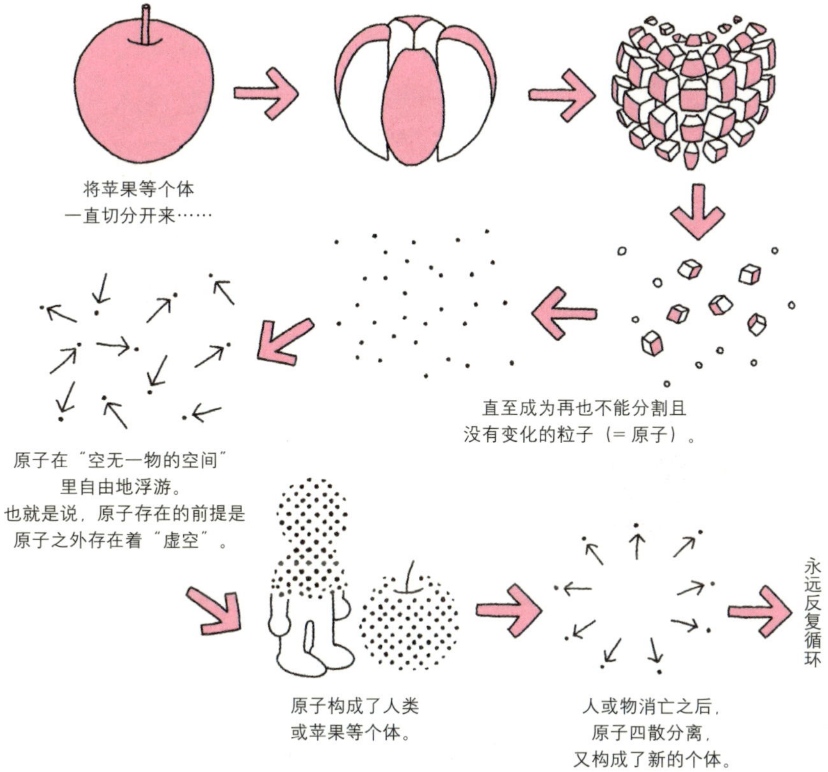

自**德谟克利特**的**原子论**开始，人们得以以**唯物主义**（P205）的角度来进行思考。同时，为了让原子存在，那么前提是存在着让其浮游的空无一物的空间，即**虚无**。**德谟克利特**的这一思考同**巴门尼德**（不存在者不存在 P030）正相反，他认为**“不存在者也存在”**。

人是万物的尺度

含　义 ---------- 没有普遍的判断标准
文　献 ---------- 普罗泰戈拉《残篇 1》
影　响 ---------- 相对主义
相　关 ---------- 诡辩家（P034）

对于生活在比日本寒冷的国家的人来说，日本是个温暖的国家；而对于生活在酷热国家的人而言，日本是个寒冷的国家。

价值观因人而异。身为**诡辩家**（P034）的**普罗泰戈拉**认为，世上并不存在可以共通于所有人的绝对真理，因而留下了**人是万物的尺度**这句名言。这样的思想称为**相对主义**。相对主义也是当今普遍的思维方式。近代以来，在西欧中心主义的背景下，对殖民地的统治得以正当化了。鉴于对此的反省，现代便诞生了**文化相对主义**，即文化之间并无优劣之分。

另举一例吧。

A 和 B 都陈述了自己认为的事实。

在此也一样，
A 和 B 都陈述了
自己认为的事实。

就像这样，共通于众人之间的真理（价值）是不存在的。避免独断专行的**相对主义**能带来更多的宽容。然而与此同时，因为人们对于真善美的思考彼此不同，“只要不让他人感到困扰便百无禁忌”这样的想法也颇有受众。

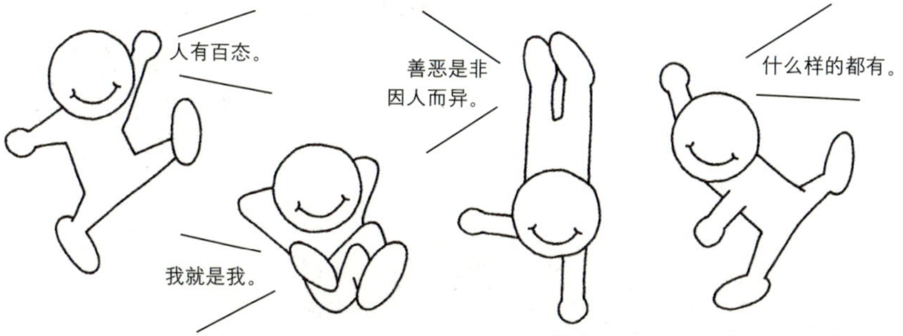

诡辩家

含　义 --------------原意为"贤明之人"，后用来指职业教师。在柏拉图的著作中被蔑称为卖弄诡辩的人

示　例 ---------------------------普罗泰戈拉、高尔吉亚

相　关 ---------------------------人是万物的尺度（P032）

当时的雅典，市民皆可参政，所以市民的视线从**自然**移向了**法律和规则**。为此，青年们支付高昂学费，向哲学家学习成为政治家必需的辩论术。教授这些青年辩论术的哲学家被称为**诡辩家**。

诡辩家的辩论术

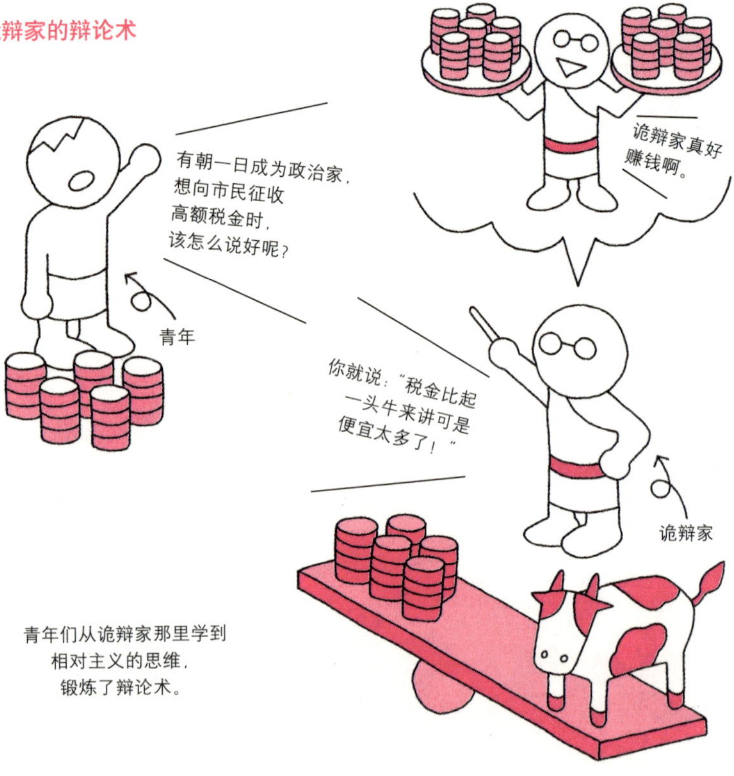

青年们从诡辩家那里学到
相对主义的思维，
锻炼了辩论术。

青年们从**诡辩家**那里学到了**相对主义**（P032）的思维，掌握了演讲的方法——哪怕是出于私利的政策也可以包装得让人难以察觉。

诡辩家的代表人物**高尔吉亚**曾教授青年们：“**正确的事物是不存在的。即便存在，人也无法知道。**”

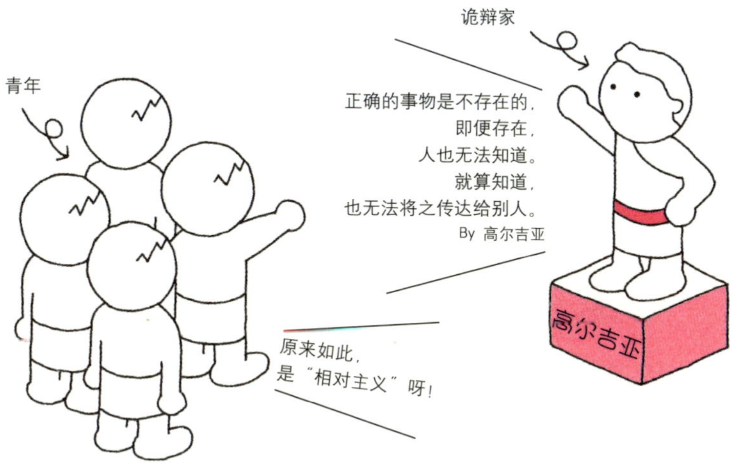

诡辩家认为，通用于所有人的真理或正义是不存在的。例如，雅典的**法律和规则**并非原本就存在于自然中，而是只符合雅典市民价值观的正义。因此，只要前往其他**城邦（共同体）**，就会发现那里有同雅典迥异的法律和规则。

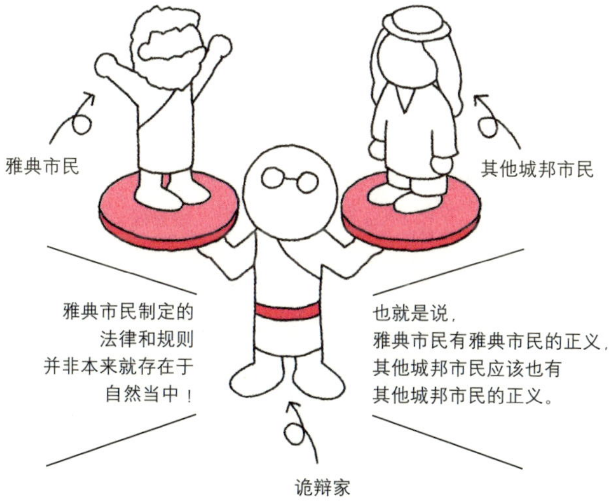

这样一来，那些自命不凡、独断专行的意见可以为人所警惕，但也会令擅长诡辩玩弄话术者广泛得势。在这样的背景下，**苏格拉底**（P021）登场了。

无知之知

含　义 ---------------------------------- 知道自己的无知
文　献 ------------------------ 柏拉图《苏格拉底的申辩》
相　关 ------------------------------------- 认识你自己
备　注 ---------------------------- 苏格拉底哲学的出发点

有一天，德尔斐阿波罗神殿的女祭司说：“**苏格拉底**是世间最聪明的人。”

苏格拉底听闻此言颇为讶异，明明自己一无所知，却为何被女祭司称赞聪慧？

苏格拉底最终意识到，比起“明明不知道却以为自己知道”的旁人，“知道自己不知道”的自己要更高一层。这就是**无知之知**。

知德合一

含　义 ------------------------- 只要知道什么是德性，就能根据这种知识正确地活下去

文　献 ------------------------ 柏拉图《苏格拉底的申辩》等

相　关 ------------------------ 德性（P042）

苏格拉底认为，人有**德性**（P042）方能保持内心的平静。

人本来就是道德性的生物。
当做出符合道德的行为时，
才是最幸福的（福德一致）。

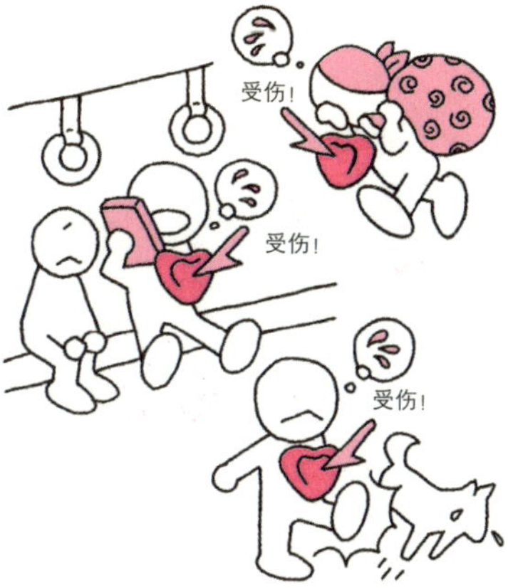

当所作所为不道德时，
实际上人的内心会受伤，
这对本人来说是不幸。

苏格拉底认为，内心平静迟迟不至，是因为不知道什么是**德性**。

苏格拉底相信，人们只要学习何为**善恶**，掌握关于**德性**的正确知识并付诸**实践**，就可以获得幸福。对**苏格拉底**来说，**知识（智慧）**即**美德**，也就是所谓的**知德合一**。

对话法

含　义 ----------------- 通过对话，让对方发觉自己无知的方法

文　献 ----------------- 柏拉图《克里托篇》《高尔吉亚篇》等

备　注 ----------------- 故作不知而发问，让对方自觉无知，苏格拉底的这种方法也被称为“反诘法”

编者注：这种方法中文通常译为“辩证法”，为与我们一般理解的“辩证法”区分，此处译为“对话法”

政治家从**诡辩家**（P034）处习得**相对主义**（P032）的辩论术，反复利用诡辩将自己的利益正当化。为此，**苏格拉底**通过与他们**对话**来尝试改革。

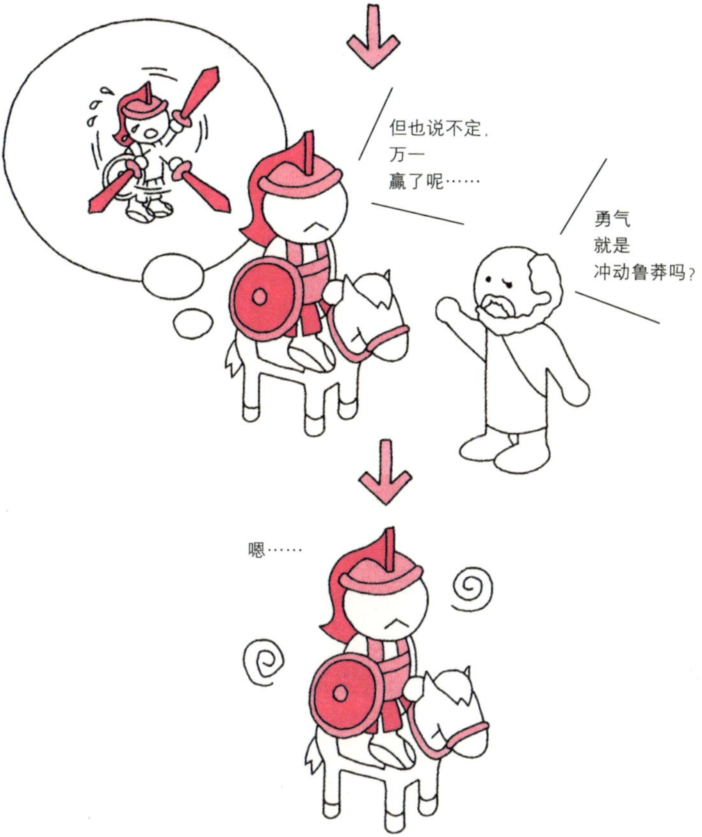

通过同**苏格拉底**的对话，本以为对正义和勇气的意义了如指掌的政治家意识到，其实自己对其一无所知。于是他们产生“想要学习正确知识”的心情。

这样于问答间让对方意识到自己的无知，进而想要探求真正知识的方法，称为**对话法**。因为这是帮助对方产生知识，因此也称**助产术**。

关照灵魂

含　义 ---------- 为了获得幸福，必须拥有优秀的灵魂（精神）

文　献 ---------- 柏拉图《苏格拉底的申辩》

备　注 ---------- 对苏格拉底而言，等同于“追求好的生活”

只有**财富、健康、名誉**，并不能带来内心的平静。

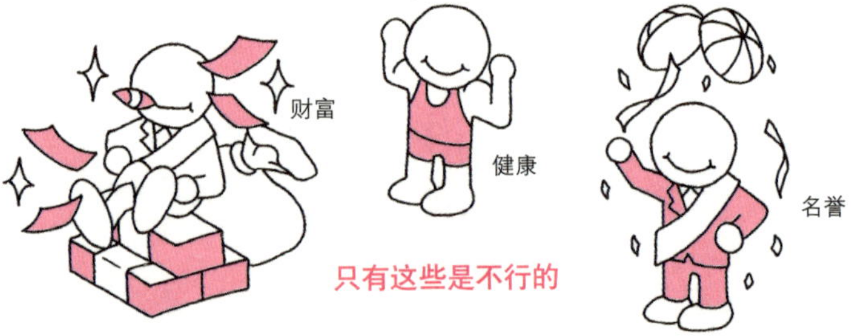

苏格拉底认为，只有以优秀的灵魂来正确运用上述要素，才能获得幸福。

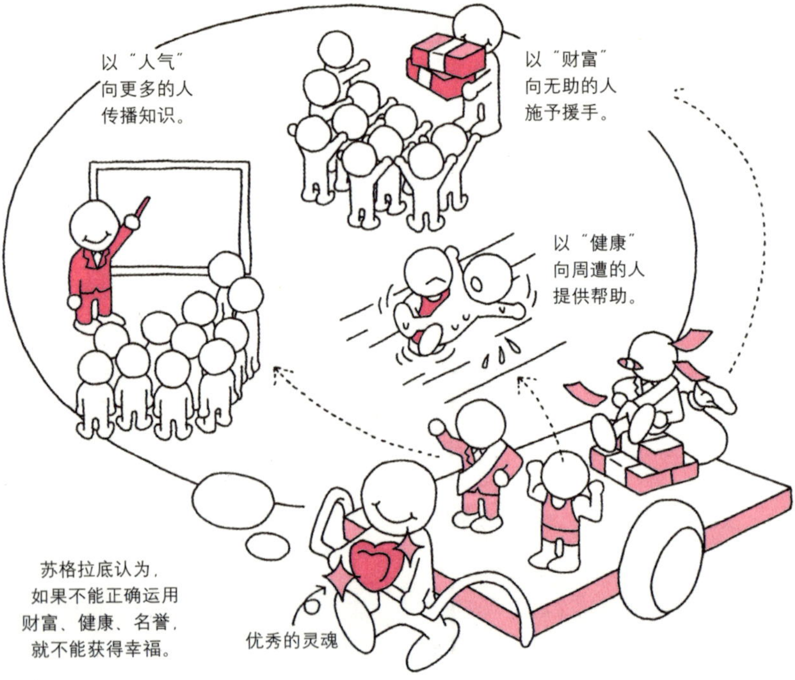

当时的雅典人

然而，当时的雅典人并不注重最为重要的“灵魂”，执着于追求财富、名誉和健康。苏格拉底将之称为“**关照灵魂不足**”。

唯智论

苏格拉底说，只要正确地理解何为善恶、何为美丑，就可以磨砺自己的灵魂。认为**知**是最重要之事的思维，称为**唯智论**。

德性

含　义 ------------------------------ 灵魂具备优秀的性质
词　源 ------------------------ 事物本来的能力、卓越性
文　献 ----------------柏拉图《高尔吉亚篇》《曼诺篇》等
相　关 -------------------------------- 知德合一（P037）

事物都有各自固有的**性质**。例如“鞋”虽具有各种各样的性质，但供人穿在脚上的性质始终是最重要的。这一最重要的性质就是**德性**。也就是说，鞋的**德性**是**穿在脚上**。

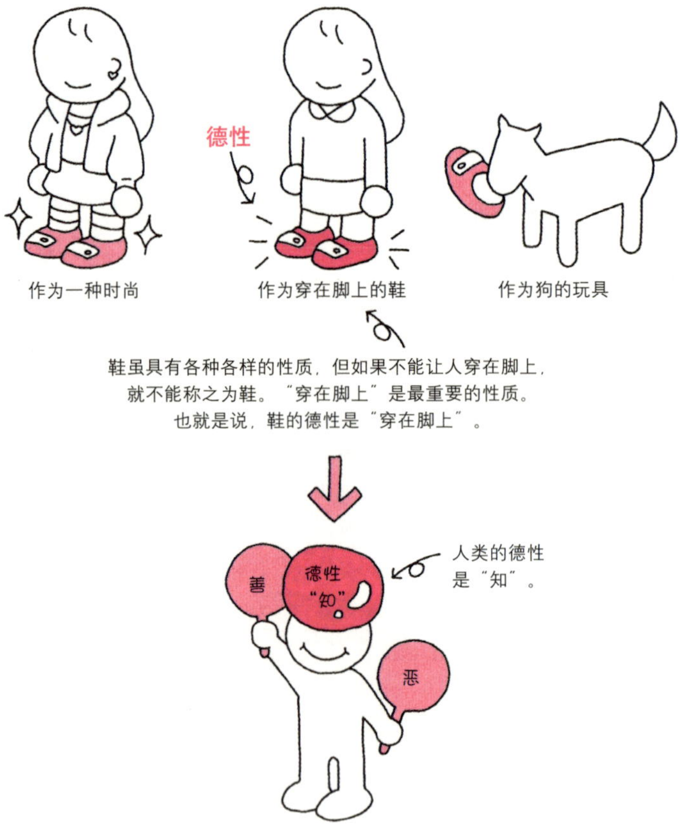

苏格拉底认为，人类的**德性**是能够理性判断善与恶的**知**。

追求好的生活远过于生活

含　义--------------------活着并非做欲望的奴隶随性而为，重要的是要知道德性，正确地活下去

出　处------------------------------柏拉图《克里托篇》

苏格拉底因“不承认国家的神，腐蚀人们的思想”而遭受审判，但他并未乞求饶命，仍坚持己见，最终被判处死刑。

弟子们劝**苏格拉底**逃往国外，苏格拉底却说**“人重要的不仅是活着，而是要活得好”**，接受了死刑。他认为，尽管审判不公，但自己也不能做出逃狱这等不当行为。对**苏格拉底**来说，**好**是具有**普遍性**的。他说**“恶法亦法”**，然后饮下了毒芹酒。

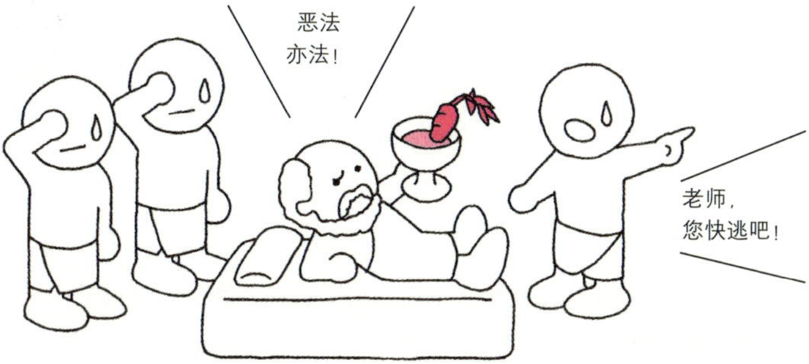

意见

含　义 -------------------------------- 自认为、臆断

文　献 ----------------------------- 柏拉图《理想国》等

对应词 --------------------------- 真知（柏拉图的见解）

备　注 ----------- 关于意见与真知的区别，巴门尼德也有论述

对于来自感官（五官）的信息，不加以思考便直接形成的武断**看法**，**柏拉图**称之为**意见**。

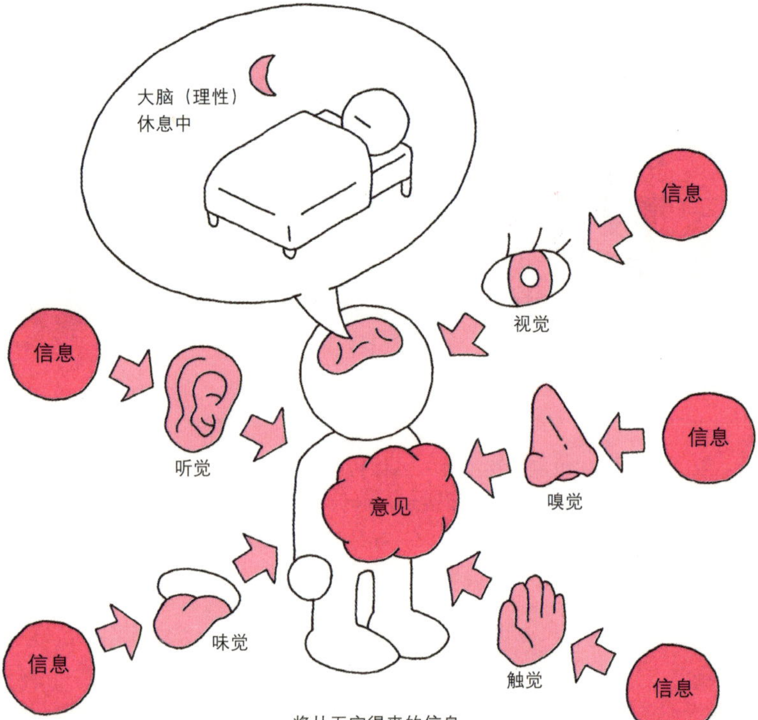

将从五官得来的信息
不假思索地全盘接收，
只能是个人意见而已。

与此相对应，理性判断信息后得到的客观知识（大家都能认可的知识），称为**真知**（P045）。

真知

含　义 ------------------------ 客观的知识、严谨的知识

文　献 ------------------------ 柏拉图《理想国》等

对应词 ------------------------ 意见（柏拉图的见解）

备　注 ------------------------ 亚里士多德称之为对真的知识的认识能力

相对于**意见**（P044），通过理性得到的知识可以称之为**真知**。

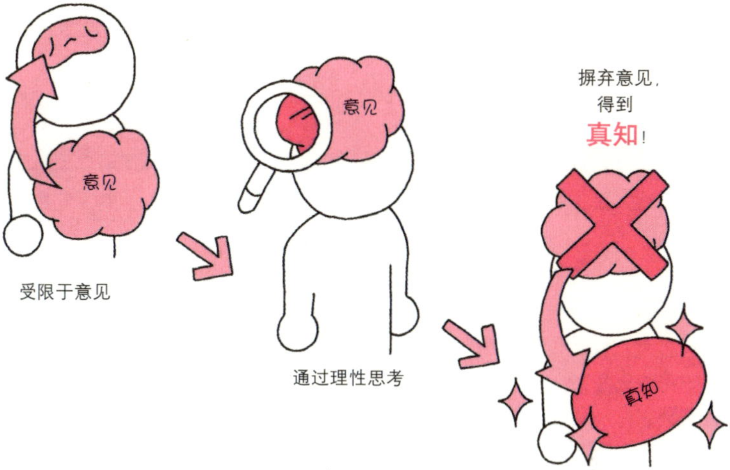

柏拉图认为，想要追求好的生活，就必须摒弃**意见（看法）**，通过理性获得**真知（正确的知识）**。

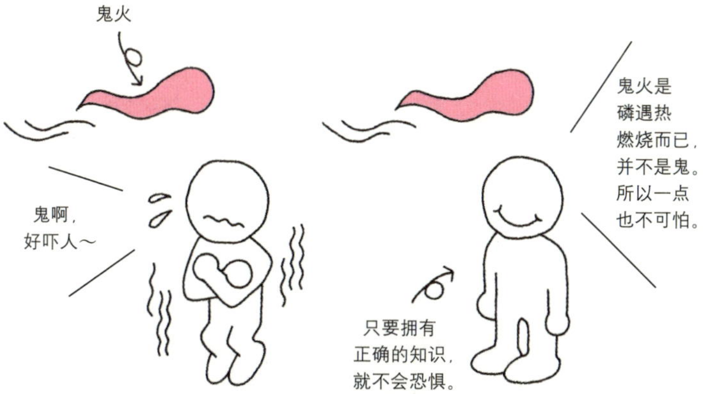

理型

含　义 ------------------------------ 永恒不变的实际存在

文　献 ----------- 柏拉图《裴多篇》《斐德罗篇》《理想国》等

对应词 -- 现象

备　注 --------------- "idea（观念）" "idee（理念）" 的词源

我们不曾创造出、描绘出，也不曾见到过**完美的三角形**。

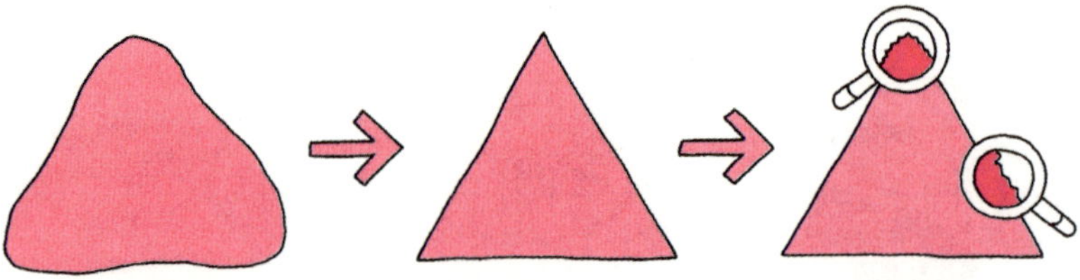

这不是
正确的
三角形。

这个怎么样？
严格来说，这也
不是三角形。

放大来看，
仍旧有许多
锯齿状的边角。

然而，我们还是可以理解什么是完美的三角形。这种只存在于我们头脑中的完美三角形，称为三角形的**理型**。**柏拉图**认为，花有花的**理型**，树有树的**理型**。

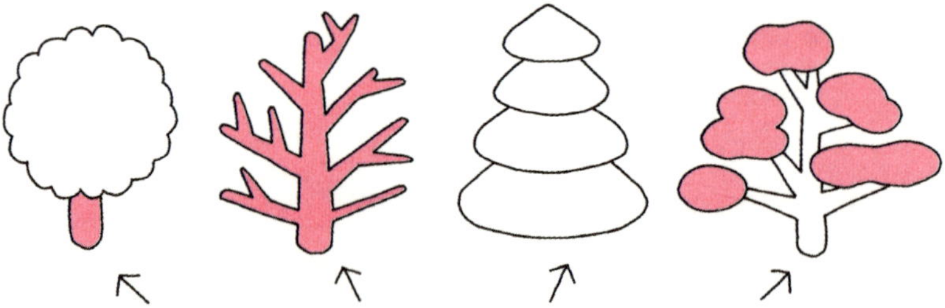

明明这四个形状大相径庭，为何我们可以判断它们都是树？

举个例子，上面四幅图都是树，但**形状**各异，为什么我们可以判断它们都是树呢？

那是因为，所有的树都有共通的**形状（树的理型）**。**柏拉图**认为，虽然这种**形状（树的理型）**无法用肉眼直接看到，但可以用理性之眼看到。

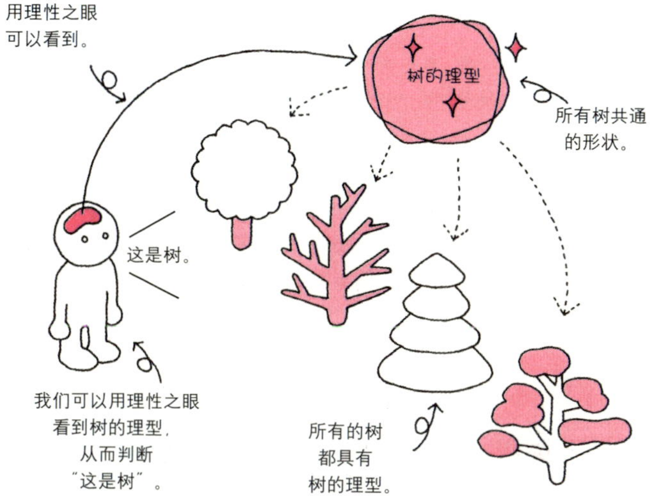

除树之外，身边的例子不胜枚举。

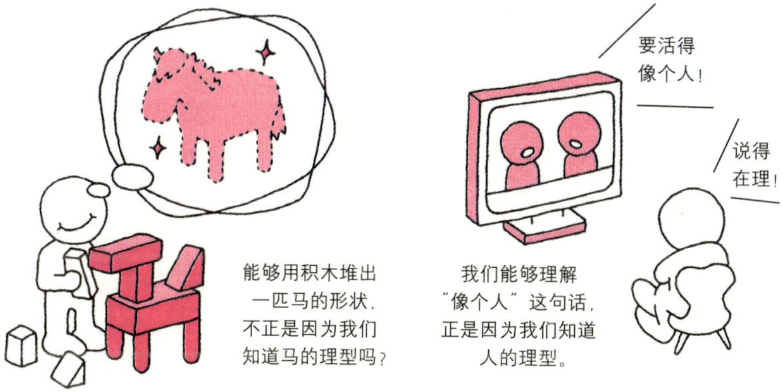

柏拉图进一步指出，正义和美等都具有**理型**。而善的**理型**是最高层次的**理型**。

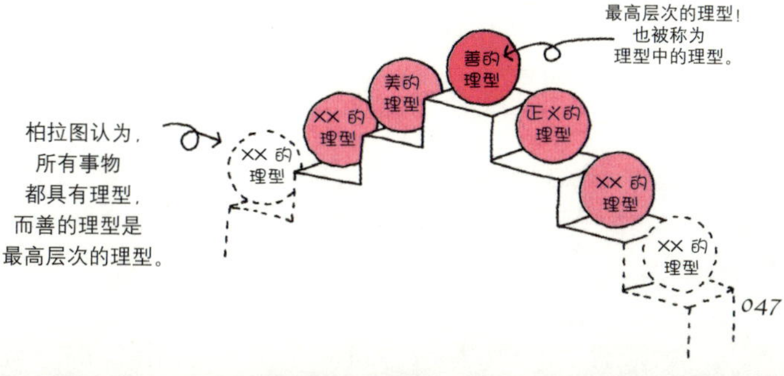

理型世界 | 现象世界

文　献 ------------------------------------ 柏拉图《理想国》等
相　关 ------------------ 回忆说（P050）、洞穴之喻（P052）
备　注 --------------- 柏拉图认为，艺术作品是对理型的模仿，更是对自然的模仿

柏拉图认为，**理型**（P046）并非仅存在于我们的脑海中，也实际存在于客观世界中。他将理型存在的世界称为**理型世界**，将我们生活的世界称为**现象世界**，而存在于**现象世界**的事物，则称为**现象**。

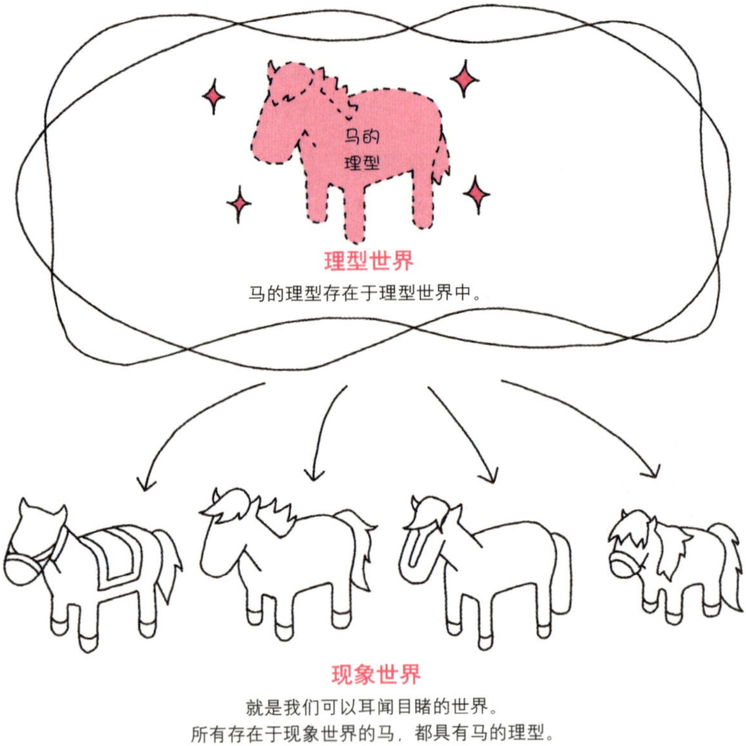

现象世界（我们生活的世界）中的马具有各种各样的形态。但**柏拉图**认为，世上所有的马都具有**马的理型**。由此，我们才得以将马与其他动物区别开来。

现象世界中的马，从出生以来，就变化为各种形态，并最终消亡。

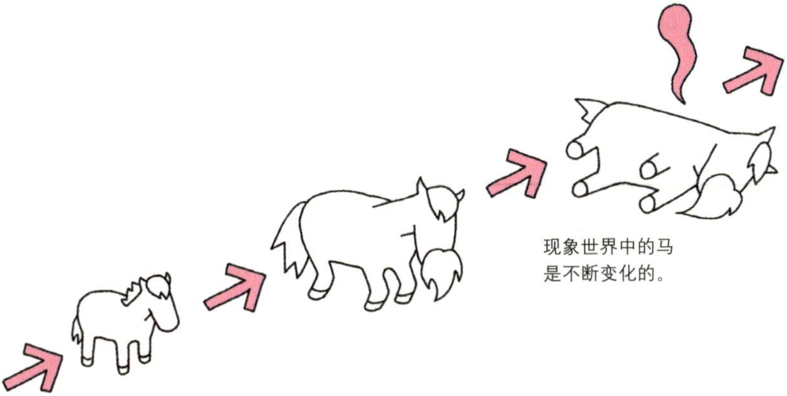

然而**理型世界**中的马是不变的。**柏拉图**认为，永恒不变的绝对形态才是真正的样貌。**现象世界**中经常变化的马，只是马的**理型**的**仿制品**。

同样地，**柏拉图**认为，**现象世界**中的善、美、正义等，也是**理型世界**中其各自的**仿制品**。也就是说，要想了解真正的善、美、正义，就必须探究其对应的**理型**。

回忆说

含　义 ------------认为人类会回忆起灵魂曾在天上的理型世界看到的理型，从而认识真理

文　献 -----------柏拉图《曼诺篇》《裴多篇》《斐德罗篇》等

相　关 ----------------------理型世界｜现象世界（P048）

柏拉图认为，我们之所以理解“圆”或者“完美”的正确概念，理解什么是“爱”或“正义”，是因为我们的灵魂回忆起了我们在出生前曾看到的它们的**理型**（P046）。这就是**回忆说**。

之后，**回忆说**发展为**笛卡尔**的**天赋观念**（P112）。**天赋观念**主张，人类一出生就拥有理性。

爱洛斯

文　献 ------------------------------ 柏拉图《斐德罗篇》
相　关 ------------------------------ 回忆说（P050）
备　注 ------------------ 柏拉图式的爱（精神之爱）的词源，即来自柏拉图的爱洛斯论

柏拉图认为，我们的灵魂在诞生于这个世界之前，曾目睹**理型**（P046），但在我们出生时，几乎将之完全遗忘。**柏拉图**说，我们之所以在看到、听到美丽的事物时会心生感动，是因为我们的灵魂回忆起了曾目睹的**理型**的样子。

柏拉图认为，我们追求完美、一心向善，是因为我们的灵魂一直在憧憬**理型**。灵魂对**理型**的纯粹追求被称为**爱洛斯**。这样看来，**爱洛斯**代表**纯爱**。

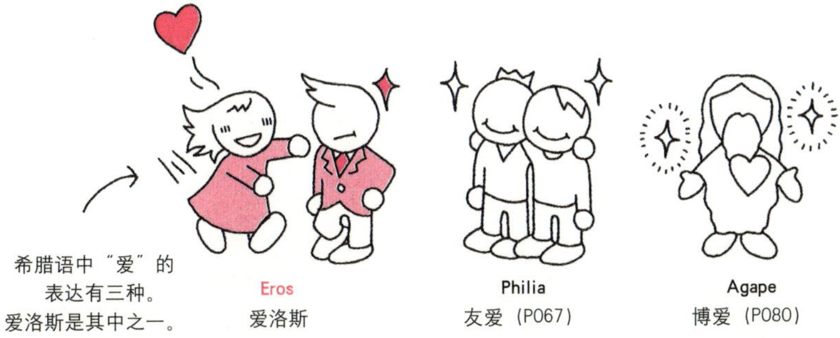

洞穴之喻

文　献 ------------------------------ 柏拉图《理想国》

相　关 --------------------- 理型世界 | 现象世界（P048）

备　注 ------------- 柏拉图将现象世界和理型世界分开的思想，继承了毕达哥拉斯的神秘主义

柏拉图主张，不能不经思考就轻信来自感官（五官）的信息。对他来说，探寻事物的**理型**（P046）最重要。**柏拉图**把不关心**理型**的人比喻成被绑缚于洞穴之中、只能看到火光照出来的影子的囚徒。这就是洞穴之喻。

洞穴之喻

对于在洞穴中误将影子视为事物本身的人，必须要让他们看到洞穴外的世界。这洞穴外的世界，就是**理型**世界的喻体。

让仅凭感觉看事物的人使用理性去看**理型**，在**柏拉图**心中，这件事只有**哲学家**可以做到。他认为，**哲学家**应当成为统治者（哲人王 P056）。

柏拉图把善的理型
比作太阳。

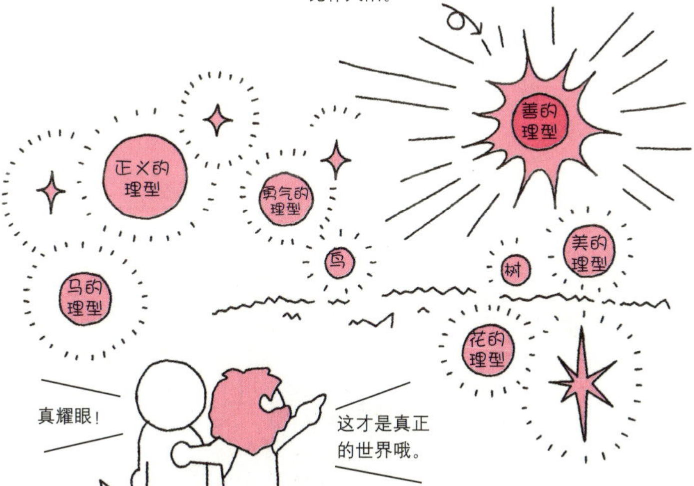

哲学家必须让世人看到
理型世界。

灵魂三分说

文　献 ---------------------- 柏拉图《斐德罗篇》《理想国》

相　关 ----- 四主德（P055）、哲人王（P056）、理想国（P057）

备　注 ------- 柏拉图将灵魂的理想形态嵌套进国家的理想形态，从而构筑了他认为的理想国

柏拉图认为，人类的灵魂由**理性**、**意志**、**欲望**三部分构成，并各自栖居在人体的**头部**、**胸部**、**腹部**。这就是**灵魂三分说**。

灵魂三分说

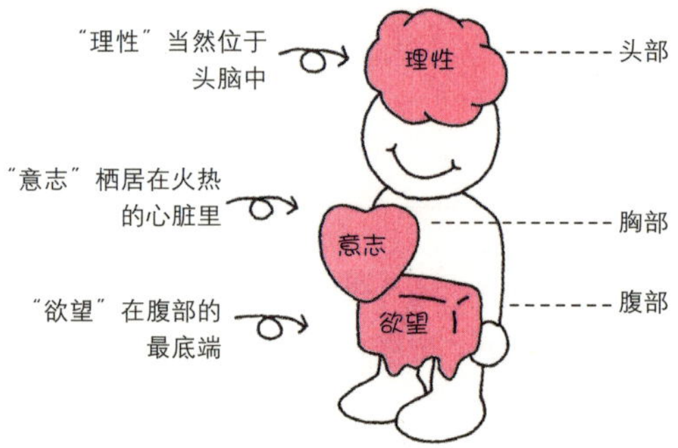

柏拉图主张，**理性**是马夫，鞭策**意志**的白马，控制**欲望**的黑马，从而不断前行。

四主德

文　献 ---------------------------------- 柏拉图《理想国》

相　关 ------------------------------ 灵魂三分说（P054）

备　注 ---------------- 中世纪基督教在四主德的基础上加入了"信仰""希望""爱"，成为七主德

柏拉图认为，灵魂由**理性**、**意志**、**欲望**构成（灵魂三分说 P054）。当它们得以正确运用时，会分别成为**智慧**、**勇气**、**节制**的**德性**。如果三者和谐共生，则会产生**正义**这种**德性**。

智慧、**勇气**、**节制**加上**正义**，这**四种德性**即希腊的**四主德**。

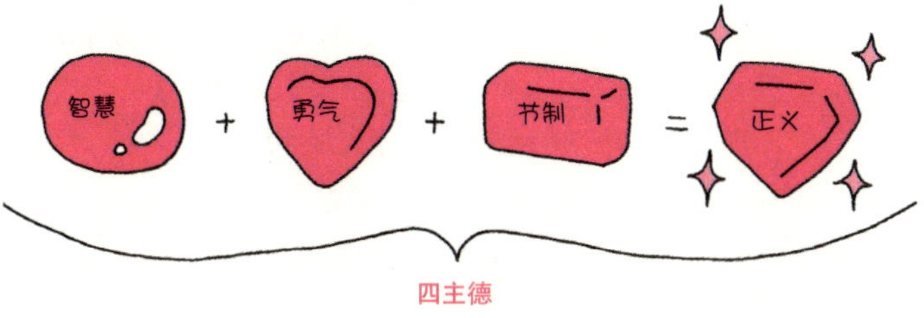

哲人王

含　义 ---------------------------------- 柏拉图的国家论，认为应由认识善的理型的哲学家来成为政治家

文　献 ---------------------------------- 柏拉图《理想国》

相　关 ------------------ 灵魂三分说（P054）、理想国（P057）

人的**灵魂**由**理性**、**意志**、**欲望**三部分构成（灵魂三分说 P054）。**柏拉图**认为，**理性**占比最大的人，也就是哲学家，最适合成为国家的统治者。这种思想被称为**哲人王**。

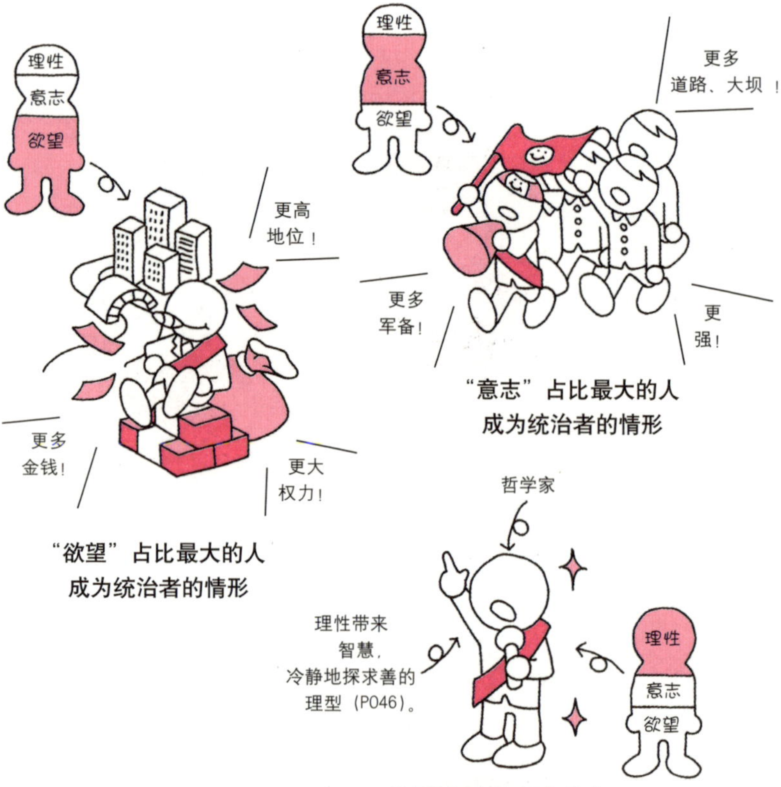

“欲望”占比最大的人成为统治者的情形

“意志”占比最大的人成为统治者的情形

“理性”占比最大的人理当成为统治者

柏拉图甚至说：**“如果不由哲学家担任国家的统治者，或统治者不能成为哲学家，那么理想国就绝对无法实现。”**

理想国

文　献 ---------- 柏拉图《理想国》
相　关 ---------- 灵魂三分说（P054）、哲人王（P056）
备　注 ---------- 柏拉图构想的理想国并非民主制，而被归类到贵族制

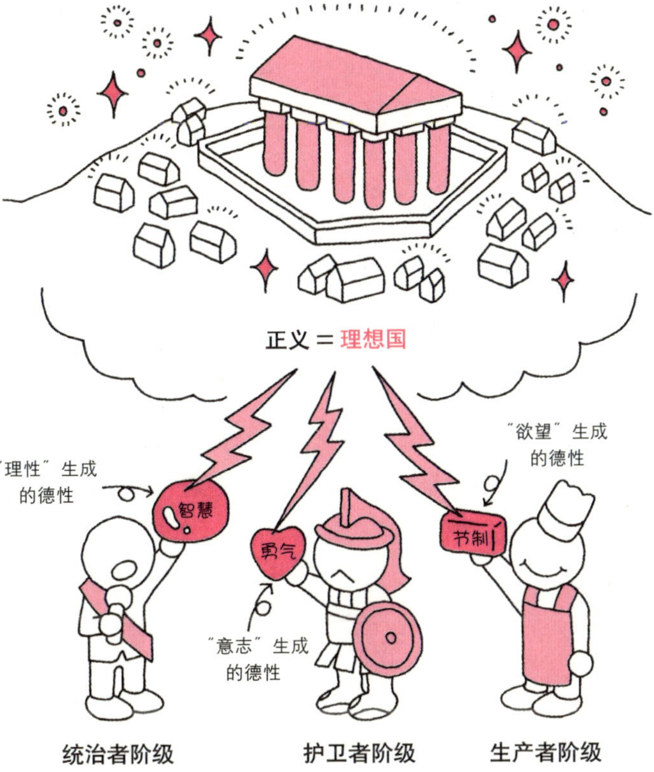

统治者阶级的“智慧”、护卫者阶级的“勇气”、
生产者阶级的“节制”聚齐的话，
便生成“正义”，诞生“理想国”！

柏拉图认为，国家就是人的**四主德**（P055）放大的产物。国家由**统治者阶级**、**护卫者阶级**、**生产者阶级**构成。当他们拥有的**理性**、**意志**、**欲望**成为**智慧**、**勇气**、**节制**时，便产生了**正义**，**理想国**就诞生了。

形式 | 质料

含　义 ------------ 形式 = 事物的本质 | 质料 = 各事物的素材

文　献 ---------------------------- 亚里士多德《形而上学》

相　关 ---------------------------- 潜能 | 现实（P060）

备　注 ----------------- "形式" 在希腊语中也有 "种子" 之意

亚里士多德在研究野生动物的过程中，对**柏拉图**的**理型**（P046）**论**产生了疑惑。

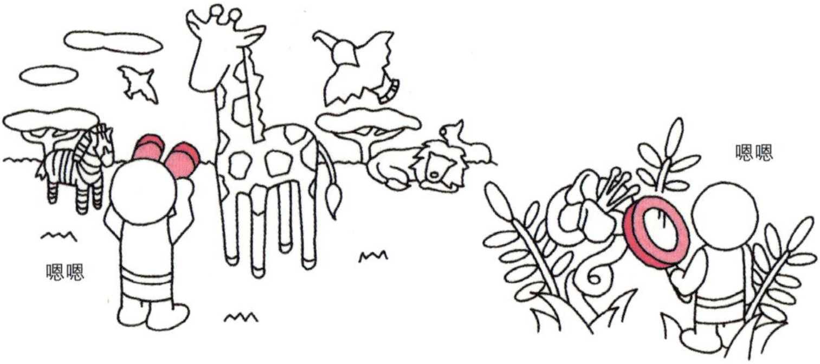

柏拉图认为，现实世界中的万物都是**理型**的**仿制品**（P049）；但**亚里士多德**认为，现实世界中的马、花或鸟等，无论如何也难以看成是仿制品。

亚里士多德认为，物体或生物的**本质**并非看不见的**理型**，而是存在于物体或生物的**个体**当中。

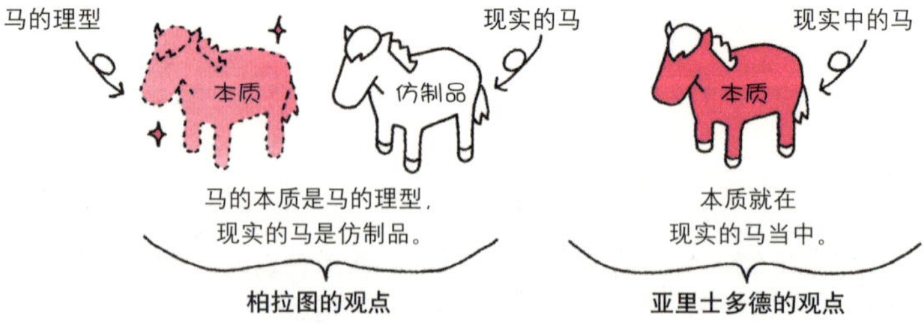

那么，物体或生物的本质是什么？亚里士多德将其称为**形式**。

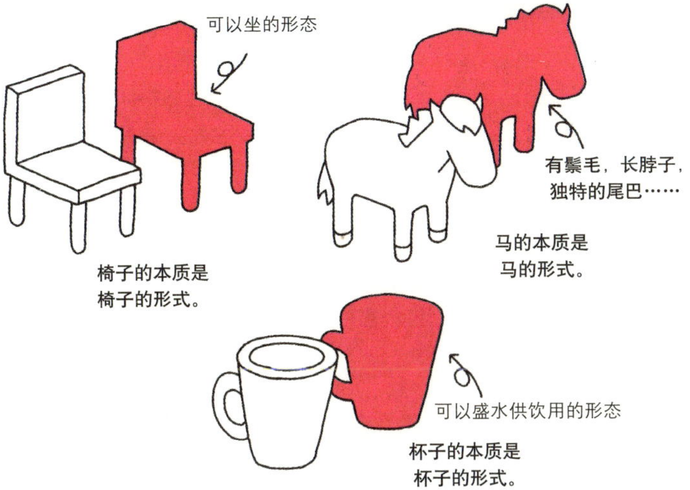

进一步地，将构成个体的**素材**称为**质料**。

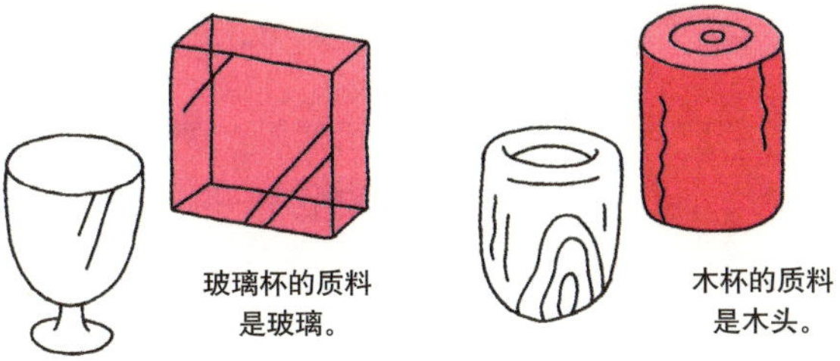

亚里士多德认为，万物都由**形式**和**质料**构成。

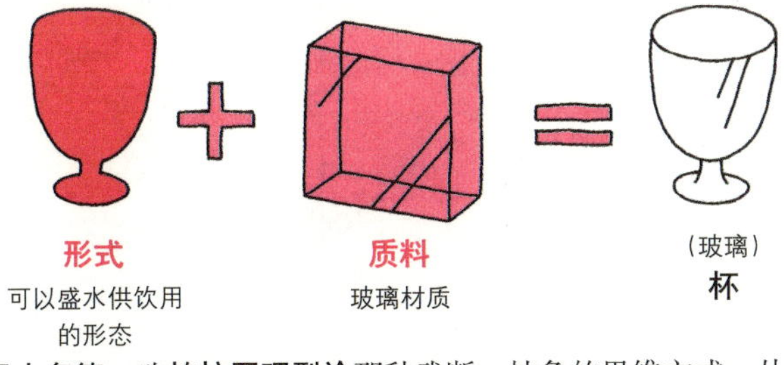

亚里士多德一改**柏拉图理型论**那种武断、抽象的思维方式，从现实主义出发来思考。

潜能｜现实

含　义 ------------潜能＝形式作为一种可能性蕴含其中的状态
现实＝形式成为现实的状态

文　献 --------------------------亚里士多德《形而上学》

相　关 ----------------------------形式｜质料（P058）

亚里士多德用**潜能**与**现实**来说明**质料**（P059）与**形式**（P059）的关系。

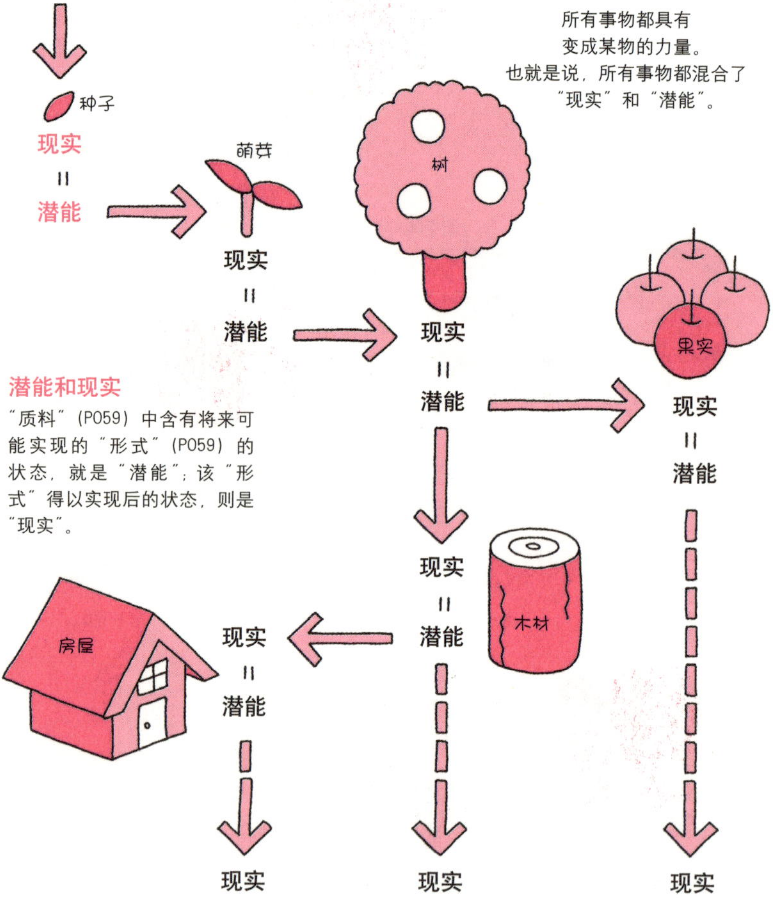

亚里士多德仔细观察现实世界后，总结出这样的原理。

四因说

文　献 ------------------------------ 亚里士多德《物理学》
相　关 ------------------------------ 形式｜质料（P058）
备　注 --------- 认为〝自然事物的存在都有其目的〞的观点称为〝自然目的论〞

亚里士多德认为，世界上的一切事物都是由**四个因素**（❶形式因❷质料因❸目的因❹动力因）构成的。这一观点称为四因说。

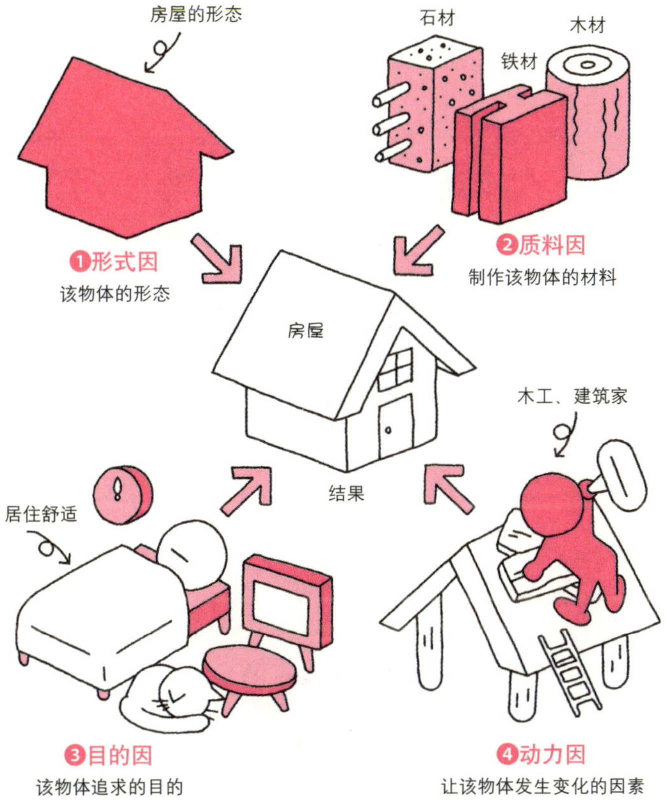

对于**亚里士多德**而言，要想认识世界，就必须探寻世界的结构。探寻世界的结构，就要知道构成各种事物的**四因素**。

形而上学

文　献 ---------------------------亚里士多德《形而上学》

备　注 --------------------------“形而上学（metaphysica）”原本是“物理学（Physics）之后（meta）”之意，由后世编纂者命名，并非亚里士多德本人使用的概念

亚里士多德将**形而上学**定位为比物理学更重要的学问。比如，如果研究“鹿角有什么作用”或“角由什么构成”等问题是物理学，那么**形而上学**则是聚焦于“角是什么”“含有角的事物为什么存在”或“到底存在本身是什么”的学问。

对**亚里士多德**而言，思考“角是什么”，就是在探求角的**实体**（P132）。**柏拉图**认为**理型**（P046）是**实体**，而**亚里士多德**则认为具体的**个体**才是**实体**。例如，依据**亚里士多德**的观点，眼前实实在在的“角”才算是**实体**。他认为，这种具体的**个体**是由**形式**（P059）和**质料**（P059）共同构成的。

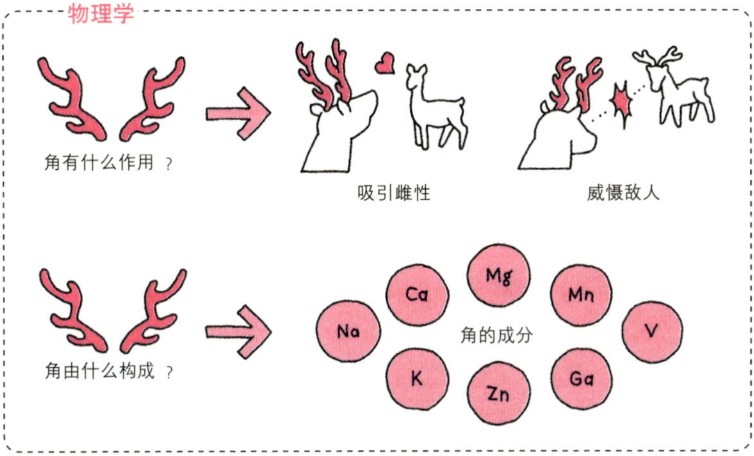

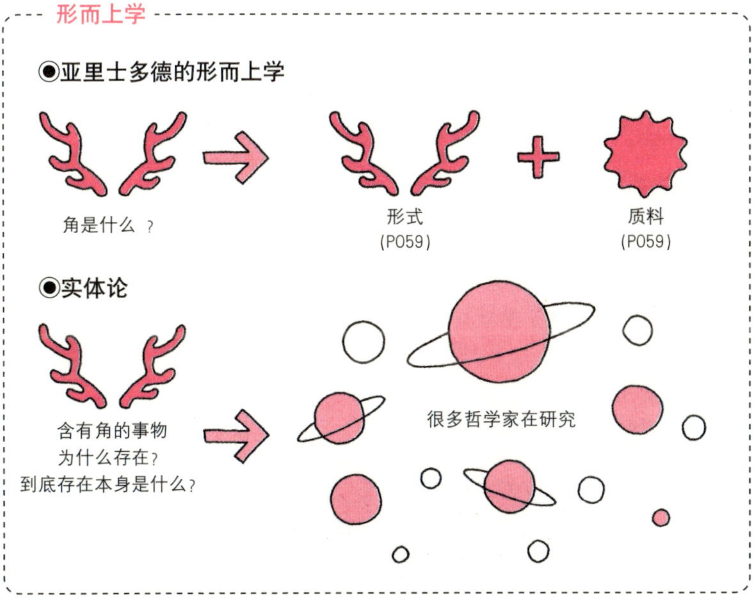

因为**形而上学**研究人类无法直接看到、听到的事物，所以常常被认为是“哲学”的同义词。

静观

含 义 ------------------------ 观照、观想（纯粹地思考真理）

文 献 ------------------------ 亚里士多德《形而上学》

备 注 ------------------------ “静观”是“理论”的词源，亚里士多德视之为人生最美好的活动

亚里士多德认为，人或事物最幸福的状态，就在本身固有的机能得到充分发挥的时候。

他认为，人类固有的机能是**理性**，人类最幸福的状态就是发挥理性去探寻事物的时候。**亚里士多德**将这种状态称为**静观**。

理智德性 | 伦理德性

含 义 -------------------- 理智德性 = 通过教育获得的德性
伦理德性 = 通过习惯获得的德性

文 献 -------------------- 亚里士多德《尼各马可伦理学》

备 注 -------------------- 中道（P066）、友爱（P067）

亚里士多德认为，人类要想实现幸福，就应拥有**德性**。他将**德性**分为**理智德性**与**伦理德性**两种。**理智德性**是理解事物的**哲学智慧**、判断事物的**实践智慧**，以及创造的**技艺**；**伦理德性**是**勇气**和**节制**。

亚里士多德认为，为了获得**伦理德性**，就需要养成时刻谨记选择**中道**（P066）的**习惯**。

中道

文　献 ------------------------ 亚里士多德《尼各马可伦理学》
相　关 ------------------------ 理智德性｜伦理德性（P065）
备　注 ------------------------ 亚里士多德将判断中道的能力称为“实践智慧”

亚里士多德说，人若想幸福地生活，具备**伦理德性**（P065）是非常重要的。为此，仅仅具备正确的知识和高超的技艺是不够的，还要时常将求取中道的**习惯**挂在心头。

为了实现幸福，中道精神尤为重要

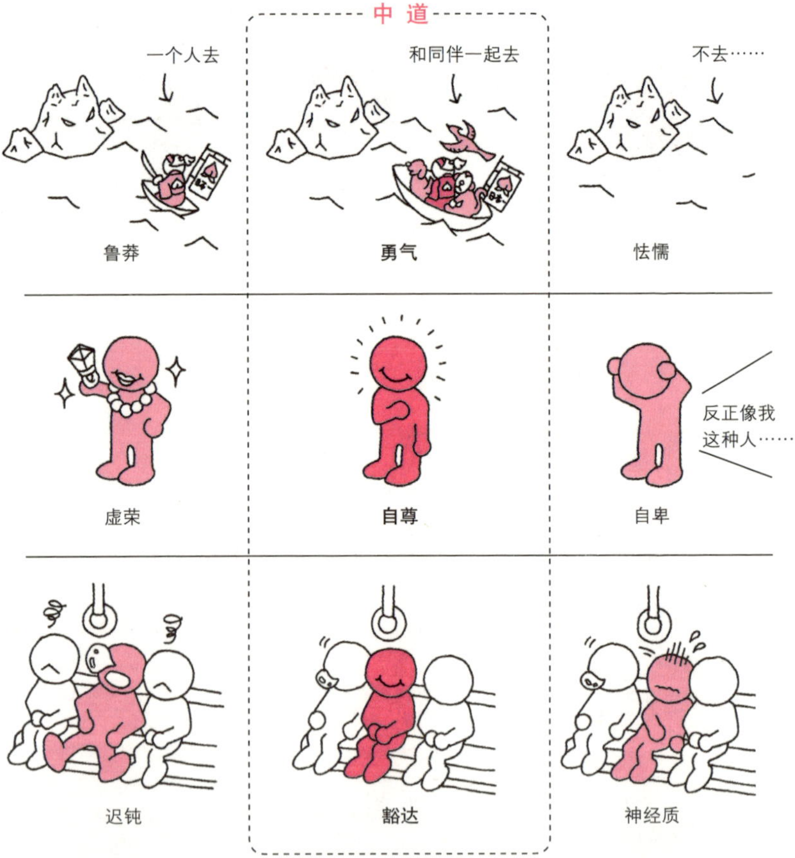

友爱

文 献 ---------- 亚里士多德《尼各马可伦理学》
相 关 ---------- 理智德性 | 伦理德性（P065）
备 注 ---------- 亚里士多德把友爱分为"利益""快乐""善"三个阶段

亚里士多德认为，要维持一个共同体，除了具备正义，**友爱**很重要。亚里士多德这样描述有友爱：**"如果人与人之间充满友爱，正义便可有可无；相反地，即使所有人都是正义的人，友爱仍旧不可或缺。"**

哲学中**爱**有三种表达。**柏拉图**的**爱洛斯**（P051）是单方面的爱，可谓是纯利己的行为。而**亚里士多德**的**友爱**，是期盼彼此都能幸福的相互之爱。

正义

文　献 ------------------------ 亚里士多德《尼各马可伦理学》

相　关 ------------------------ 友爱（P067）

备　注 ------------------------ 亚里士多德认为，友爱和正义是让城邦（共同体）成立的德性

亚里士多德曾说：**"人是天生的政治（城邦）动物。"**为了城邦共同体，必须维持**正义**（公正）。他思考过什么是共同体的正义。首先，他将正义大体分为**普遍正义**和**特殊正义**。进而，将**特殊正义**分为**分配正义**和**矫正正义**，以此来研究考察。

特殊正义

共同体内部的规定

分配正义

对于亚里士多德而言，
按能力和劳动量分配报酬就是正义。

矫正正义（调整正义）

对于亚里士多德而言，有罪者罚，受害者补，就是正义。

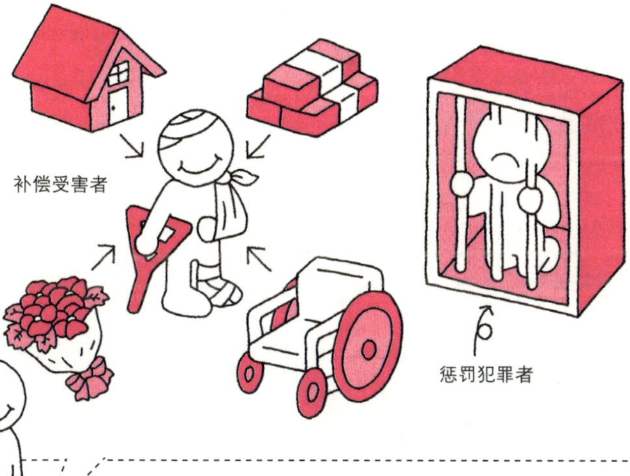

亚里士多德主张，在共同体中，必须实行**分配正义**和**矫正正义**。

斯多葛学派

词　源 -------------------- 创始人芝诺在雅典集会广场的画廊开设学园讲学而得名

示　例 ------------------------------ 芝诺、马可·奥勒留

备　注 --------------------- 英语“stoic（禁欲的）”的词源

古希腊有许多如**雅典**和**斯巴达**这样称为**城邦**的小共同体。各城邦决定各自的生活规则。希腊人都以各自所属的城邦为荣。

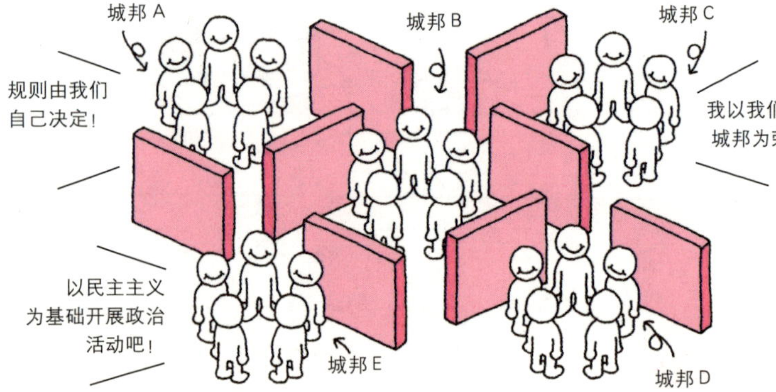

然而，随着**亚历山大大帝**建立帝国后，城邦纷纷解体。以城邦标榜身份的希腊人开始失去心灵的依托。

打通将城邦与城邦分隔开来的高墙，凝合成统一的帝国。

为此，**希腊化时代**（亚历山大大帝～罗马帝国）的哲学都以“如何消除内心的不安”为主题。在这种背景下，**芝诺**倡导的**斯多葛学派**诞生了。**斯多葛学派**提倡**不为感情所左右**、追寻淡然的生活方式。

伊壁鸠鲁学派

示　例 ---------------------------- 伊壁鸠鲁、卢克莱修

备　注 --------由于斯多葛学派的思想成为罗马帝国公认的标杆，伊壁鸠鲁学派饱受斯多葛学派和基督教的诽谤，在罗马帝国时代逐渐衰退

伊壁鸠鲁学派比**斯多葛学派**（P070）稍晚出现。与**斯多葛学派**倡导的禁欲主义不同，**伊壁鸠鲁学派**倡导保持平常心，肯定**快乐**。然而他们提出的快乐并非男女情事、珍馐美馔那般的享乐，而是平静无波的**内心安定**。

伊壁鸠鲁学派认为，让心灵达到**心平气和**的条件有三个：**❶克服对死亡的恐惧❷满足最小限度的欲望❸重视友情**。

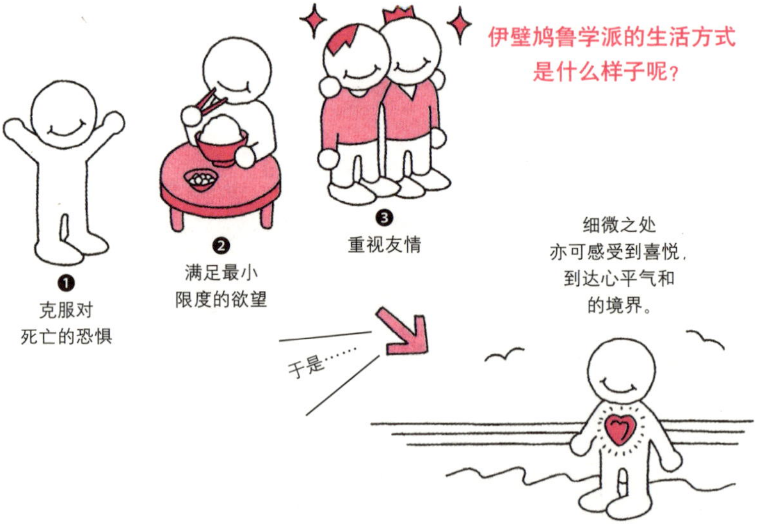

首先是❶**克服对死亡的恐惧**。**伊壁鸠鲁**认为，人死之后，自己已经不存在了，所以无须畏惧死亡，则可消除对死亡的恐惧。

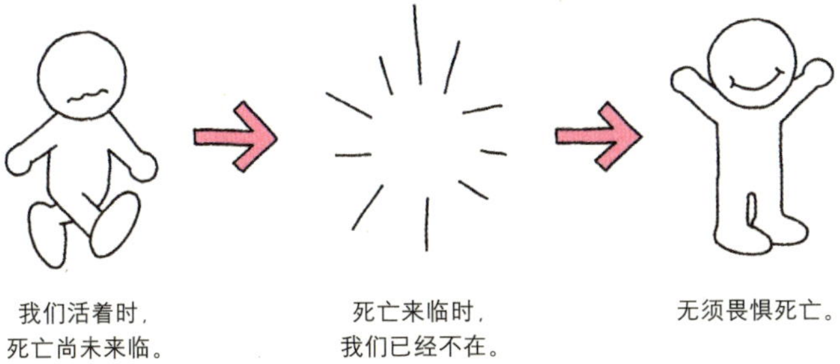

其次是❷**满足最小限度的欲望**。**伊壁鸠鲁**说，所谓最小限度的欲望是**不饿、不渴、不冷**。无须执着其他，满足这三点即可。

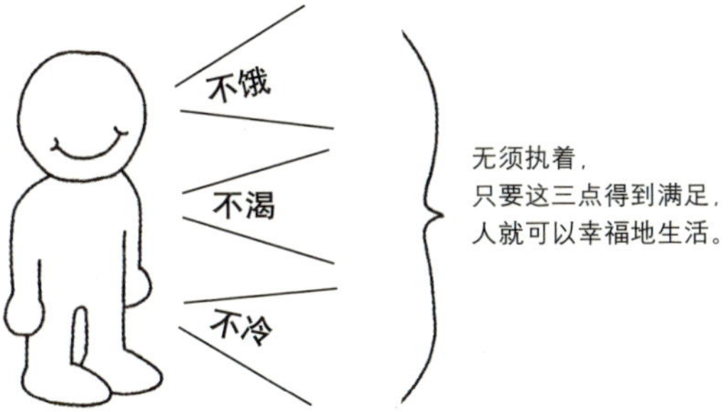

然而，世间充满诱惑。**伊壁鸠鲁**提倡从纷繁的政治与社会当中抽身而退，在田园中享受朋友间的友情，平静地生活。他以**“隐居”**来表现这样的生活方式。

隐居

中世纪

中世纪的哲学家

耶稣基督

概念 P080

保罗

概念 P082

教父哲学

圣奥古斯丁 P078

概念 P082

A.D.1　100　200　300　400　500　600

罗马帝国建立（B.C.27）

罗马承认基督教（313）

日耳曼人大迁徙（375）

罗马帝国分裂为东西两个帝国（395）

西罗马帝国灭亡（476）

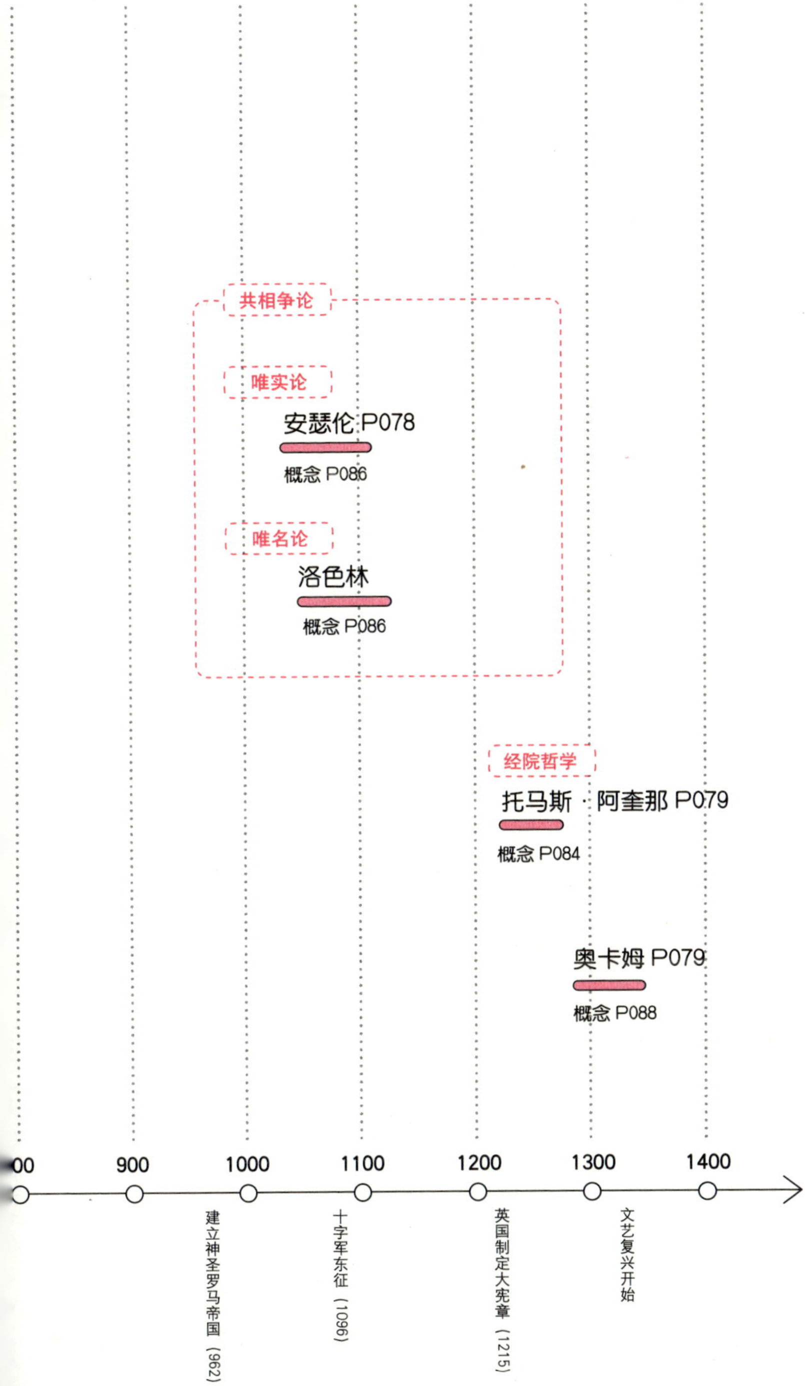
共相争论
唯实论
安瑟伦 P078
概念 P086
唯名论
洛色林
概念 P086
经院哲学
托马斯 · 阿奎那 P079
概念 P084
奥卡姆 P079
概念 P088
00
900
1000
1100
1200
1300
1400
建立神圣罗马帝国（962）
十字军东征（1096）
英国制定大宪章（1215）
文艺复兴开始

著作
《忏悔录》《上帝之城》《三位一体论》

圣奥古斯丁受新柏拉图主义影响深远，以理型论为基础，主张万物皆从“一者”（＝神）流出的神秘主义思想。

圣奥古斯丁认为，神只创造善，而恶是一种善的缺失的状态。

圣奥古斯丁

AURELIUS AUGUSTINUS

▶ P082

基督教会最伟大的教父。生于北非的塔加斯特。青年时代醉心女人和戏剧，过着放浪形骸的生活，信仰过摩尼教。后受到新柏拉图主义的影响，皈依基督教。在与异端的论战中，创作了《上帝之城》《忏悔录》等多部著作，奠定了基督教的教义。

著作
《独白》《宣讲》《论真理》

安瑟伦受新柏拉图主义的影响，主张“人类”这一共相概念是实际存在的“唯实论”。

提倡从信仰出发，用理性探求信仰的正确性。

坎特伯雷的安瑟伦

ANSELM OF CANTERBURY

▶ P086

经院哲学之父。出生于意大利。在法国贝克的本笃修道院学习并当上院长。后卷入主教叙任权之争，于一〇九三年就任英国坎特伯雷大主教。与国王威廉二世及亨利一世对立，坚决抗拒王权介入教会。安瑟伦的上帝存在论证对近代哲学产生了重大影响。

著作

《神学大全》《命题论集注解》《对异教徒大全》

托马斯·阿奎那通过与细致的亚里士多德哲学之间的斗争，完成了基督教神学体系。

只有理性（自然）是有界限的，信仰的完成还需要神的恩宠。

托马斯·阿奎那

THOMAS AQUINAS

▶ P084

出生于意大利的贵族家庭。加入多米尼克修道会，在巴黎和意大利专心从事教育和写作活动。十三世纪，他以神学的角度解读因十字军东征而由伊斯兰世界传入的亚里士多德哲学，以期达到神学和哲学的结合。由于他完成了经院哲学，所以被称为“经院哲学之王”“天使博士”，对后世产生了极大影响。

奥卡姆主张没有必要的说明应当统统剃掉。这一主张被称为“奥卡姆剃刀”。

奥卡姆否认实际存在“人类”“动物”这样的“共相”。

奥卡姆的威廉

WILLIAM OF OCKHAM

▶ P088

英国的经院哲学家。隶属于方济各会，专心研究。由于论证能力出色，同时代的哲学家称他为“无敌博士”。宣告理性和信仰分离的同时，还提倡“并不存在共相”的唯名论，被教会视为异端。他重视经验认识的思想，成为后来英国经验主义的先驱。他还是被翻拍成电影的小说《玫瑰之名》中主人公的原型。

博爱

含　义 ------------------------------基督教中的“神爱”

文　献 ----------------------------------《新约圣经》

备　注 ------------------“神爱世人，为何世上仍有罪恶？”这个问题在中世纪神学中引发了巨大的争论

耶稣提出，不论善人恶人，乃至于背弃神（自己）的人，神都同样施以救赎。神给予人类的不论得失的**无私的爱**，称为**博爱**。

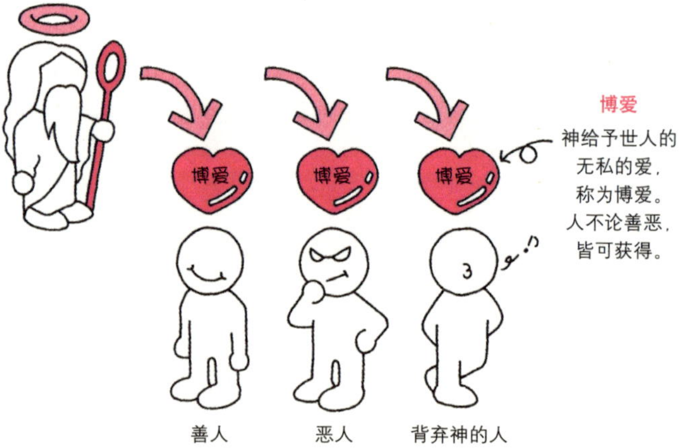

耶稣还主张，我们人类之间的爱也应该是**无私的爱**。正如他所说的“**有人打你右脸，连左脸也转过去给他打**”，他提倡的不是“**以眼还眼，以牙还牙**”这种报复主义的道德。

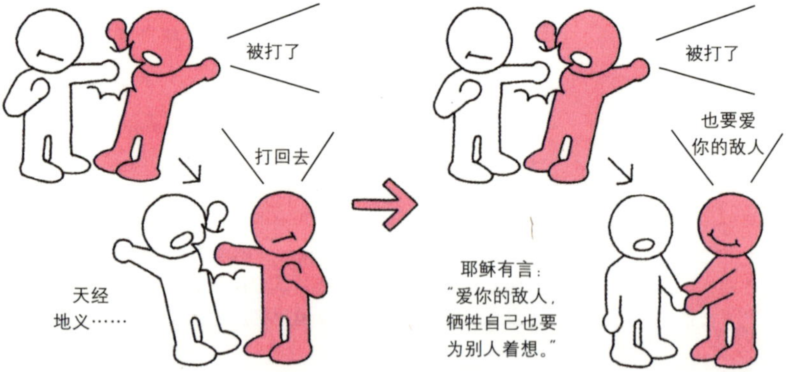

表达**爱**的词语，还有**柏拉图**的**爱洛斯**（P051）、**亚里士多德**的**友爱**（P067）。那么，**博爱**同它们有哪些区别呢？从**耶稣**的话中或许可以找到答案。

耶稣对牧羊人说：
“一个好的牧羊人发现丢失了一只羊时，
会撇下那九十九只，
去寻找丢失的羊。”

耶稣对向罪人扔石头的人说：
“你们当中一次也没有犯过罪的，
就向这个人扔石头吧。”

耶稣曾经是犹太教徒，但他认为**博爱**优先于教义，因而有时会打破犹太教的教义。他身体力行，实行**博爱**。

当时，
犹太教以外的人饱受歧视，
并不被当人对待。
但耶稣
会和这些寂寞的人
一同用餐。

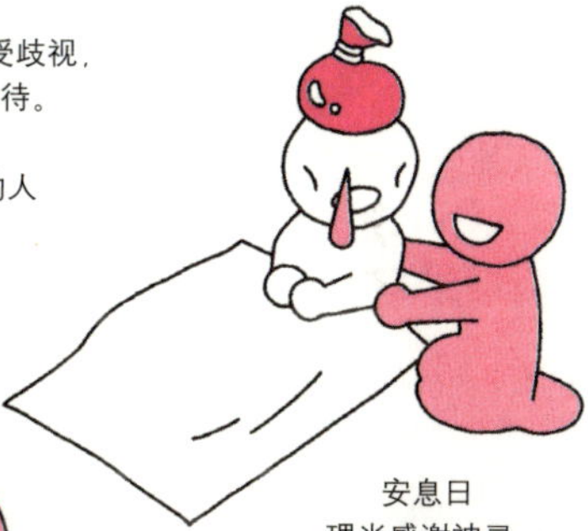

安息日
理当感谢神灵，
不得劳动，
但耶稣
在这一天也会
去问候病人，同他们聊天。

犹太教
有严格的教义，
禁止触碰人的鲜血。
但耶稣
即使碰到鲜血，
也要救治病人。

之后，**耶稣**被冠以异端之名钉上了十字架，但他提倡的**博爱**被**保罗**（？～65？）等人在罗马帝国领土内广泛传颂。

教父哲学

文　献 ------------------------- 圣奥古斯丁《上帝之城》等

备　注 ------------------- 教父是指一～八世纪初期基督教内被公认传承了正统信仰、过着模范生活的人

耶稣死后三百余年，在**保罗**等人脚踏实地地布道活动下，基督教成了罗马帝国国教。经罗马教会承认，负责确立基督教正统教义的指导者们，称为**教父**。

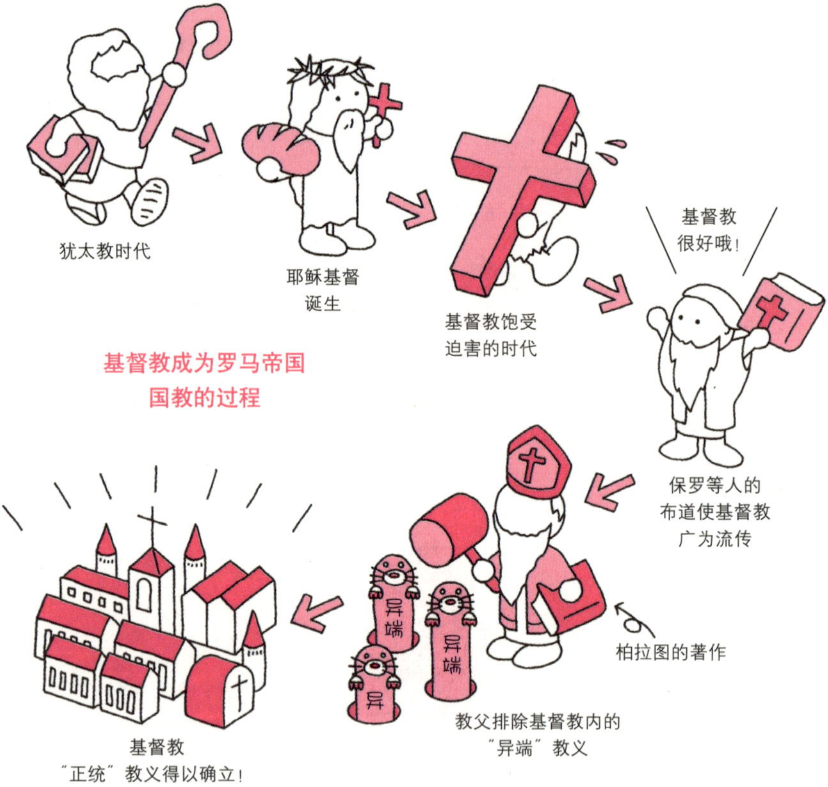

教父传授的教义被称为**教父哲学**。被外界认为最伟大的**教父**——**圣奥古斯丁**，有两个教义最为出名。

第一个教义与神的恩宠和教会的作用有关。如果没有**神的恩宠**，人与生俱来的原罪便无从得到救赎，而教会便是其中的媒介。

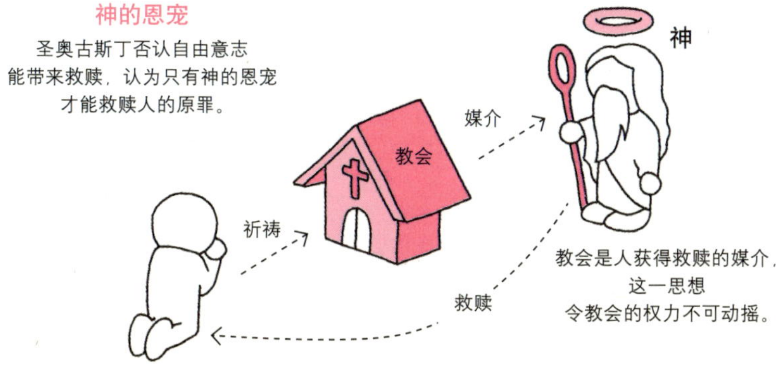

第二个教义是三超德上位说。认为基督教的三超德比**柏拉图**的**四主德**（P055）更有价值。

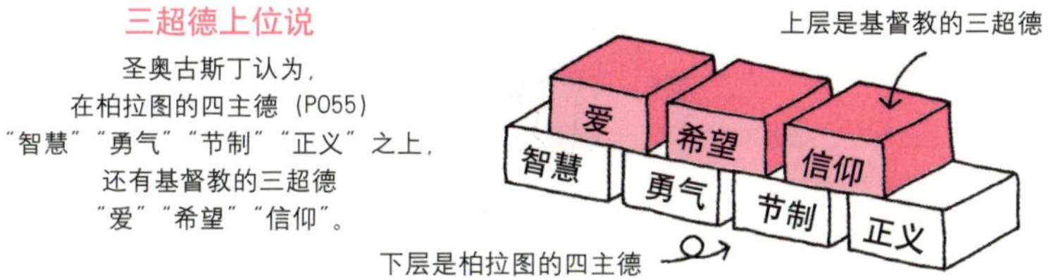

耶稣本人虽没有从事布道活动的打算，但基督教之所以逐渐扩展，就是因为这些教义的存在。**圣奥古斯丁**进一步明确定义了“神、**耶稣**及圣灵一体”的三位一体说，确立了基督教的教义。

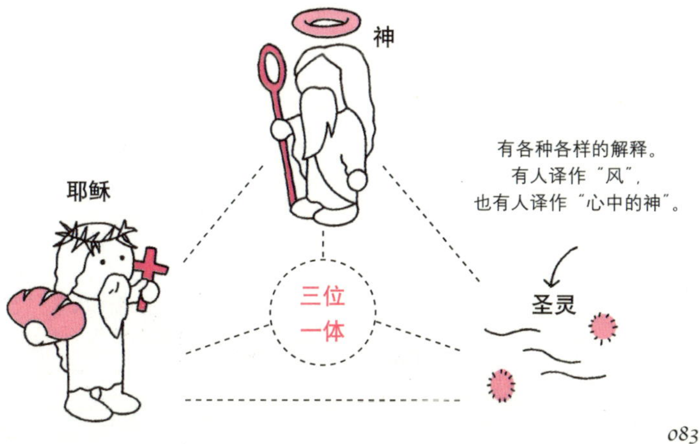

经院哲学

含　义 ------------------------ 中世纪有如学问一样的神学
文　献 -------------------- 托马斯·阿奎那《神学大全》等
备　注 ---“经院（schola）”的词源是有“闲暇”之意的“schole”，过去用于讨论的时间都是闲暇时间

中世纪初期，**亚里士多德**的哲学已被欧洲忘却，但在伊斯兰世界却被接受。直至中世纪中期，十字军东征的时候被重新发现，并经过翻译又传回欧洲。

亚里士多德的哲学把理性和信仰的矛盾摆在了面前，这使教会感到恐慌。**托马斯·阿奎那**为了对抗**亚里士多德**的哲学，反过来运用**亚里士多德**的哲学来证明理性和信仰可以两立。像这样成就了神学的哲学，称为**经院哲学**。**证明神的存在**便是其中之一。

托马斯·阿奎那证明神的存在

亚里士多德曾说，事物由原因与结果构成。那么，最初的原因是谁创造的？只能是神。因此，若神不存在，则世界也无法存在。

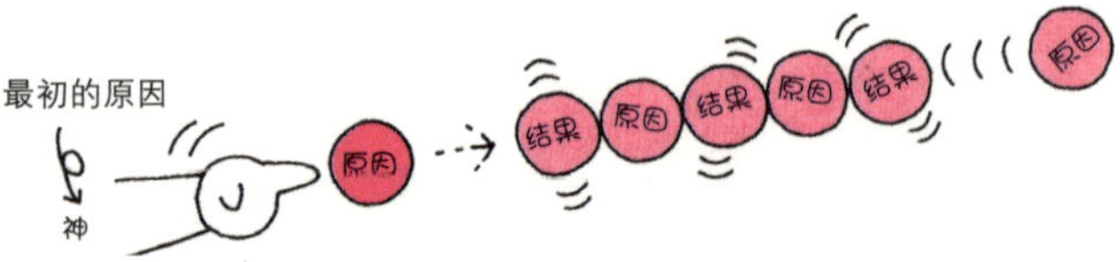

托马斯·阿奎那认为，**亚里士多德**的哲学并未触及“死后的世界”“宇宙的外围”等问题。而这类凭借理性无法触及的问题，被**托马斯·阿奎那**称为**真理**，而迫近真理的是**神学**。

托马斯·阿奎那研究神学和哲学的关系

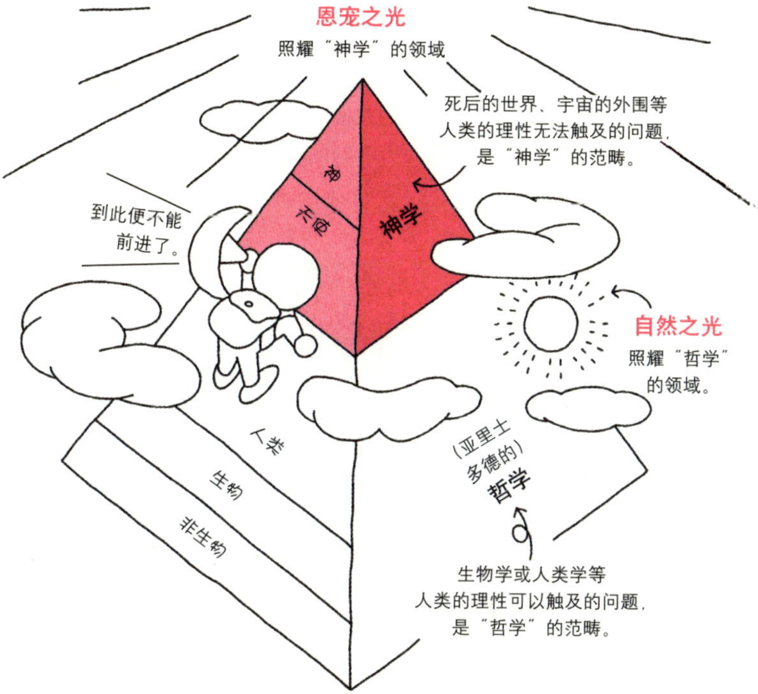

就这样，**托马斯·阿奎那**为神学和哲学确立了明确的上下级关系。这种上下级关系在中世纪**经院哲学**中表达为**“哲学是神学的婢女”**。

※婢女＝仆人

共相争论

含　义 ----------------中世纪神学中关于共相是否存在的争论

相　关 --------------------------------- 经院哲学（P084）

（P084）

备　注 ------------------ 该争论经托马斯·阿奎那调停之后，因奥卡姆提出唯名论而被重新燃起

人类创造了“家畜”这种可以概括羊、鸡、牛等的**词语**，那么“动物”一词又如何呢？一般“动物”这样的**共相**，从一开始便存在于这个世上吗？又或者它只不过是我们为了使用方便而创造出来的词语？

“动物”这样的共相存在吗？

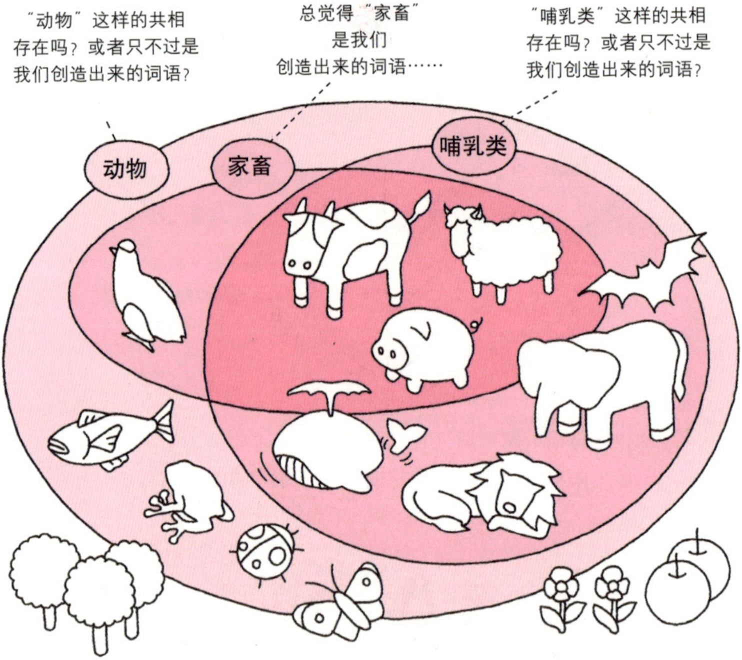

进一步说，“人类”这样的共相存在吗？这种“**共相是否存在**”的争论**（共相争论）**，在中世纪长时间被反复提及。认为共相存在的思想称为**唯实论**，认为共相不存在的思想称为**唯名论**。

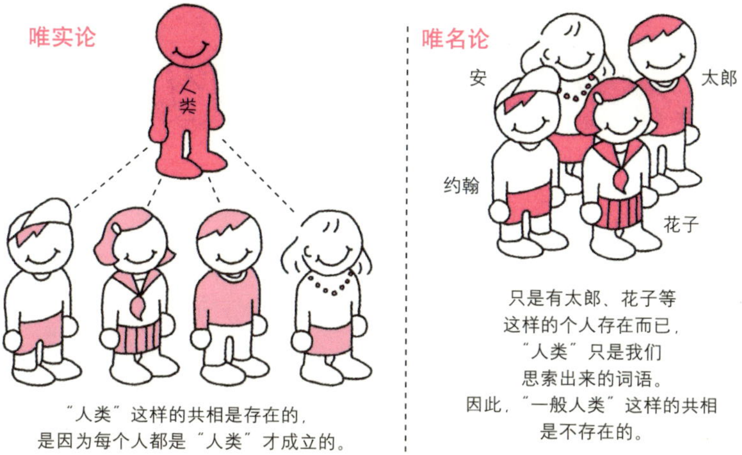

依据基督教的教义，同为人类的我们，都背负着最初的人类亚当的罪，即"原罪"。但是，如果"人类"这样的共相不存在，那么我们也就没有必要背负原罪，而负责救赎我们原罪的教会也就没必要存在了。

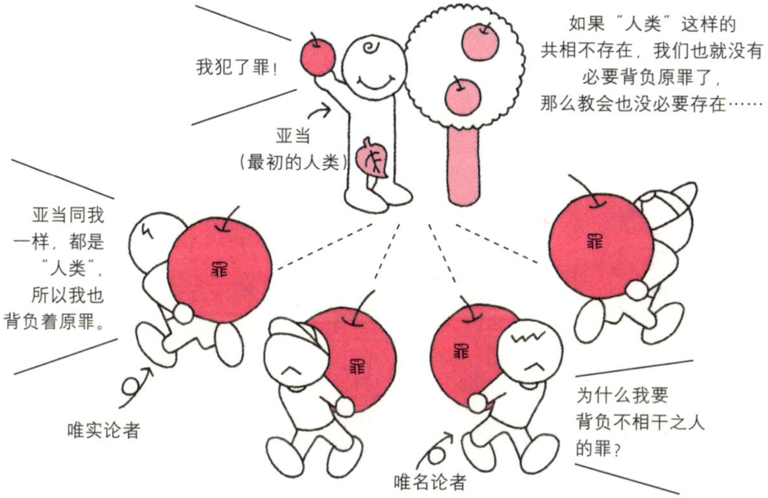

为此，共相是否存在的问题对于教会意义重大。

奥卡姆剃刀

含　义 -------------- 认为“说明应当尽可能简洁单纯”的主张
（由于主张把无用的说明剃掉，因而得名“剃刀”）

影　响 -------------------------------- 共相争论（P086）

备　注 --- 因为奥卡姆本人常常使用这种论法，所以加上了他的名字

中世纪后期登场的**奥卡姆**认为**共相**（共相争论 P086）不存在。他认为太郎或花子这样彼此独立的个体存在，但并不认为将其总括起来的“人类”这样的共相存在。

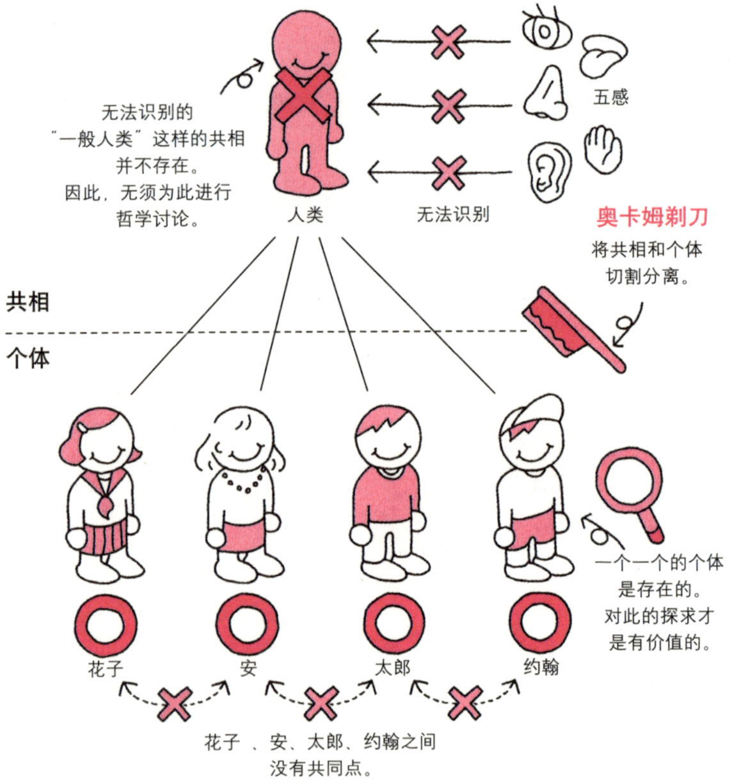

探求一个一个的个体是重要的，但人类后来想出的“动物”“人类”等**词语**本不存在于自然界，因此无须围绕它们进行思考。无用的词语应当用剃刀剃掉，这样的思维方式称为**奥卡姆剃刀**。

长久以来，哲学被置于神学之下，有“哲学是神学的婢女”（P085）之说。然而主张用剃刀将共相剃掉的奥卡姆认为，理应一直合理的哲学应该与主张“人类”这样的共相存在的神学切割分离开来。

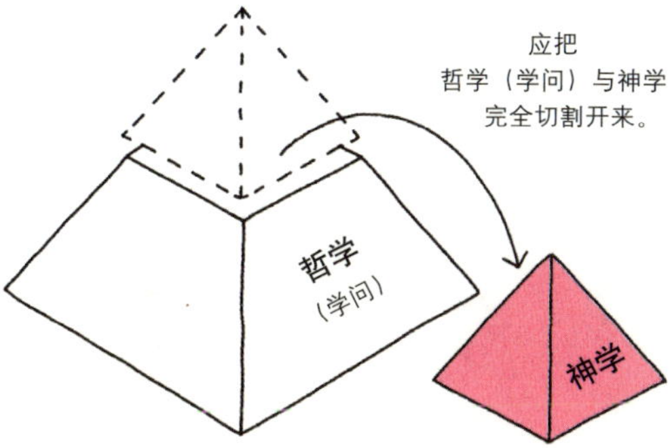

奥卡姆剃刀这样的思维方式使人们渐渐脱离神秘主义，开始理性思考事物。

于是，以思考本身为主体的近代哲学拉开了大幕。

近代（前期）

近代（前期）的哲学家

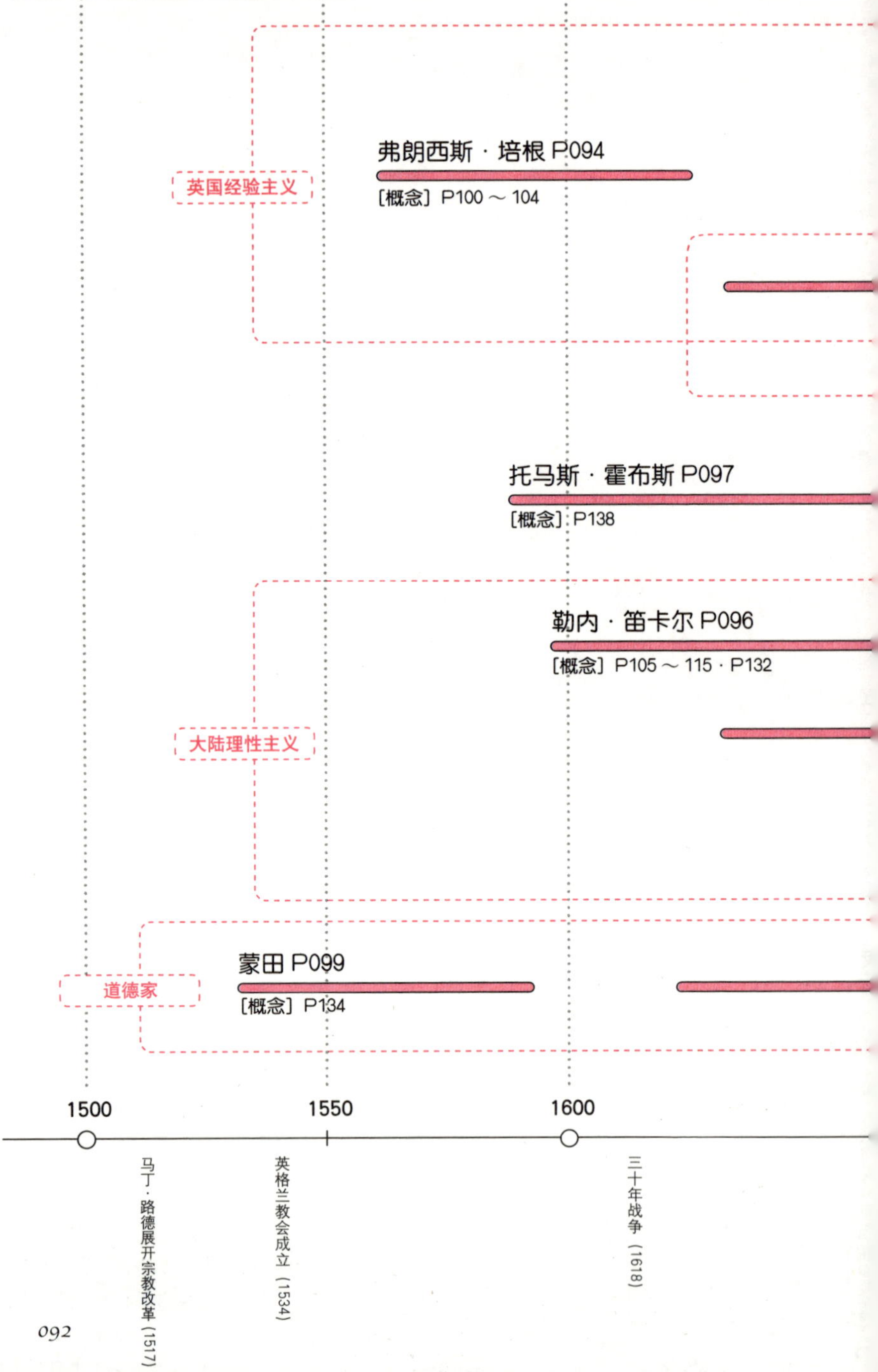
英国经验主义
弗朗西斯·培根 P094
[概念] P100～104
托马斯·霍布斯 P097
[概念] P138
大陆理性主义
勒内·笛卡尔 P096
[概念] P105～115 · P132
道德家
蒙田 P099
[概念] P134
1500
1550
1600
马丁·路德展开宗教改革（1517）
英格兰教会成立（1534）
三十年战争（1618）

乔治 · 贝克莱 P095

［概念］ P126

大卫 · 休谟 P095

［概念］ P128 ～ 130

约翰 · 洛克 P094

［概念］ P123 ～ 125 · P133 · P140

启蒙思想

让 · 雅克 · 卢梭 P098

［概念］ P141

查理 · 路易 · 孟德斯鸠 P098

［概念］ P142

鲁赫 · 德 · 斯宾诺莎 P096

［概念］ P116 ～ 118

戈特弗里德 · 威廉 · 莱布尼茨 P097

［概念］ P120 ～ 122

士 · 帕斯卡 P099

［概念］ P136 ～ 137

1650 1700 1750

清教徒革命（1642）

光荣革命（1688）

工业革命开始

法国大革命（1789）

著作 《新工具》《学术的进展》

在验证“雪能有效保存鸡肉”的说法时罹患肺炎去世。将“实验是科学的基础”这一主张贯彻到人生最后一刻。

培根主张，科学知识要具有提高人类生活质量的力量。

弗朗西斯·培根

FRANCIS BACON

▶P100～104

英国哲学家、政治家。出生于英国高级官员之家，十二岁进入剑桥大学学习，之后学习法律并取得律师资格，二十三岁时成为国会议员，四十五岁时与十四岁少女再婚。之后成为大法官，但因受贿罪入狱。培根重视实验和观察，批判思辨的经院哲学，是英国经验主义的鼻祖。

著作 《人类理解论》《政府论》

洛克认为人类的内心原本是一张什么都没写的“白纸”，确立了“知识是通过后天经验获得”的经验主义哲学。

提倡人民对政府不当行使权力有抵抗权（革命权）。

约翰·洛克

JOHN LOCKE

▶P123～125·P133·P140

英国经验主义的代表哲学家、政治家。出生于清教徒家庭，在牛津大学学习哲学和医学。逃亡至荷兰后，直到光荣革命才回国。著有《人类理解论》以论述经验主义，还在《政府论》中提出了社会契约说。社会契约说除了为光荣革命提供理论基础之外，还对法国大革命和美国独立战争产生了巨大影响。

在杳无人迹的森林中，一棵树倒下时，会发出声音吗？以知觉作为事物存在依据的贝克莱会说：“不。”

人类无法感知的事物之所以存在，是因为神感知一切事物。

著作
《视觉新论》《人类知识原理》

乔治·贝克莱

GEORGE BERKELEY

▶P126

英国哲学家、牧师。出生于爱尔兰。小时候被称为神童。十五岁进入都柏林三一学院学习，年纪轻轻便留校任教。代表作《视觉新论》和《人类知识原理》皆成书于二十多岁时。作为牧师，他筹划在百慕大创办大学而赴美，但在资金方面受挫。美国加利福尼亚州的伯克利市就是以他的名字命名的。

休谟认为，“因为碰到热的东西所以觉得热”这种因果关系只不过是因为积累了无数次经验所养成的习惯的结果所创造的信念。

对休谟来说，人类的心也不过是由从经验中得到的知觉的集合体。

著作
《人性论》《人类理解研究》

大卫·休谟

DAVID HUME

▶P128～130

英国哲学家、历史学家。出生于苏格兰。在爱丁堡大学学习法律，毕业后在法国逗留。这一时期他专心写作，出版了《人性论》。后申请进入大学任教，却因被认为是怀疑主义者而未能实现。在爱丁堡任职图书馆管理员时期写出了《英国史》，名声大振。他也曾在驻法大使秘书和副国务卿职位上十分活跃。

著作 《谈谈方法》《第一哲学沉思集》《论灵魂的激情》

笛卡尔否定了自亚里士多德以来的目的论自然观，提倡机械论自然观，认为自然界万事万物都只是物质，遵循数学法则而动。

我思故我在。

对笛卡尔来说，这是他的“哲学第一原理”。近代哲学的大幕自此拉开。

勒内·笛卡尔

RENÉ DESCARTES

▶P105～115·P132

法国哲学家、自然科学家。有“近代哲学之父”之称。在拉弗莱什的学校接受教育之后，投笔从戎。一六一九年十一月十日，他在冬日的德国营地里“发现了令人震惊的学问的基础”。退伍后，他遍游欧洲，最终定居荷兰。晚年应瑞典女王的邀请前往该国，翌年病逝。他的头盖骨在法国巴黎夏乐宫人类博物馆陈列着。

著作 《伦理学》《神学政治论》

磨镜片是当时最先进的技术。斯宾诺莎磨镜片不仅是为了谋生，也是为了研究光学。

神即自然。

斯宾诺莎被称为“醉心于神的哲学家”，提倡“只有神才是实体”的泛神论。

巴鲁赫·德·斯宾诺莎

BARUCH DE SPINOZA

▶P116～118

荷兰哲学家。出生于从葡萄牙流亡至荷兰的犹太商人家庭。在隶属犹太教团的学校接受教育，却最终热衷于西欧思想。一六五六年因为无神论倾向被犹太教团除籍，之后以教书和磨镜片维持生计，坚持写作。四十四岁死于长年的肺炎。他是一个孤独的自由思想家，埋首于哲学度过了一生。

莱布尼茨在一六九四年发明了可以进行加减乘除计算的机械式计算机，闻名于世。

单子没有窗户。

提出了“自然由无数单子构成”的多元论哲学。

著作 《形而上学论》《单子论》《人类理智新论》

戈特弗里德·威廉·莱布尼茨

GOTTFRIED WILHELM LEIBNIZ

▶P120～122

德国哲学家、数学家。少年时自学拉丁语，广泛阅读了很多哲学书。先后在莱比锡大学和耶拿大学学习哲学、法学和数学。作为数学家发现了微积分，作为政治家和外交官活跃于各界，是个在多方面发挥才能的天才。此外，他还在知识交流上十分活跃，一生与超过千人互通过书信。

霍布斯说，在没有公权力的社会里，“人对人就像狼对狼”。人与人之间先天上肉体的强弱比动物之间小，这正是众人会陷入战争状态的原因。

一切人对一切人的战争。

霍布斯认为，人类的自然状态就是所有人为追求财富和权力而混战不休的战争状态。

著作 《利维坦》《哲学原理》

托马斯·霍布斯

THOMAS HOBBES

▶P138

英国哲学家、政治学家。出生于英国国教会的牧师家庭，就读牛津大学，毕业后一边做贵族家庭的家庭教师，一边继续做研究。曾游历法国和意大利，与培根、笛卡尔及伽利略结缘。由于国内动乱，曾短暂流亡法国。主要著作《利维坦》因宣扬无神论而受到批判，差点被列为禁书。

著作 《论法的精神》《波斯人信札》《罗马盛衰原因论》

将三权分立学说具体化，成为美国宪法和法国人权宣言的基本原理。

以英国议会政治为理想的孟德斯鸠批判法国的君主专制。

查理·路易·孟德斯鸠

CHARLES-LOUIS DE MONTESQUIEU

▶P142

法国启蒙思想家、政治学家。法官贵族出身。学习法律，曾在波尔多高等法院担任要职。在任时创作了讽刺小说《波斯人信札》，批判法国的政治和社会，备受瞩目。后游学欧洲诸国，在英国受洛克思想的影响，写下了《论法的精神》。他主张的三权分立学说成为近代民主宪法的基础。

著作 《论人类不平等的起源》《社会契约论》《爱弥儿》

卢梭的民主政治论虽然对法国大革命产生了重大影响，但也成为施行恐怖政治的雅各宾派领袖罗伯斯庇尔的革命思想主轴。

卢梭以自然状态为理想，认为感性优先于理性，是浪漫主义的先驱。

让·雅克·卢梭

JEAN-JACQUES ROUSSEAU

▶P141

法国大革命前夕激进的启蒙思想家。出生于日内瓦共和国。结束学徒生活后去流浪，自学成才。三十岁时前往巴黎，结识狄德罗等人，负责编纂《百科全书》音乐方面的词条。一七五〇年应征写了《论科学与艺术》，获得第戎学院的奖励，崭露头角。晚年在苦恼中写下了《忏悔录》《对话录》等自传性作品。

蒙田在宗教战争的漩涡中写下的《随笔集》，其特色是宽容、中庸、理性主义。他的人生哲学对后来的知识分子产生了巨大影响。

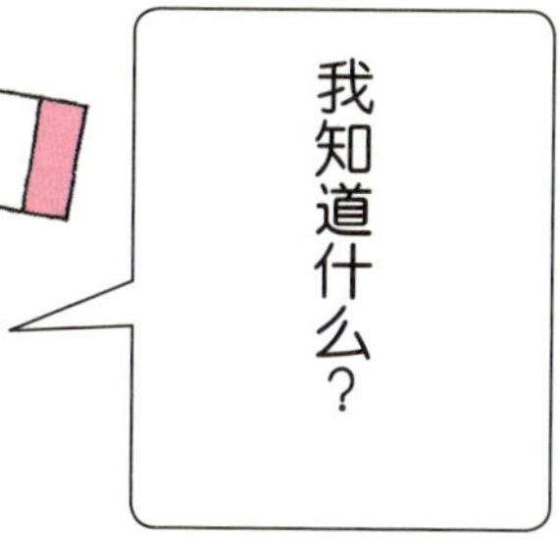

蒙田的座右铭。以怀疑主义为武器，探索人生的意义。

著作
《随笔集》

蒙田

MICHEL DE MONTAIGNE

▶P134

法国道德家。新兴贵族出身。修习法律后在波尔多高等法院工作，法国宗教战争末期还做过波尔多市市长。三十八岁时辞去法官职务，余生大多以读书和思考为主，写出《随笔集》。他秉持怀疑主义，拒绝武断和偏见，倡导中庸和宽容。他那敏锐却又温暖的人类观察记录，被视为道德家文学的巅峰。

帕斯卡设计出了公共马车的系统。这一系统成为公共汽车系统的起源。

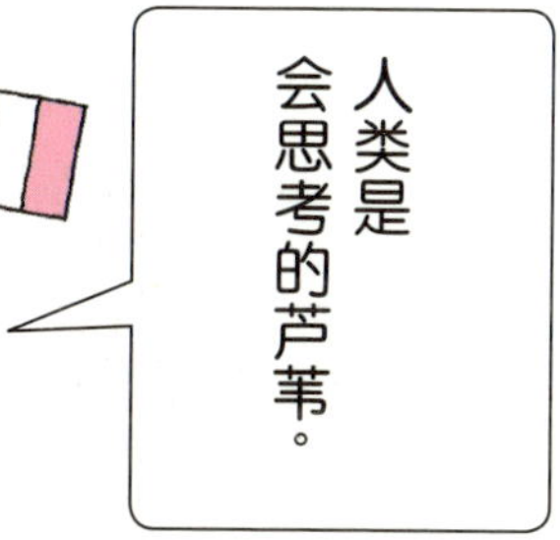

这句名言清晰地展现了帕斯卡对人性的透彻洞察。

著作
《沉思录》

布莱士·帕斯卡

BLAISE PASCAL

▶P136～137

法国科学家、思想家。是一个早熟的天才，十六岁写出一篇圆锥曲线论的论文，震惊了笛卡尔。除了发现与流体力学有关的“帕斯卡原理”之外，在概率论和积分理论上都有重大贡献。三十一岁体验到宗教式信仰后，成为修道院的客座成员，开始了宗教生活。三十九岁病逝，遗稿《沉思录》被认为是存在主义的先驱。

知识就是力量

出　处 --《新工具》
相　关 -----英国经验主义（P101）、归纳法（P104）、假相（P102）
备　注 ------------------培根主张，做学问应当找出自然法则，并凭借该法则掌握支配自然的力量

培根认为，凭借**经院哲学**（P084）并不能建立学问知识基础。他将**自然哲学**和**经院哲学**的作用明确划分开来。

中世纪……

培根认为，中世纪的经院哲学（P084）对生活毫无帮助。

近代！

培根认为，基于经验与实验得到的知识和学问能给人带来幸福，而经院哲学则不能。

培根认为，生活质量的提高不仅要凭借教义，还要通过经验与实验来了解自然的构造（征服自然）。他用一句**“知识就是力量”**来概括他的观点。他为英国带来的这种重视经验的思维，与中世纪“先有真理，再试图以真理解释世界”的哲学与神学完全相反。

英国经验主义

示　例 ------------------------- 培根、洛克、贝克莱、休谟

对应词 ------------------------------大陆理性主义（P106）

备　注 ---------在法国，受洛克影响的孔狄亚克（1715～1780）也展开了经验主义哲学的研究

知识或观念都是源自通过五感（听觉、视觉、触觉、味觉、嗅觉）得到的**经验**，先天的知识或观念是不存在的。这种在英国发展起来的思潮，称为**英国经验主义**。**英国经验主义哲学家**主要通过**归纳法**（P104）获得正确的知识。

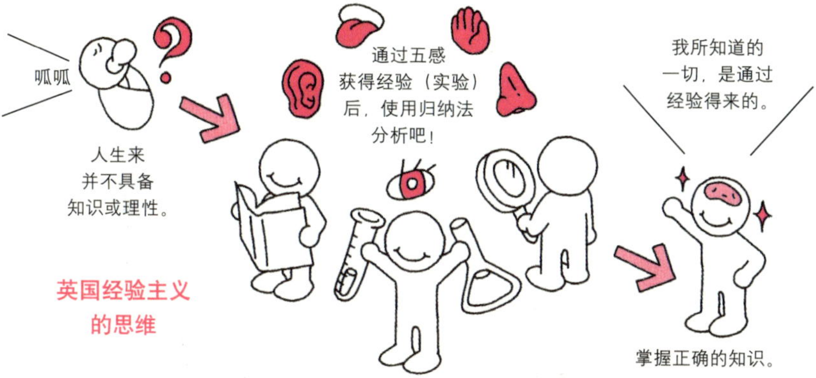

这种思维与认为人生来就具备知识和观念的大陆理性主义（P107）形成鲜明对比。

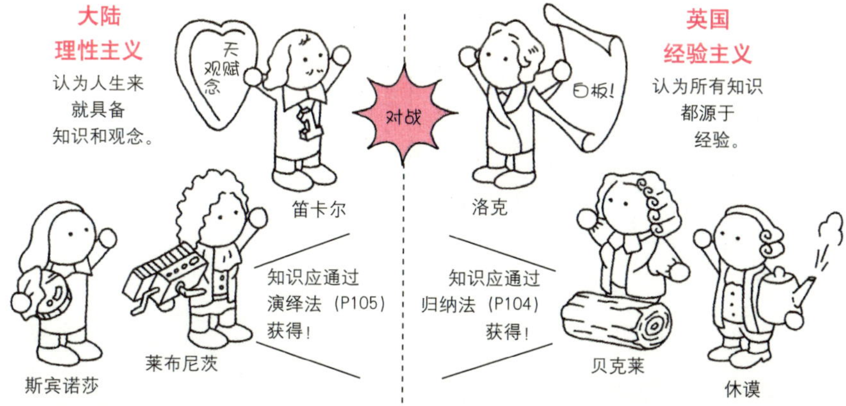

假相

含　义 ----------------------------拉丁语“偶像”的意思
文　献 ------------------------------------培根《新工具》
相　关 ---知识就是力量（P100）、英国经验主义（P101）、归纳法（P104）
备　注 -------------------------英语“idol（偶像）”的词源

培根主张知识都源于经验，但也坦言笃信和偏见会妨碍我们掌握正确的知识。**培根**将这种笃信和偏见称为**假相**，并将其划分为四类：**❶种族假相❷洞穴假相❸市场假相 ❹剧场假相**。

四假相
妨碍正确知识的掌握

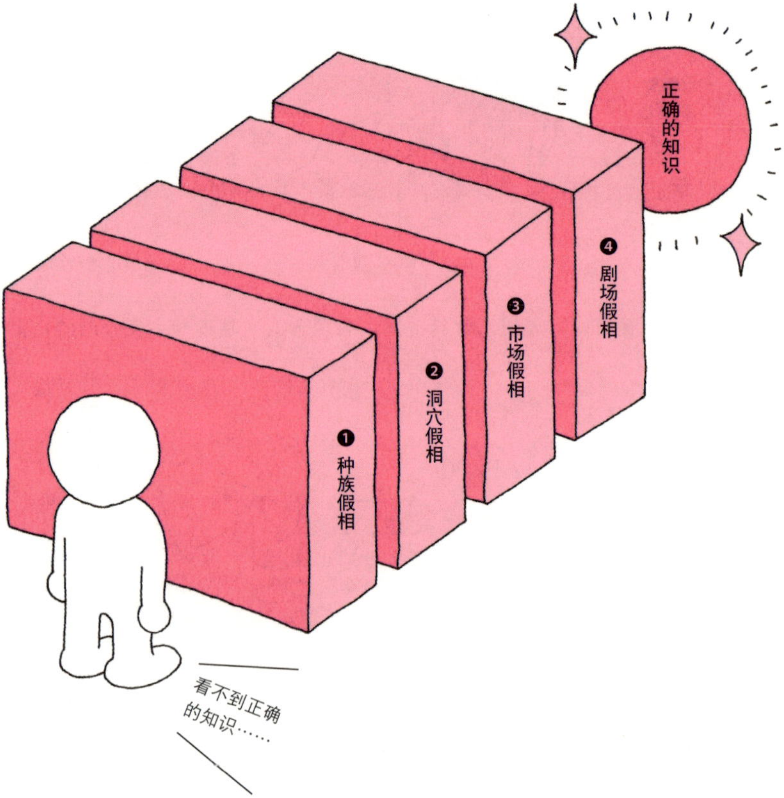

❶种族假相

人类这个种族共同具有的感觉
所造成的偏见。

感觉天空在动

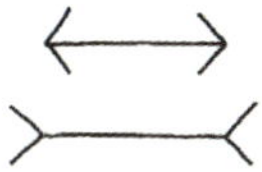

眼睛的错觉

拟人观

❷洞穴假相

因成长环境产生的狭隘思维所造成的偏见。

家庭环境和人生境遇

个人的体验

阅读带来的影响

❸市场假相

在人群集中的地方由于误听或流言等
所造成的偏见。

网络信息

流言

误听

❹剧场假相

因盲从权威、笃信名人
所造成的偏见。

受欢迎节目的信息

伟人的话

归纳法

含　义 ---------从个别的事实和经验中推导出一般性法则的方法
文　献 ---------------------------------培根《新工具》
对应词 ---------------------------------演绎法（P105）
相　关 ----------------------------英国经验主义（P101）

培根等**英国经验主义**（P101）哲学家认为，使用**归纳法**能够有效地帮助人们获得正确的知识。所谓**归纳法**，就是依据**经验**（实验）尽可能地收集大量样本，进而推导出一般性结论的方法。通过**归纳法**得来的知识不是武断性的，而是有经验和实验来支撑的。但需要注意的是，如果初期样本过少或错误，可能会导致推导出的结论错误。

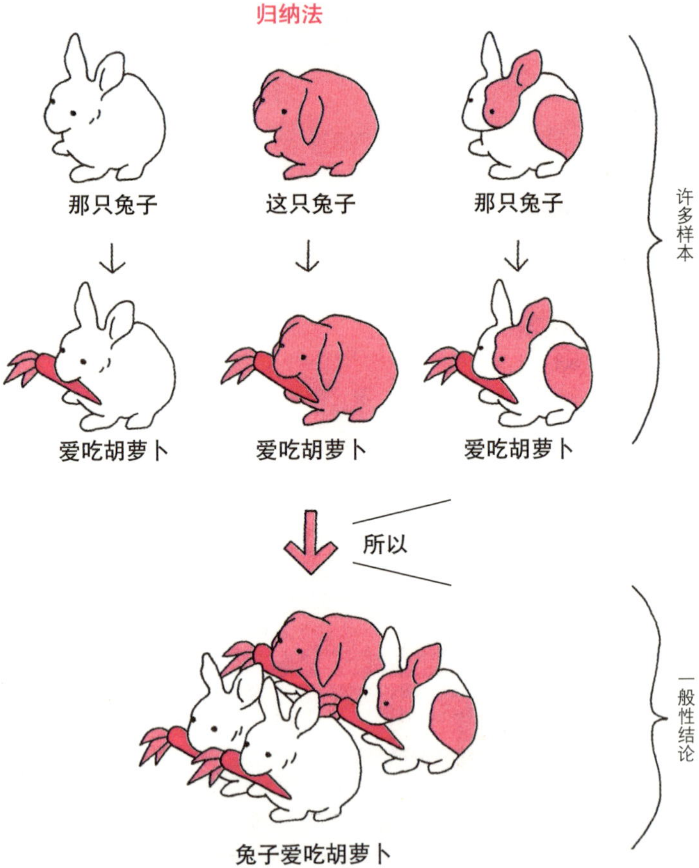

演绎法

含　义 ---------------- 将一般性法则或原理嵌在个别的事实上

文　献 ------------------------------ 笛卡尔《谈谈方法》

对应词 ------------------------------------ 归纳法（P104）

相　关 ------------------------------ 大陆理性主义（P106）

笛卡尔等**大陆理性主义**（P106）哲学家使用**演绎法**来获取正确的知识。所谓**演绎法**，就是从一般性原理出发，通过理性的推理，探明个体的真理的方法。在**演绎法**下，只要前提是真理，则结论也是真理。不过，如果开始的前提是错误的，那么得到的结论也无法成为真理。

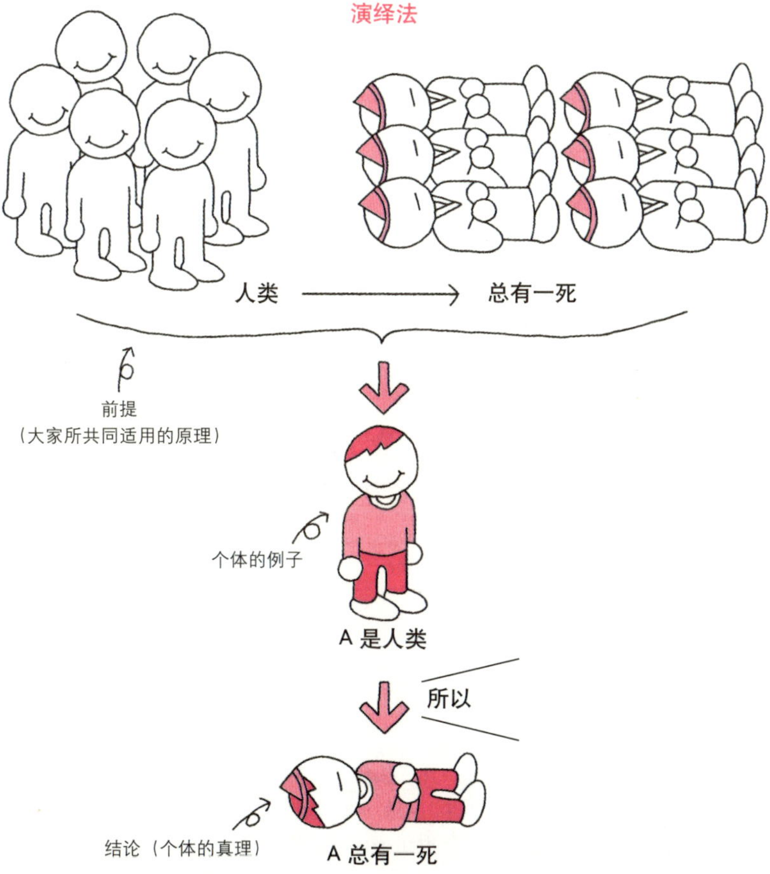

大陆理性主义

示 例 ---------------------- 笛卡尔、斯宾诺莎、莱布尼茨

对应词 ------------------------------- 英国经验主义（P101）

相 关 ------------------------------------ 演绎法（P105）

备 注 --------- 康德将大陆理性主义和英国经验主义综合了起来

笛卡尔、**斯宾诺莎**、**莱布尼茨**等欧洲大陆的哲学家秉持的观点，和在英国发展的**英国经验主义**（P101）不同。

人常常会看错，实验结果也会出错。因此通过五感（视觉、听觉、触觉、味觉、嗅觉）得来的经验（体验）是不可靠的。

经验不可靠

笛卡尔认为人生来就有“神”“善恶”这样的观念，承认**天赋观念**（P112）的存在。这同**柏拉图**的“人生而知**理型**（P046）”的**观点**一脉相承。他认为人应当依靠**天赋观念**，使用**演绎法**（P105）来获得正确的知识。

大陆理性主义的思维

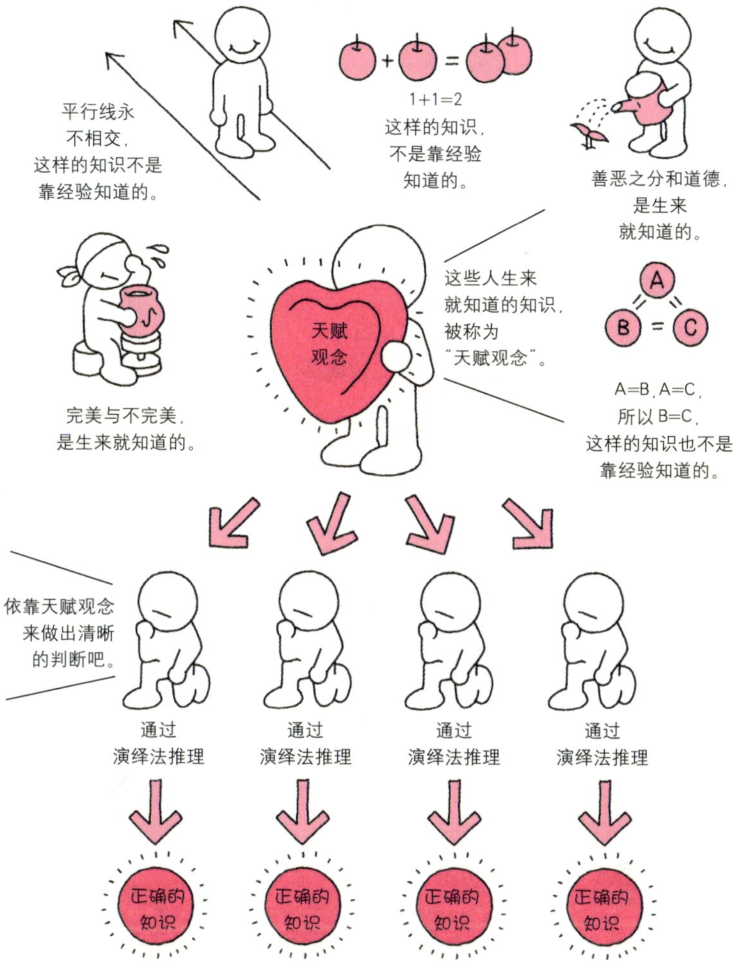

由于这种思维主要在欧洲大陆流行，所以称**大陆理性主义**。**大陆理性主义**与否认**天赋观念**的**英国经验主义**对立。

我思故我在

出　处 ------------------------------ 笛卡尔《谈谈方法》
相　关 ------------------------------ 证明神的存在（P110）
备　注 ------------------------------ 近代哲学由这句话拉开大幕

假如有一个了不起的真理被发现了，却有人说“就算是这样，但世界可能本就是一场梦呢”，着实令人无言以对吧。为了避免这种情况，**笛卡尔**致力于寻找一个“**唯有它绝对确实可靠**”的**原理**。

所以，**笛卡尔**首先刻意地怀疑“这世界可能本就是一场梦”**（方法的怀疑）**。这样一来，对眼前的风景、书本所记载的内容、数学乃至自己的肉体，都要产生怀疑。但唯有一点毋庸置疑，就是正在怀疑“这世界可能本就是一场梦”的自己的**意识**是存在的。即使进一步怀疑“正在怀疑这世界可能本就是一场梦的自己”，直到最后，自己的意识还是存在的。

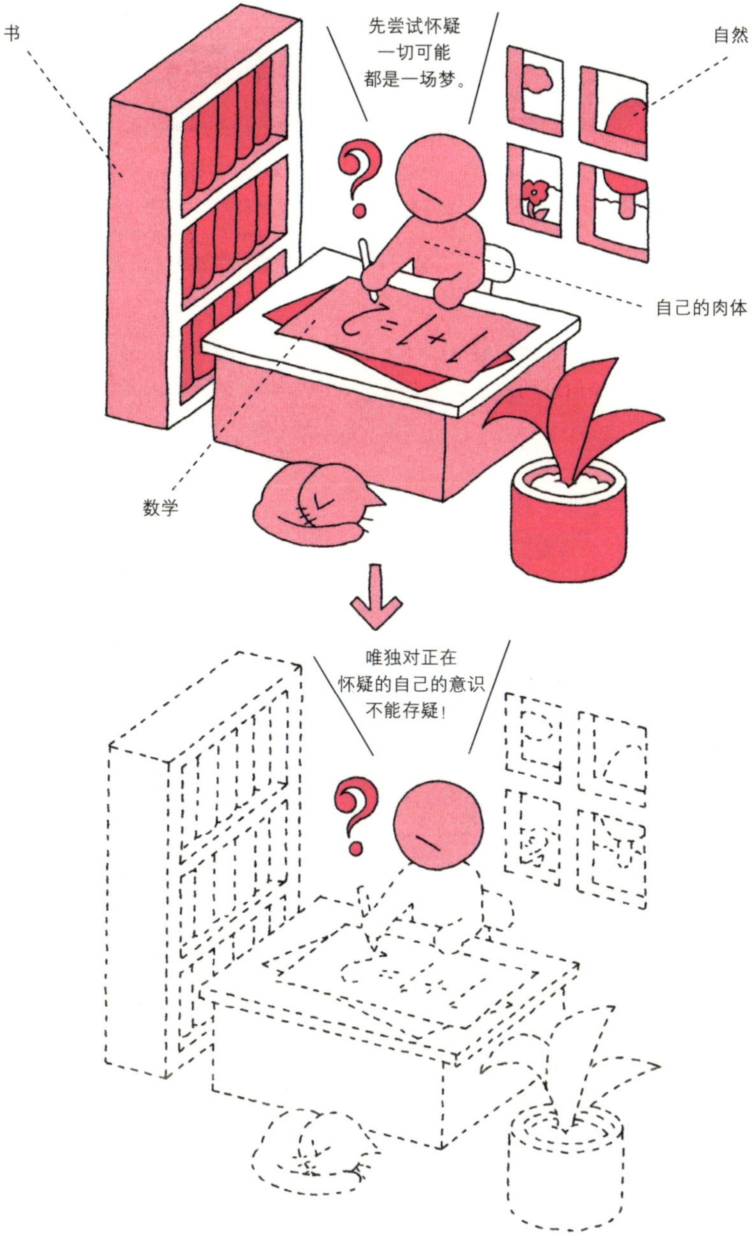

至此，**笛卡尔**发现，自己的意识的存在是无法怀疑的。他以**“我思故我在”**来表达这一发现。由于确定“我”的存在就好比 1+1=2 这样的定理一般，所以被称为**笛卡尔哲学**的**第一定理**。

证明神的存在

文　献 ----------------- 笛卡尔《谈谈方法》《第一哲学沉思集》
相　关 -- 大陆理性主义 (P106)、"我思故我在" (P108)、天赋观念 (P112)
备　注 ---------------- 中世纪神学中也对神的存在进行了证明，但并不是为了确保认知的正确性

笛卡尔通过**方法的怀疑**（P108）证明了自己（的意识）确实存在。那么，接下来要如何证明周遭世界的存在呢？为此，他认为需要**证明神的存在**。

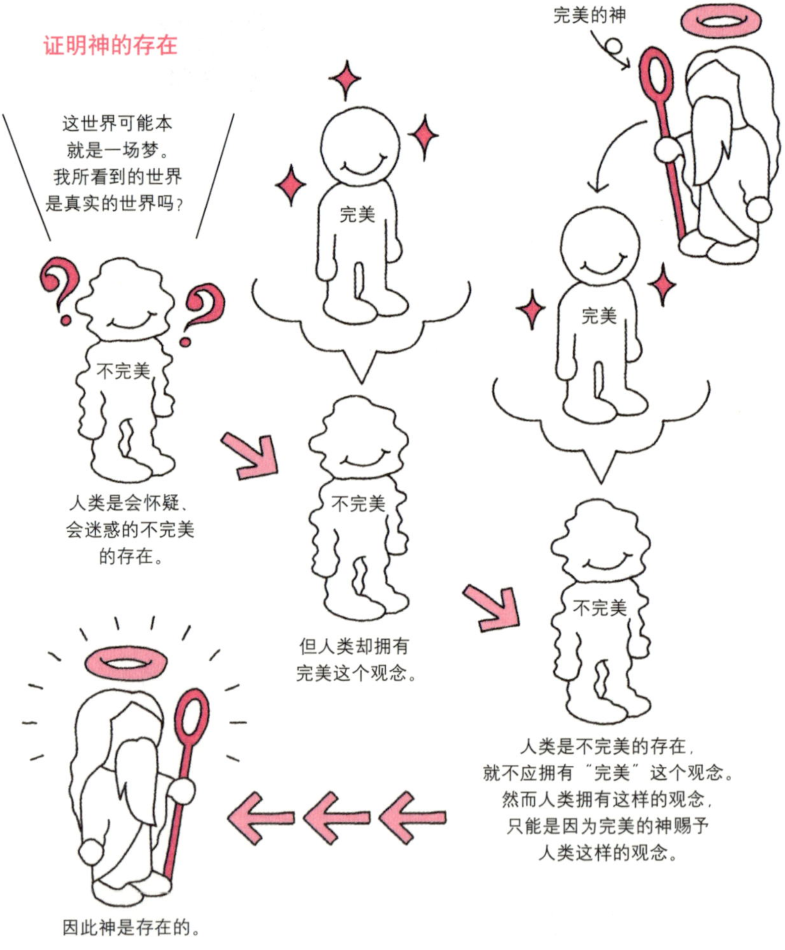

人类是不完美的存在。理论上讲，不完美的存在应该不会拥有“完美”这个观念。然而人类却拥有**完美**这个**观念**。**笛卡尔**认为，这个完美的观念只可能是完美的神赐予人类的。（※ 观念＝自己意识到的事或物）

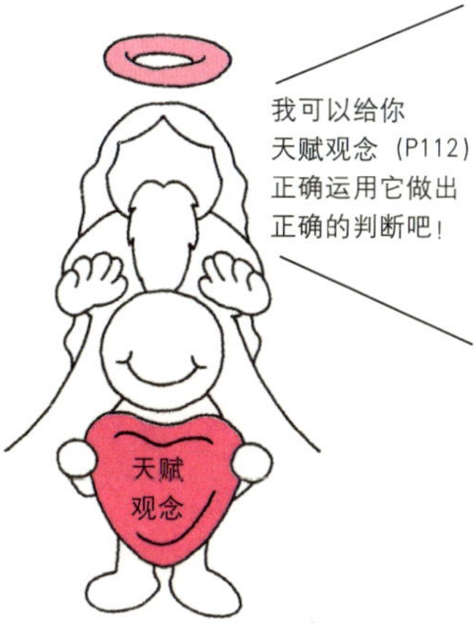

如果神确实存在，那么神赐予人类的认知能力就应该是正确的。因为神不会欺骗人类（神的诚实）。因此**笛卡尔**得到了结论：只要正确运用神赐予的理性，就可以认识真理。

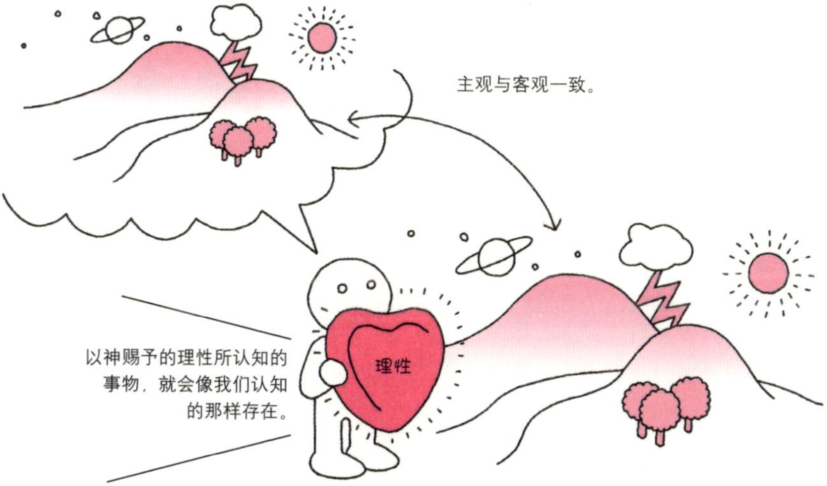

在笛卡尔提及神的时候，你或许会觉得非常不可靠。
但证明这世界并非梦幻而是实际存在（主观与客观一致）这件事是非常困难的。
此后有很多哲学家试图跳过神来进行证明，但并不顺利。

天赋观念

含　义 ------------------------------------生来就拥有的观念
文　献 ------------------笛卡尔《谈谈方法》《第一哲学沉思集》
相　关 ----------- 大陆理性主义（P106）、证明神的存在（P110）
对应词 ---习得观念

笛卡尔认为，人类生来就具备基本的**观念**，如善恶之分、完美的概念、平行线永不相交等，这些观念不可能通过经验学到。这种人类特有的先天的观念被称为**天赋观念**。（※ 观念 = 自己意识到的事或物）

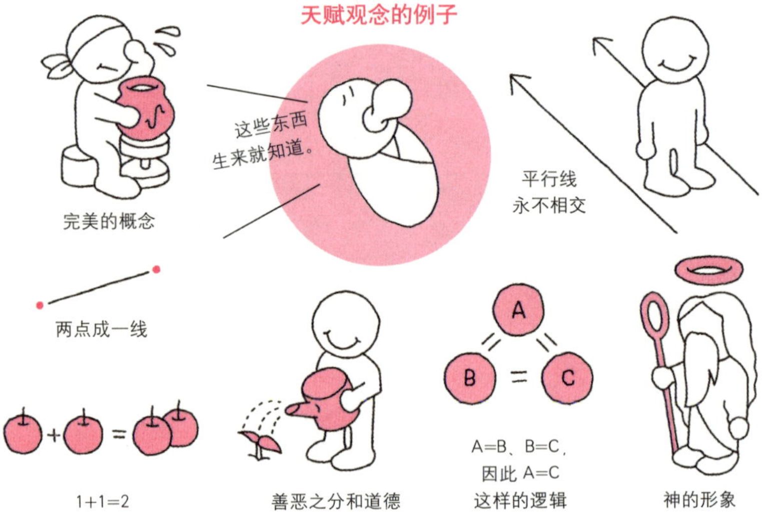

承认**天赋观念**的存在，意味着人类都具有相同的认知能力。但事实上，人们的认知能力有高有低。为此，认为**天赋观念**存在的**大陆理性主义**（P107）和认为其不存在的**英国经验主义**（P101）产生了对立。

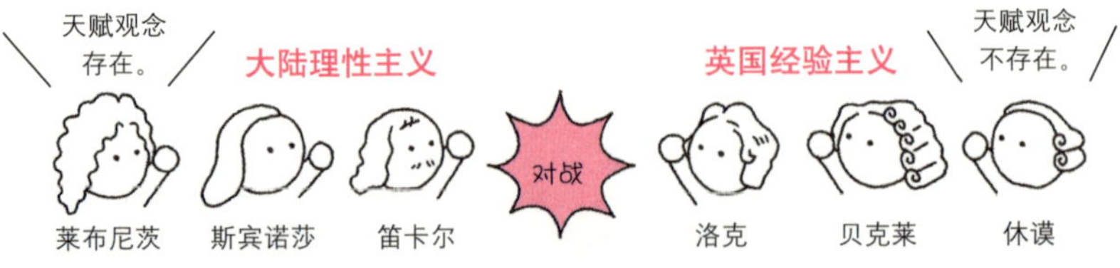

主观 | 客观

相　关 ------------------------ 二元论（P114）、广延（P115）

备　注 ------------------- 英文分别是“subject”和“object”，和“主体”“客体”的英文相同，在欧美语言当中并未把主体和主观、客体和客观区分使用

笛卡尔发现人的**意识**是存在的（我思故我在 P109）。从那以后，**笛卡尔**将世界分成**认知的主体**与**被认知的客体**来思考。前者的意识称为**主观**，后者的意识称为**客观**。这也是“**自我**意识是主体”的近代哲学的开端。

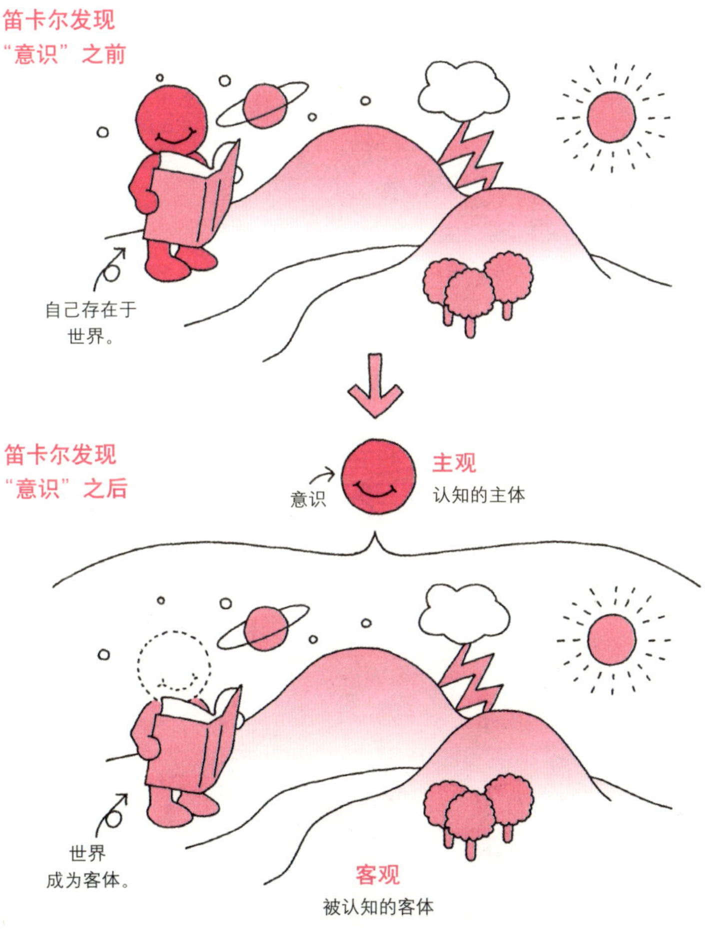

二元论

文　献 ---------------------------- 笛卡尔《论灵魂的激情》

相　关 -------------------- 主观 | 客观（P113）、广延（P115）

备　注 -------------------- 笛卡尔认为大脑的松果体是身体和精神相互作用的场所

笛卡尔认为，**精神**和**物体**是分别存在的（我思故我在 P109），而身体等同于物体，是机械的。这称为**身心二元论**。

身心二元论

他将这种解释展开，提出了将世界两分的二元论。

二元论

广延

文　献 ------------------------- 笛卡尔《第一哲学沉思集》

相　关 ------------------------------------ 二元论（P114）

备　注 --------- 在笛卡尔的哲学概念中，物体的性质是“广延”，但在意义上来说，可以理解为物体的“本质”

广延，即物质在空间中延展。广延之物，可以对其长、宽、高进行**物理**测量。

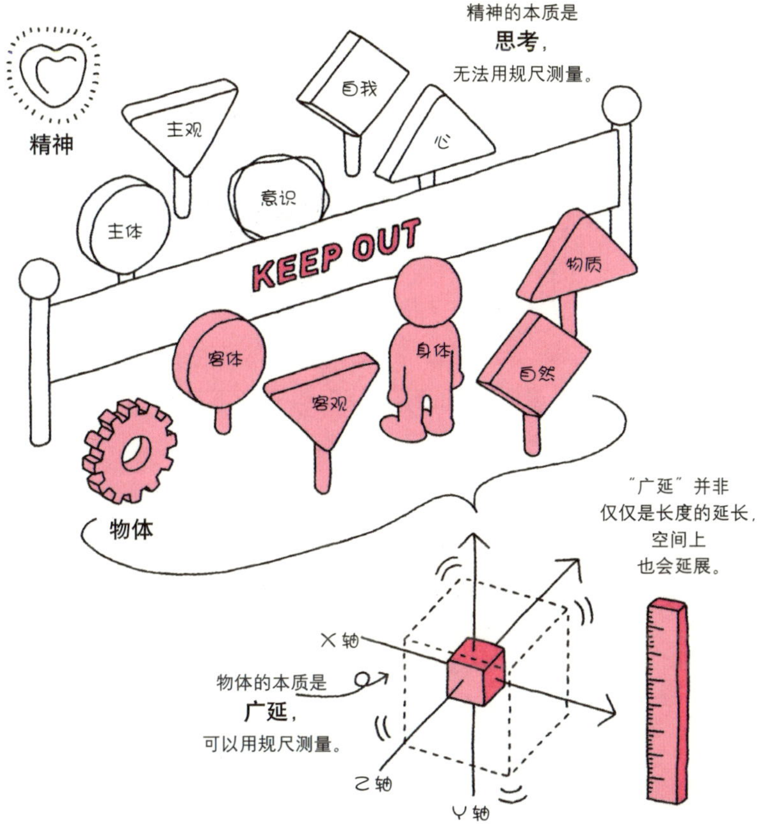

笛卡尔认为，世界由**精神**和**物体**两种**实体**（P132）构成（二元论P114），并且规定**精神**的本质是**思考**，**物体**的本质是**广延**。这意味着，感情与感觉，或者是感觉到的颜色或气味，都不是精神或物体本质性的性质。

泛神论

含　义 ---------------- 认为世界的万事万物，包括物体和精神，都存在于神之内

文　献 ---------------- 斯宾诺莎《伦理学》

相　关 ---------------- 在永恒的相下（P118）

笛卡尔发现了**意识**（我思故我在 P109）后，**意识**和**身体（物体）**被视为是分别存在的（身心二元论 P114）。但**斯宾诺莎**对此抱有疑问。

这是因为，如果将意识和身体分离开来，那么意识感到悲伤时身体就会流泪这件事就说不通了。

意识和身体是连动的

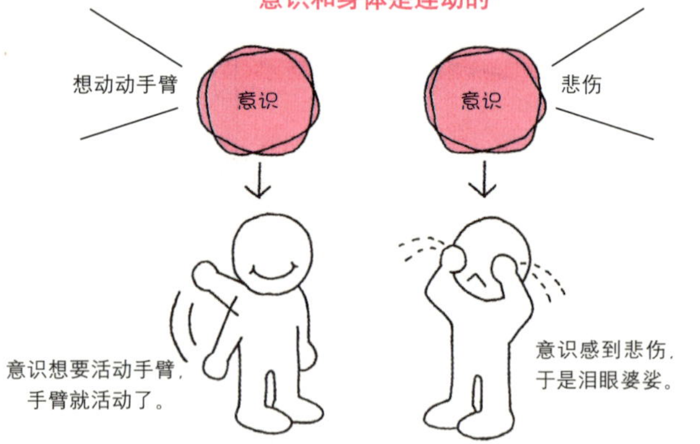

为了解决这一疑问，**斯宾诺莎**将我们的意识、身体和自然都汇总于**唯一的神**。

斯宾诺莎认为，我们是自然的一部分。自然并非由神创造，自然就是神（**神即自然**）。也就是说，包含在自然中的我们的精神和身体，也都是神的一部分。这样一来，精神和身体相连，就可以解释为何悲伤时会流泪了。

神即自然

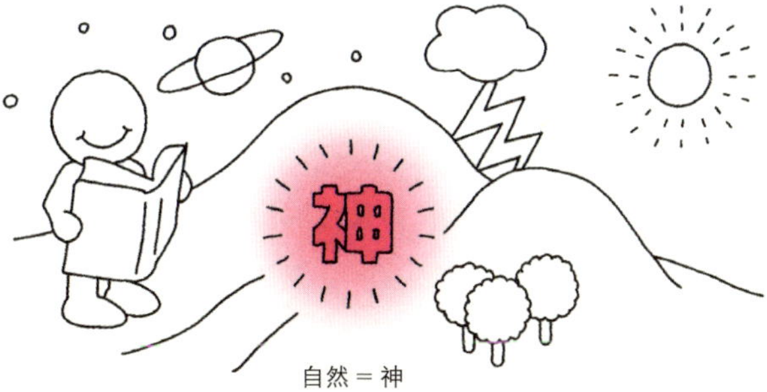

自然＝神
我们的精神和身体也是神的一部分。

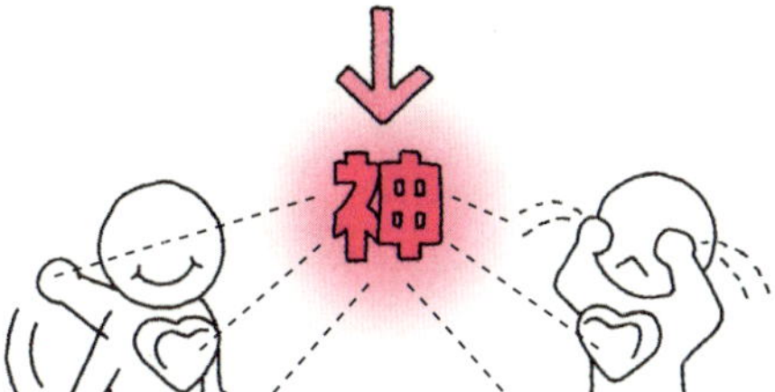

把神和世界视为同一的哲学观，称为**泛神论**。

基督教的世界观

神创造自然

斯宾诺莎的泛神论

神＝自然

相对于**笛卡尔**主张的身心相别的**二元论**，**斯宾诺莎**提倡**万物皆为神**的**一元论**。由于泛神论与将神视为人格存在的基督教互不相容，因此受到基督教的排斥。

在永恒的相下

含　义 ------------------------------ 以神的视角看世界

文　献 ----------------------------- 斯宾诺莎《伦理学》

备　注 ---------------------- 认识神而感到欢喜，从而爱神，称为“对神的理性爱”

斯宾诺莎认为人类并不具有自由意志。因为人类是神的一部分（泛神论 P117），所以在神的思考下行动。而我们并不能意识到这一点。

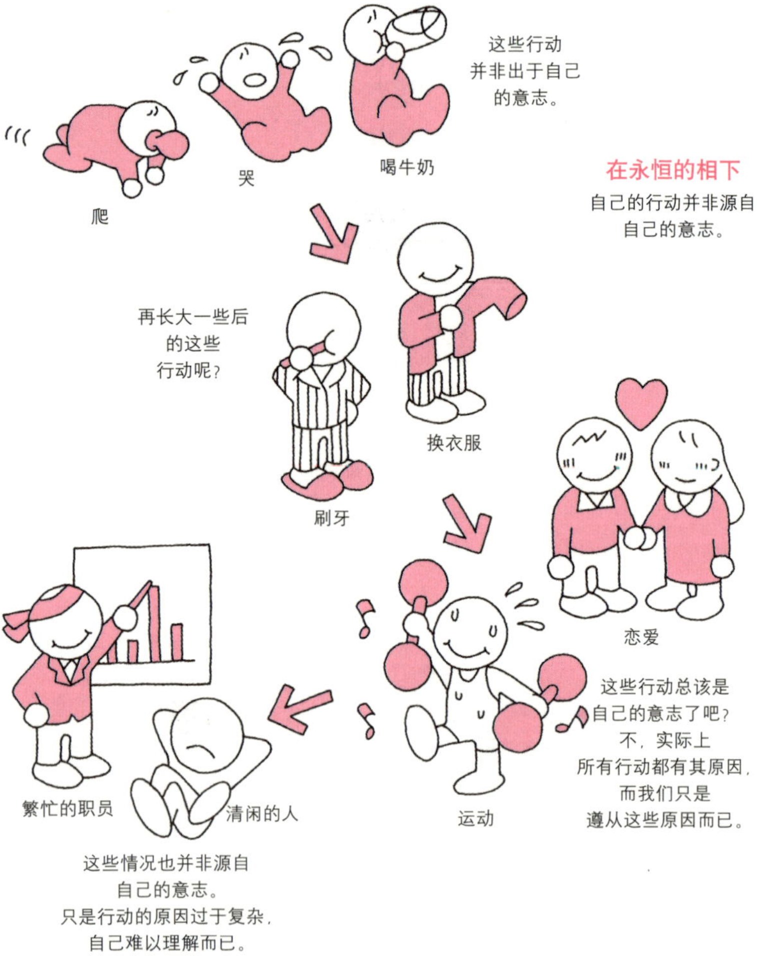

斯宾诺莎认为，以为自己的行动源自自己的意志，就好比被人投掷的石块以为是自己在主动飞翔一般。

在你身上所发生的一切只是自然现象的一部分，是永恒中的一个场景而已。然而，如果没有你，这个场景便无法成立。**斯宾诺莎**将此表达为**在永恒的相下**。

那么，神确保你是自然的一部分，是为了让你做什么呢？**斯宾诺莎**主张，思考这一问题才是人的幸福。

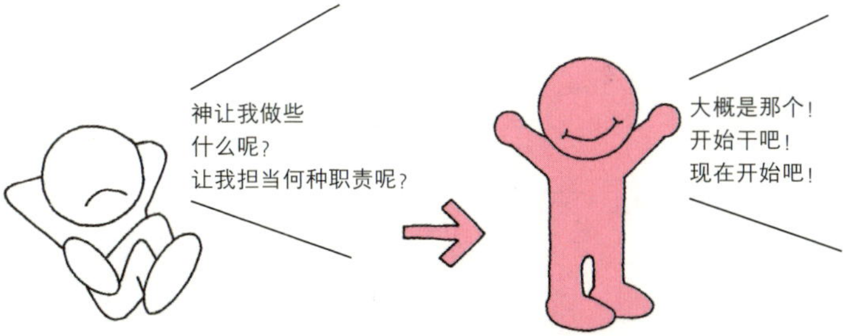

神会为你分配某个职责，而你会直接感受到那个职责。

单子

词　源 ---------------- 源自希腊语
出　处 ---------------- 莱布尼茨《单子论》
相　关 ---------------- 前定和谐（P121）

如果把世界视作精神的存在，那么世界是可以分割的。**莱布尼茨**将这种相当于精神原子的概念称为**单子**。他认为，世界是由**单子**之间相互**调和**构建而成的。**单子**是**神**为了使世界达到**最好状态**而预先做的安排。相对于**一元论**（P117），这样的观点称为**多元论**。

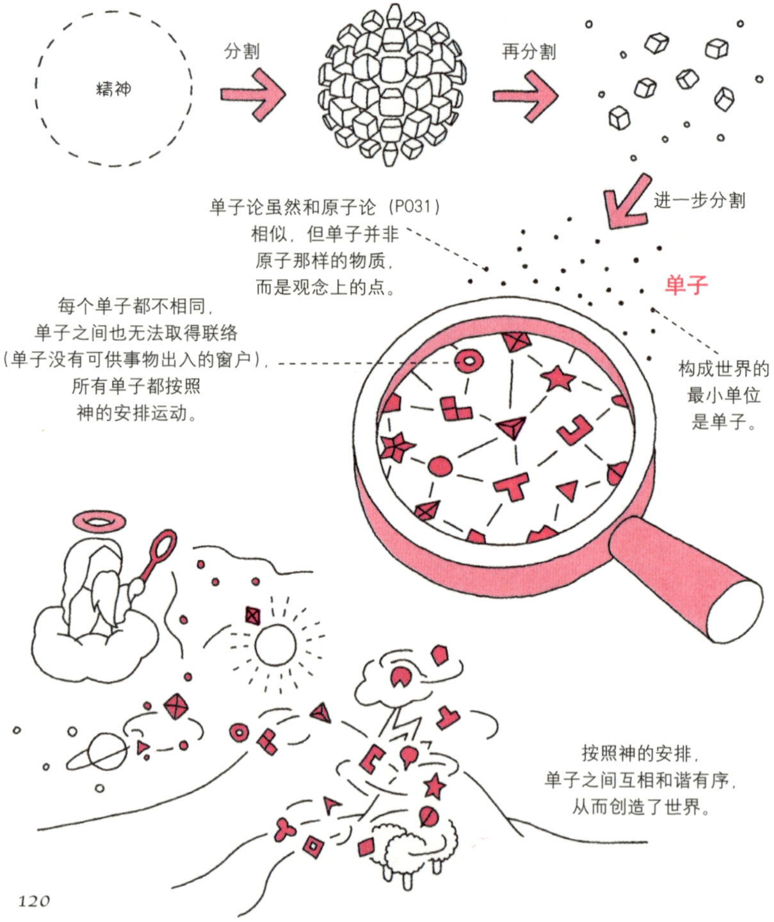

前定和谐

备　注 ------------- 莱布尼茨用“时钟比喻”来说明前定和谐。使两个钟表时间分秒不差的方法有三种：一是互相连动；二是使每一个瞬间都能吻合；三是开始就制造得非常精确。莱布尼茨自身认同第三种方法

莱布尼茨认为，**单子**（P120）是神为了世界达到**最好状态**而预先做的安排。**单子**按照预先的安排始终保持**和谐**，从而创造出最好的世界，这就是神的**前定和谐**。对**莱布尼茨**来说，这个世界并不是偶然形成的。

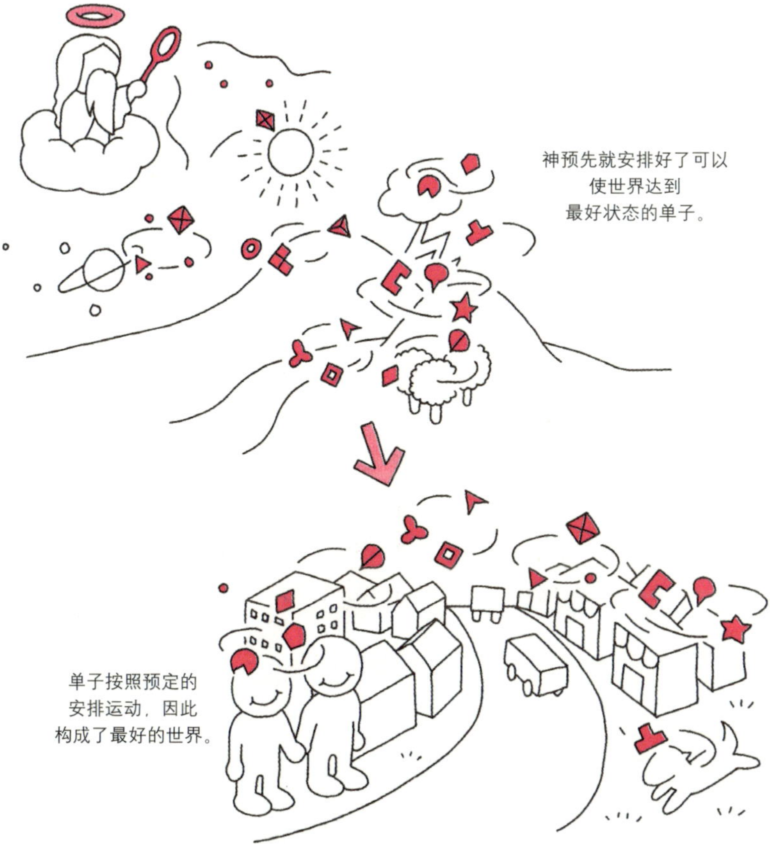

莱布尼茨就这样**乐观**地认识世界。

充足理由律

含　义 ---------------------- 任何事物都有其充足的理由
文　献 ---------------------- 莱布尼茨《单子论》
相　关 ---------------------- 前定和谐（P121）

现在的世界如图❶这样。

图❶

为什么不能是图❷这样呢？

图❷

莱布尼茨认为，这是因为图❶的状态是最好的状态。

对**莱布尼茨**来说，世界并非仅仅是“有”，而是因为神的创造才“成为”最好的状态。一切事物都不仅仅是“有”，而是因为某种理由才“成为”那样。这就是**充足理由律**。

白板

含　义 ----------------拉丁语为“什么都没有写的白板”之意
文　献 ------------------------------ 洛克《人类理解论》
对应词 -- 天赋观念
相　关 ----------------------- 简单观念 | 复杂观念 (P124)

洛克站在**英国经验主义**（P101）的立场上，对**大陆理性主义**（P107）的**天赋观念**（P112）提出了质疑。他不认为人天生就具有**观念**。（※ 观念 = 自己意识到的事或物）

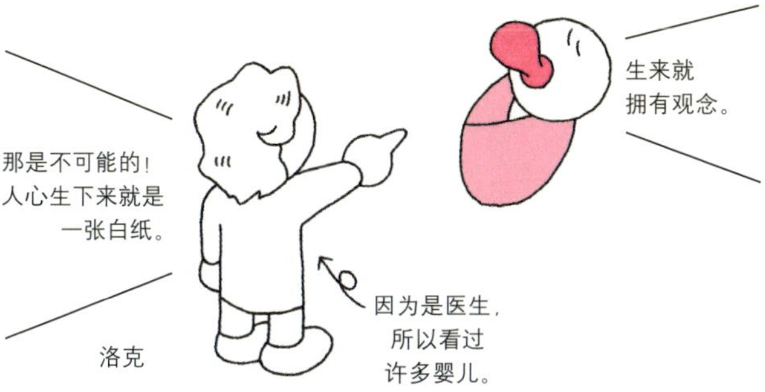

洛克认为，人出生的时候，内心是一张什么也没写的**白纸（白板）**。之后，人生**经验**被书写到这张白纸上，成为知识或观念。

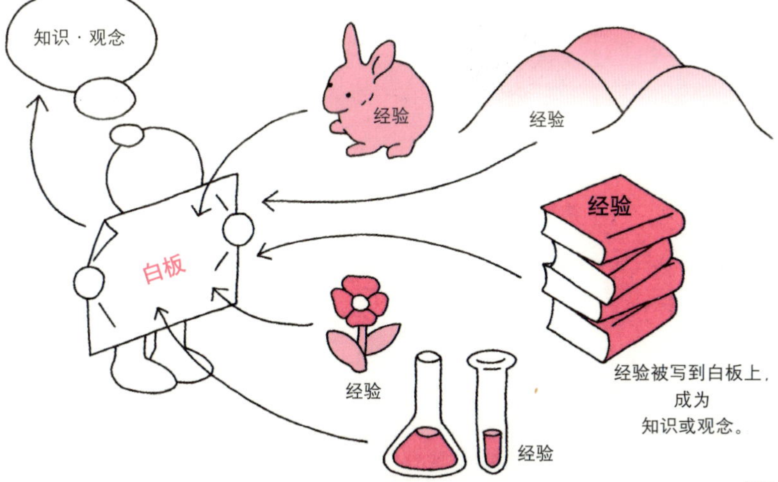

简单观念 | 复杂观念

文　献 ------------------------------ 洛克《人类理解论》

备　注 ------------------ 洛克将经验分为“感觉”和“反省”。人类通过五感获得简单观念，通过反省获得复杂观念

洛克否定**天赋观念**（P112），认为人并不具备天生的知识，一切知识都是通过经验得来的。他认为，把“红的”“硬的”“酸的”等经验组合起来，就可以认识对象——苹果。“红的”“硬的”“酸的”等经由五感得到的印象，称为**简单观念**，而将之组合得到的“苹果”这一知识，则称为**复杂观念**。（※ 观念 = 自己意识到的事或物）

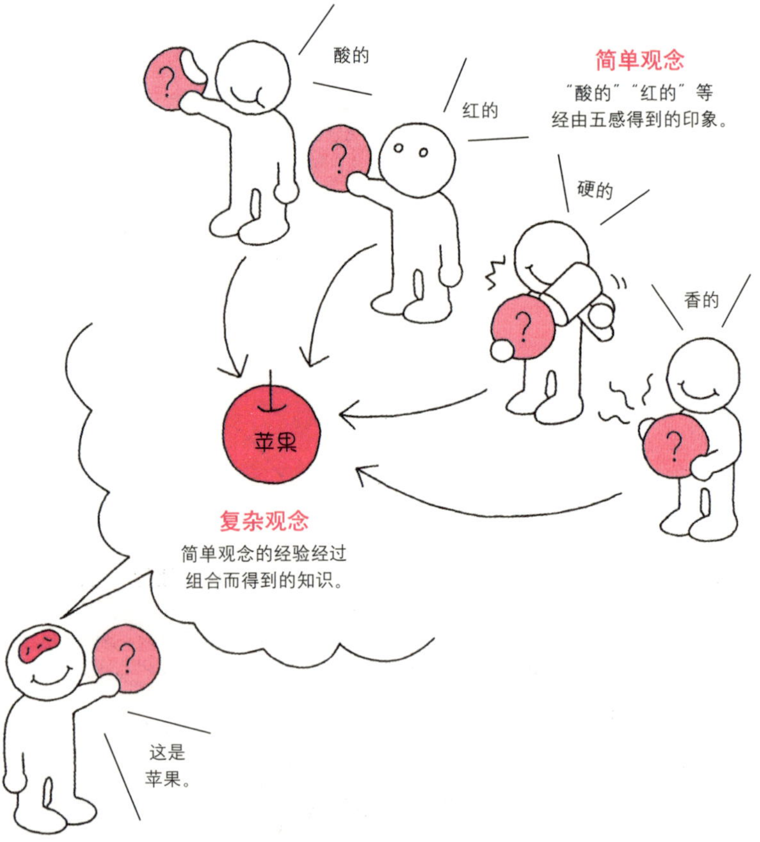

第一性质 | 第二性质

含　义 ------------- 第一性质＝物体的客观（数量上的）性质
第二性质＝色泽、气味等物体的主观性质

文　献 ---------------------------- 洛克《人类理解论》

备　注 -----------------第一性质类似笛卡尔“广延”的概念

洛克将物体的性质分为两种。苹果的气味或味道等经由人类的感觉器官得知的性质，并不是苹果本身具有的性质，称为**第二性质**。相对地，苹果的形状或大小等与人类感官无关，而是苹果本身具有的性质，称为**第一性质**。

第一性质

与人类感官无关，
而是物体本身具有的性质。
也就是说，即使人类不存在，
这种性质依然成立。

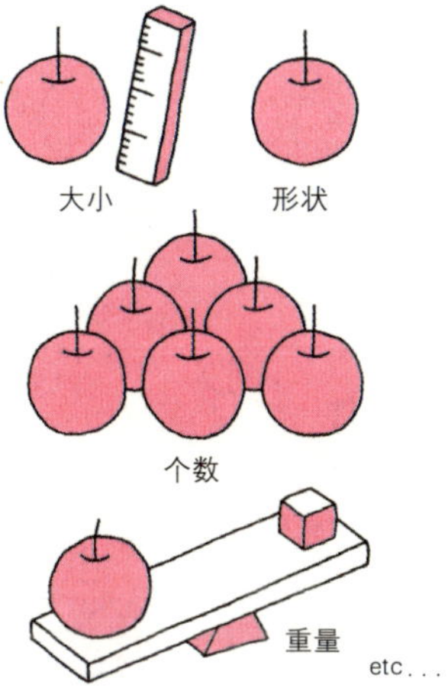

第二性质

经由人类的感官得知的性质。
也就是说，如果人类不存在，
这种性质就不成立。

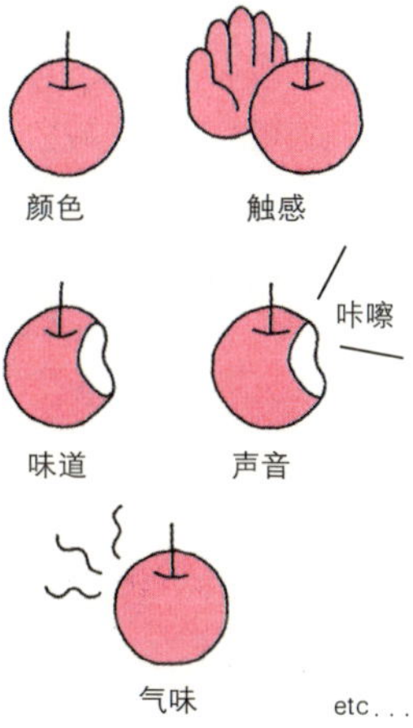

后来，贝克莱（P095）认为第一性质也是
经由人类的感官得到的。
能够认识到苹果的存在，
是因为苹果和背景颜色（第二性质）的不同以及独特的触感（第二性质）。
也就是说，贝克莱认为，
如果人类不存在，苹果也就不存在。
对贝克莱而言，世界存在于人类的大脑之中。

存在即被感知

出 处 ---------------------------- 贝克莱《人类知识原理》

备 注 ------------------ 贝克莱并不认同洛克所说的第一性质。他认为世界的存在根据只是通过“感知”，追求彻底的经验主义

我们一般会认为，因为苹果存在，所以我们才看得见、摸得着（可以被**感知**）。但实际上，在被某人感知之前，谁也不能确定苹果是否存在。苹果存在之前必须先有我们的感知。**贝克莱**说，并非物体存在才能被看到，而是因为被看到，所以它存在。

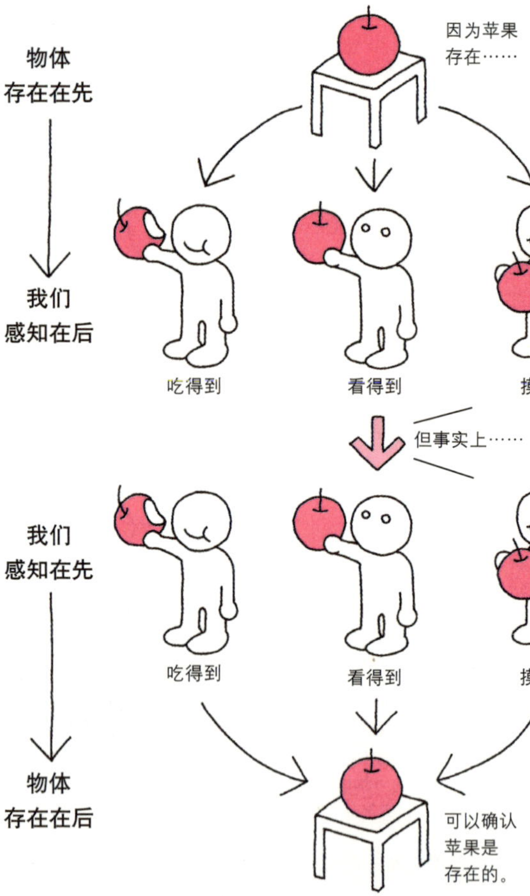

如果**贝克莱**的说法是正确的，那么如果能够感知的我们不存在，物体将不复存在。**贝克莱**用“**存在即被感知**”来表达这一思考。他认为世界并不是以物质形态存在，而只是存在于我们的意识之中。

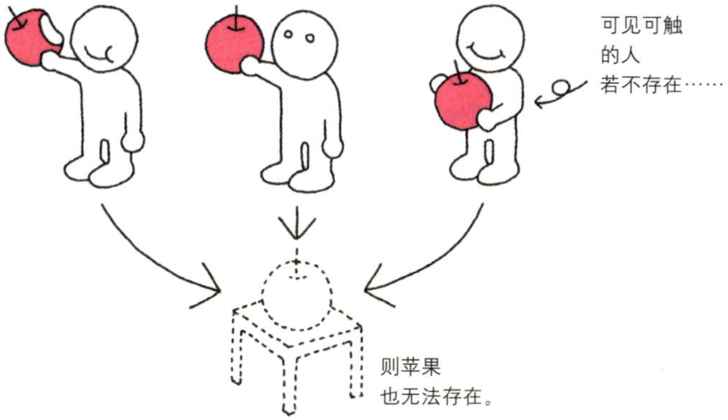

根据**贝克莱**的说法，只要有人感知到，那么苹果就存在于那个人的意识当中。如果谁都没有去看苹果，是不是苹果就不存在呢？身为牧师的**贝克莱**认为，即使人类不去看，但因为**神**在注视着，所以苹果依旧是存在的。

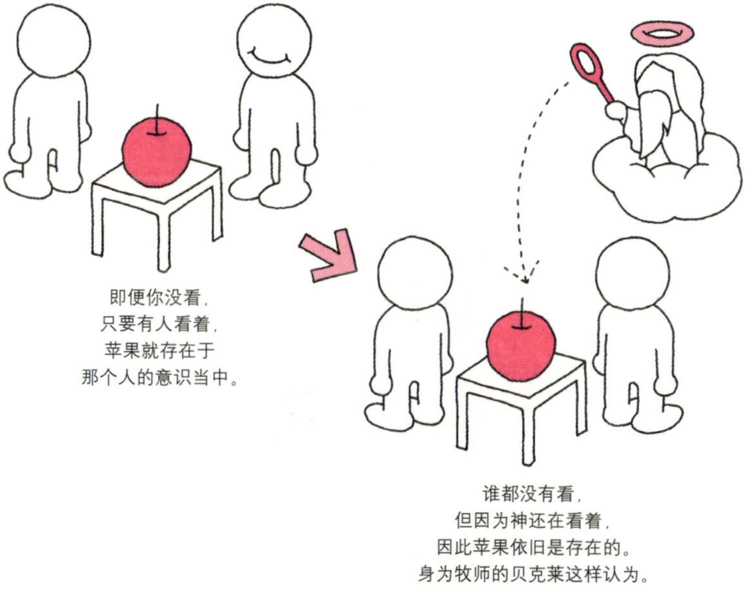

一束知觉

文　献 ---------------------------------- 休谟《人性论》

相　关 ---------------------------------- 因果关系（P130）

备　注 ---------------------------------- 休谟否定神的存在，认为心灵就是“印象”和“观念”

洛克认为，苹果的色泽、味道和气味并非实际存在（第二性质 P125）。进而，**贝克莱**否定苹果本身的存在（存在即被感知 P127）。但二人都没有对看到苹果的**我**的存在产生怀疑。**休谟**甚至对这个**我**都产生了怀疑。

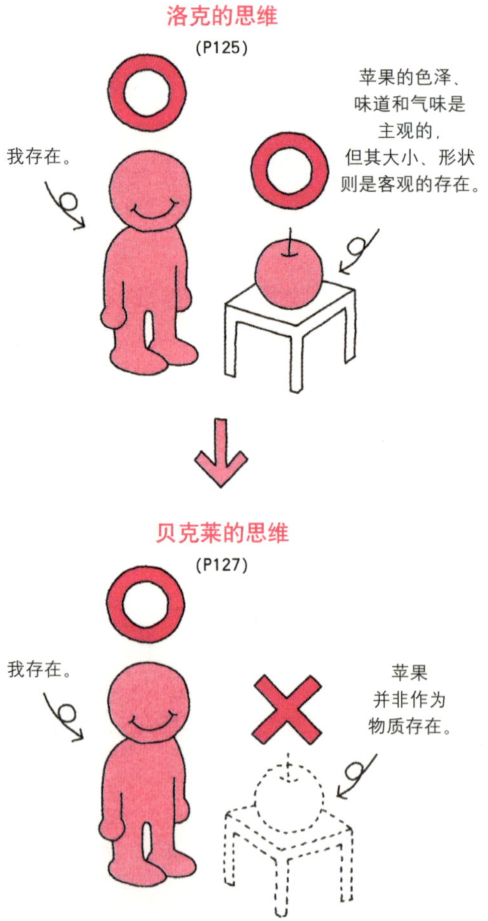

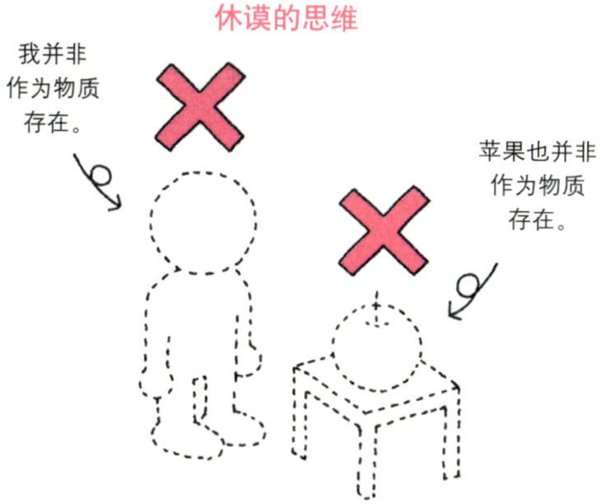

那么，**休谟**所思考的**我**究竟是什么？人在当下这一瞬间，通过五感（听觉、视觉、触觉、味觉、嗅觉）感受到了“冷”“舒适”“吵闹”等一些**感觉（知觉）**。他认为，所谓的**我**，不过是这一瞬间这些感觉（知觉）的集合。他以“**人类是一束知觉**”来表现这一思考。

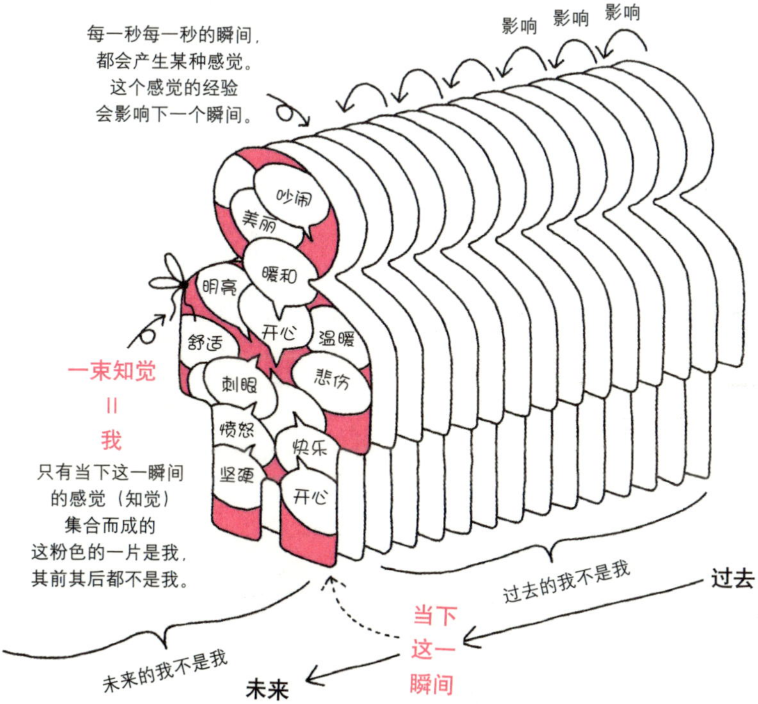

休谟认为，只有感觉（知觉）是确实存在的，**我**则不是**实体**（P132）。

因果关系

文　献 ---------------------------------- 休谟《人性论》
相　关 ---------------------------------- 一束知觉（P128）
备　注 ---------------------------------- 康德称休谟的哲学让他“从教条主义的迷梦中醒来”

人们相信自然界当中存在**因果关系（因果律）**。例如，手触碰了铁就会沾上铁的气味，于是我们得到了“铁有气味”这对**因果关系**。但实际上，铁是没有气味的。

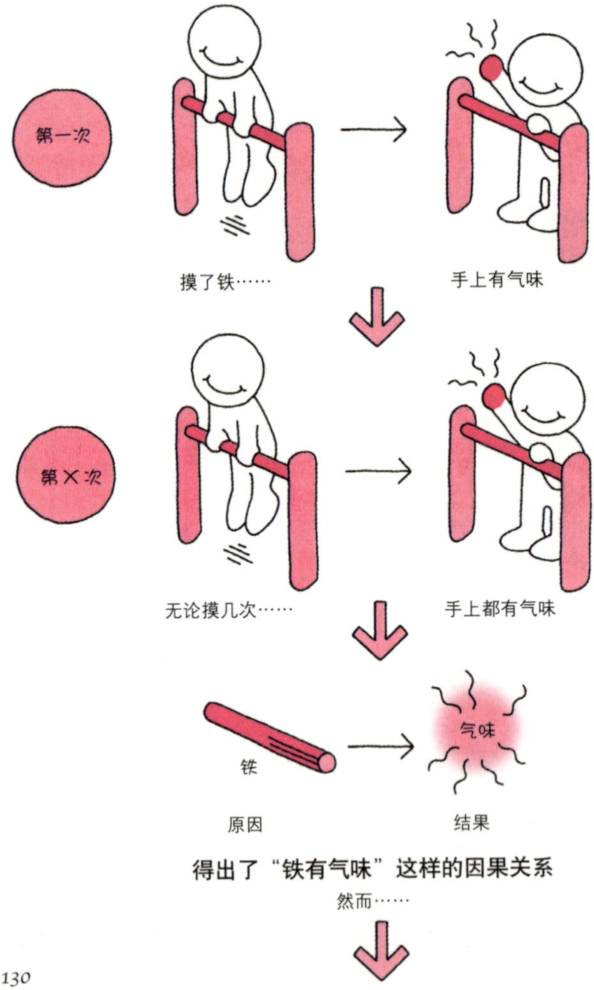

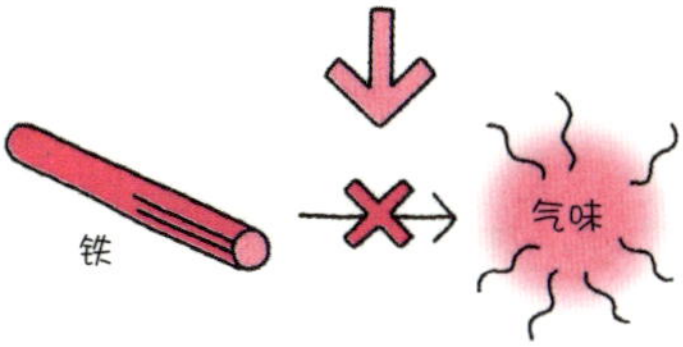

实际上，铁是没有气味的！

铁和气味的因果关系只是基于习惯的联想！

“火会发热”这对**因果关系**可能也是相同道理。**休谟**认为，**因果关系**只是基于**经验**（习惯）产生的联想，并不实际存在于自然界当中。他否定客观的**因果关系**，转而将怀疑的目光投向了自然科学**（怀疑主义）**。即使前九十九次都被火焰灼伤，也并不表示第一百次仍会被火焰灼伤。

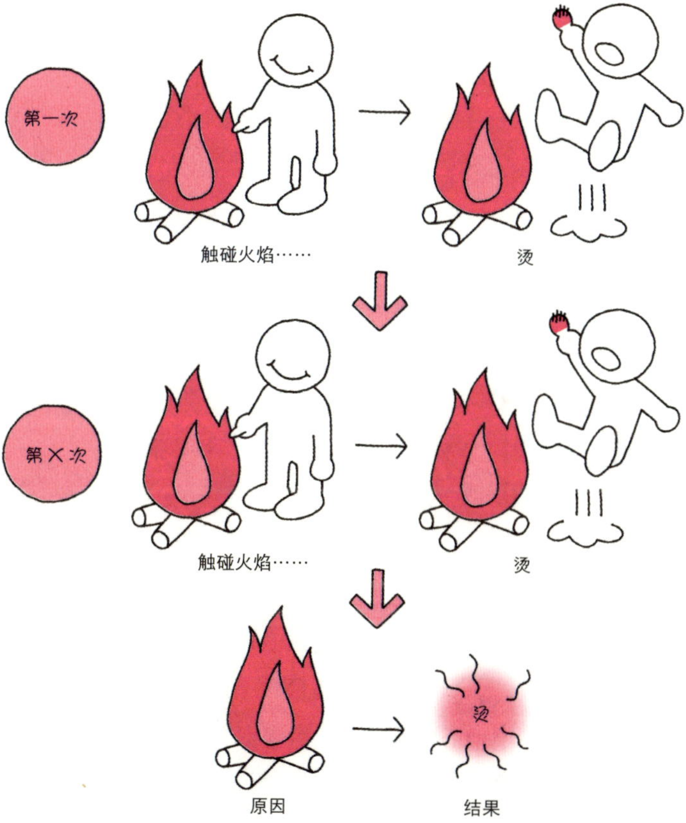

得出“火会发热”的因果关系

但这同铁和气味的因果关系一样，
或许只是人们基于习惯经验的联想？

实体

含　义 ------------------ 不受外来影响，自身本就存在的事物

备　注 -------------- 现代哲学对于“实体”的观念持批判态度，事物在各种关系错综结合中才有意义和价值的“关系论”是讨论的主流

所谓**实体**，是指**不依存于任何事物、只是实际存在的物体**，也可以理解为物体真正的样子、本来面目。“**实体**具体来说是什么”是所有哲学家都要面对的问题。

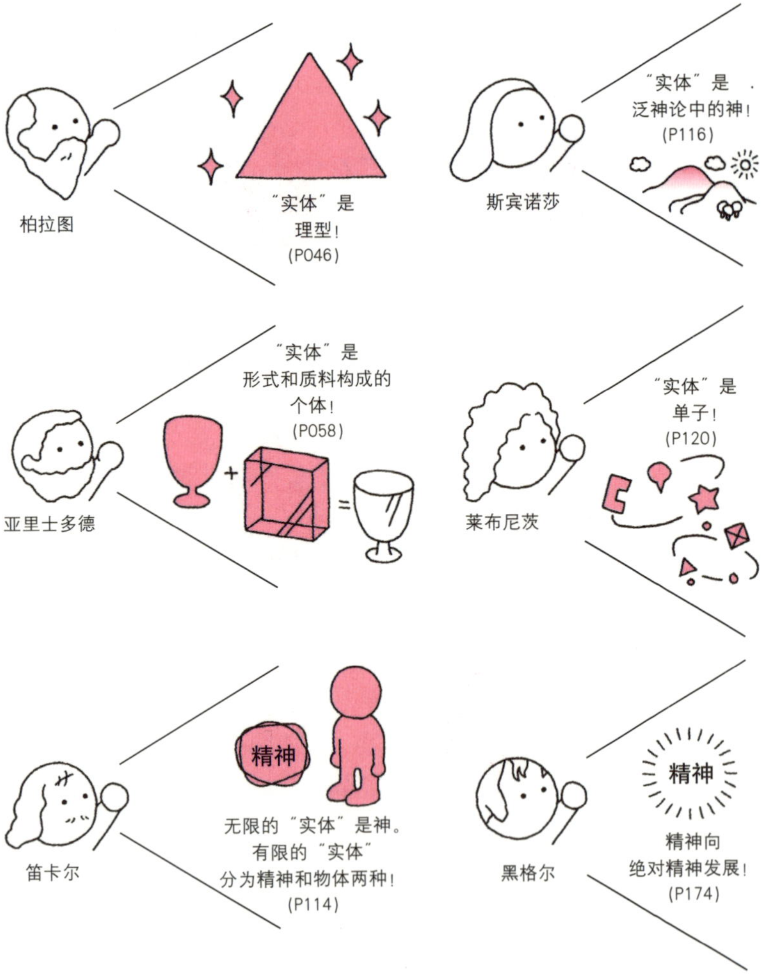

认识论

含　义 ------ 以认识的起源、本质及方法为研究对象的哲学分支。自笛卡尔以后，成为近代哲学的一大潮流

备　注 ------------------ 认识论早在古希腊哲学中便已存在，但因为笛卡尔才成为哲学探求的中心

认识论始于对“人类如何理解（认识）事物”的疑问。

经过对于**天赋观念**（P112）存在与否的争论……

即使在**英国经验主义**（P101）中，在是否承认客观存在上也有分歧，但最终都归结到了“**主客观是否一致**”的问题上来。

A、B、C 是一致的吗？

道德家

含　义 ----------十六至十七世纪，敏锐地观察人类心理和风俗，探索人类生存方式的思想家

示　例 ------------------------蒙田、帕斯卡、拉罗什富科

备　注 ------- 使用随笔、格言等自由表现形式来呈现自己的思想

一四九二年，**哥伦布**登上新大陆。当时的西班牙人大多视新大陆的居民为野蛮人。

蒙田为当时西班牙人在新大陆上的掠夺、文化侵略和屠杀感到悲伤。

同一时期，欧洲的基督教徒之间纷争不断，引发宗教战争。蒙田对此也尤为心痛。

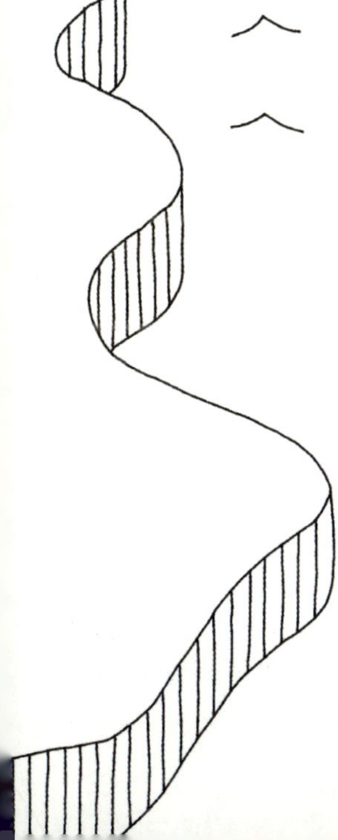

蒙田主张，对待和自己的思维、文化不同的人，应放下偏见、武断和傲慢，以谦虚的姿态了解对方的思维和文化。持这种想法的人被称为**道德家**。

蒙田不以“应该……”的语气说教，常以轻松的**随笔**风格来描述自己的体验。

人类是会思考的芦苇

出 处 ------------------------------------ 帕斯卡《沉思录》
相 关 ------------------------------------ 道德家（P134）
备 注 ------ 著名的“如果克里奥帕特拉的鼻子稍微短一点，或许世界的面貌将为之改变”也出自《沉思录》

近代以后，随着理性主义的普及，“人类的理性也许是万能的”这一思潮广泛流传。帕斯卡对此感到了强烈的危机。茫茫宇宙中人类不过是渺小的**芦苇**——他认为充分认识到这一点非常重要。

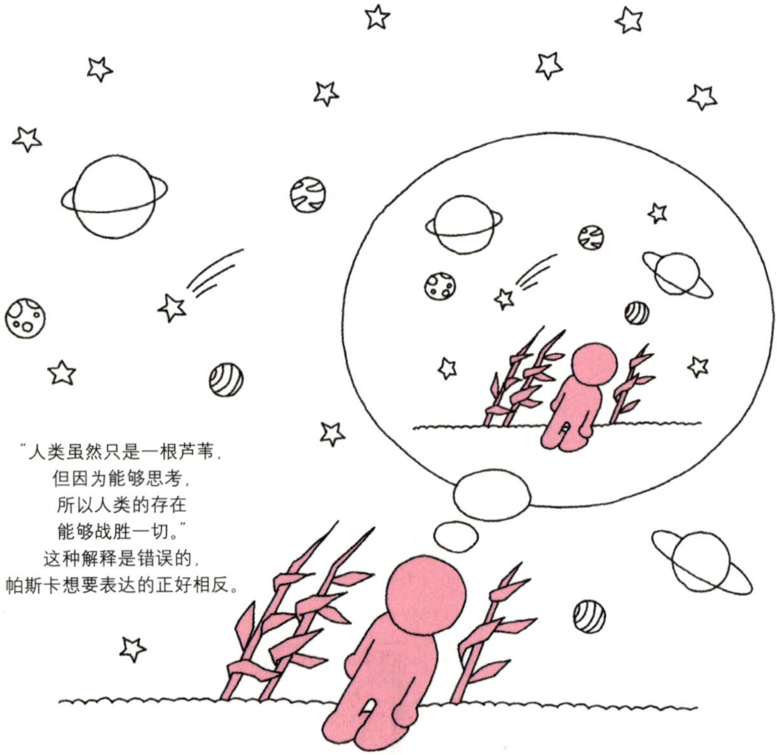

人类能够自觉知识和理性的局限。**帕斯卡**认为在这个意义上，人类是可贵的。他留下了“人类是会思考的芦苇”这句名言。**帕斯卡**同**蒙田**（P099）一样，是预言了西方理性主义危机的**道德家**（P134）。

敏感性精神

含　义 ---------------- 以直觉感知复杂事物全貌的敏感的精神
出　处 ---------------- 帕斯卡《沉思录》
对应词 ---------------- 几何学精神
相　关 ---------------- 道德家（P134）

还是数学家的**笛卡尔**以数学为雏形研究哲学和道德。他以**演绎法**（P105）为武器，使用“公理”“定义”“证明”等用语来建立事物的顺序。

笛卡尔的几何学精神

按照这样的逻辑，**笛卡尔**认为，无论什么事情，甚至神的存在都可以得到证明。**帕斯卡**虽然也是数学家，却主张对事物的判断不能像数学一样仅凭**逻辑**就可以。

帕斯卡的敏感性精神

事物或人心都充满了各种各样的矛盾。**帕斯卡**认为，凭**直觉**判断这些矛盾也是一种**理性**。这就是与**几何学精神**相对的**敏感性精神**。

利维坦

[社会契约论①] 霍布斯的观点

文　献 ---------------------------------- 霍布斯《利维坦》

备　注 ---------- 《利维坦》出版于清教徒革命后的一六五一年。因此，也有人认为本书以革命后的共和制社会为原型，而非君主专制

当时人们普遍认为，国王的权力是神赋予的**（君权神授说）**，以此为基础形成国家。

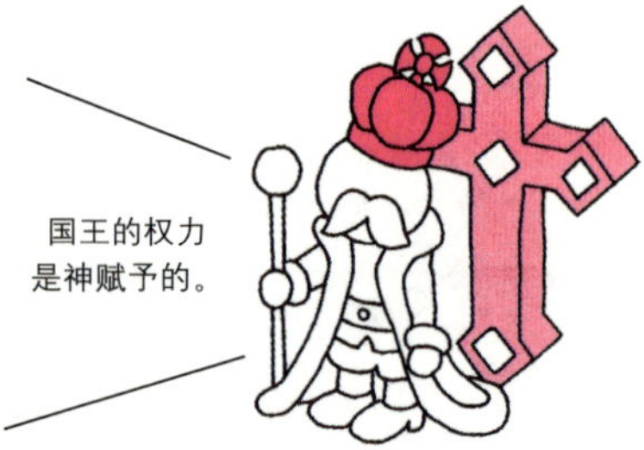

针对这一点，**霍布斯**试图以逻辑来描述国家的结构。他首先设想了在没有**公权力的状态（自然状态）**下国家是什么样子，然后主张在**自然状态**下，人与人之间将会互相争夺自由，从而发生**“一切人对一切人的战争”**。

如此一来，个人自由无法得到保障。为此，人与人之间相互订立互不侵犯的契约尤为必要。

为了处罚那些违反互不侵犯契约的人，需要有一个拥有绝对力量的公共机关，因此需要国王。**霍布斯**以《旧约圣经》的《约伯记》中出现的可怕海兽**利维坦**来比喻这样的公权力。他认为，如果国王没有利维坦这样强大的力量，国家将无法发挥作用。

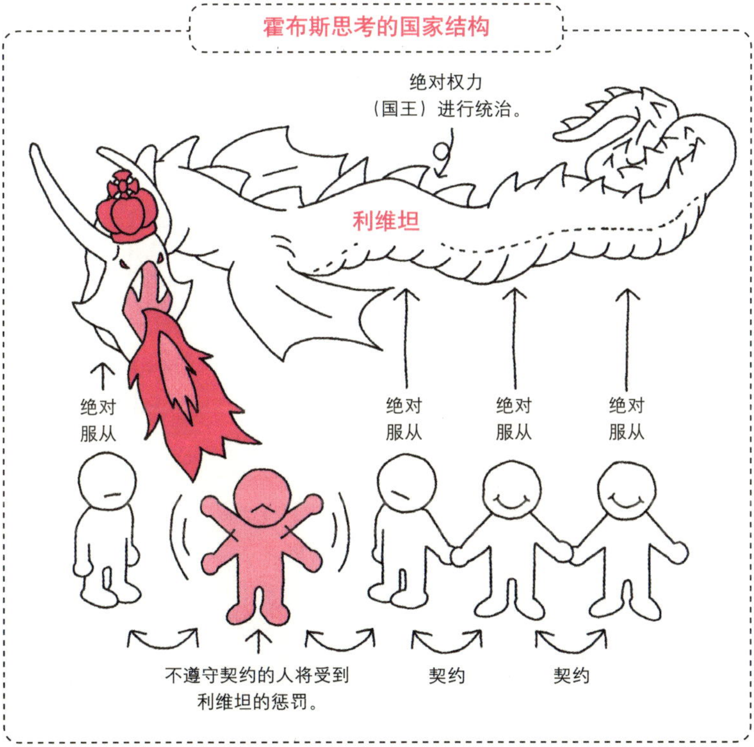

霍布斯不以君权神授说为基础来说明国家的结构，而是合乎逻辑地拥护了君主专制。

抵抗权

[社会契约论②] 洛克的观点

含 义 ---------------- 对于不当权力的行使，人民有权抵抗

文 献 -------------------------------- 洛克《政府论》

备 注 --------------- 抵抗权中包括建立新政府的“革命权”，这成为美国独立战争和法国大革命的理论支柱

洛克的思想与**霍布斯**的利维坦（P139）不同。洛克认为可以将处罚罪犯或保护国民的权力**委托**给公权力，但无论如何，主权都应该在人民手中**（人民主权）**。此外，当国家践踏人民的权利时，人民拥有掀起革命、建立新国家的**抵抗权**。

洛克思考的理想国家

为了避免公权力的独裁，将“外交”“立法”“行政”的权力三分。
之后孟德斯鸠（P098）提出的
“行政”“立法”“司法”三权分立的思想沿用至今。

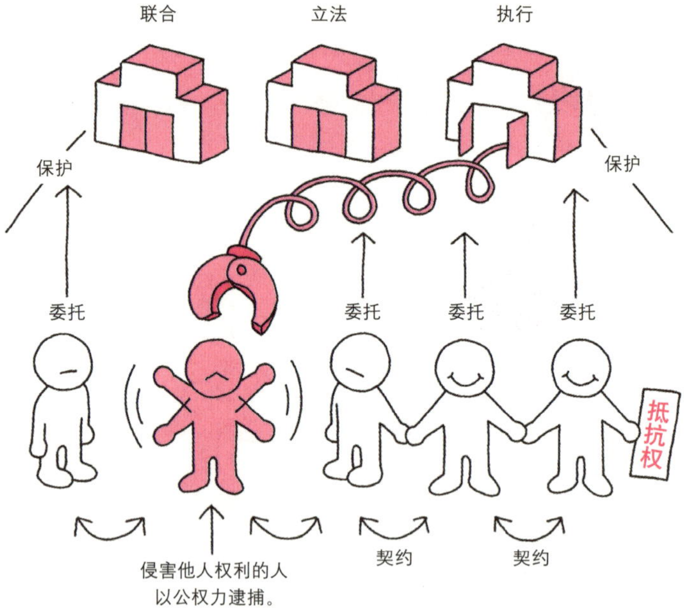

当国家滥用权力时，
国民可以行使“抵抗权”和“革命权”。

公意

[社会契约论③] 卢梭的观点

文　献 ------------------------------ 卢梭《社会契约论》

备　注 --------- 同追求个人利益的"特殊意志"和特殊意志总和下的"全体意志"不同，卢梭规定追求公共利益的人民的意志为"公意"

卢梭同**霍布斯**的观点（利维坦 P139）正相反，他认为**自然状态**（P138）恰恰是人类生存的最理想状态，以**"回归自然"**来表述这一观点。他认为公权力是不需要的，只要所有人以共同持有的互相帮助之心**（公意）**相互印证，国家就能以**直接民主制**的方式构成。

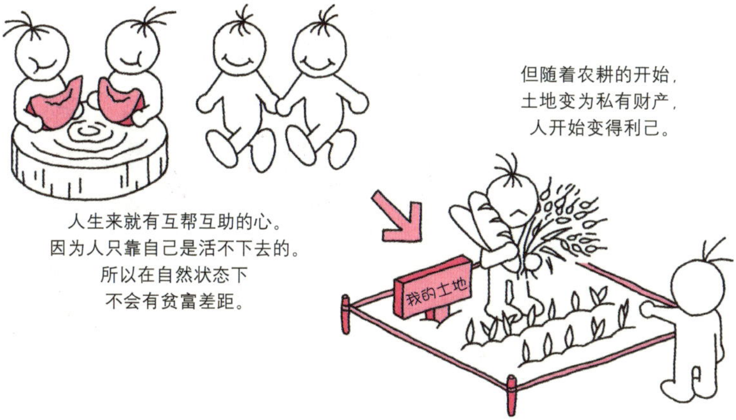

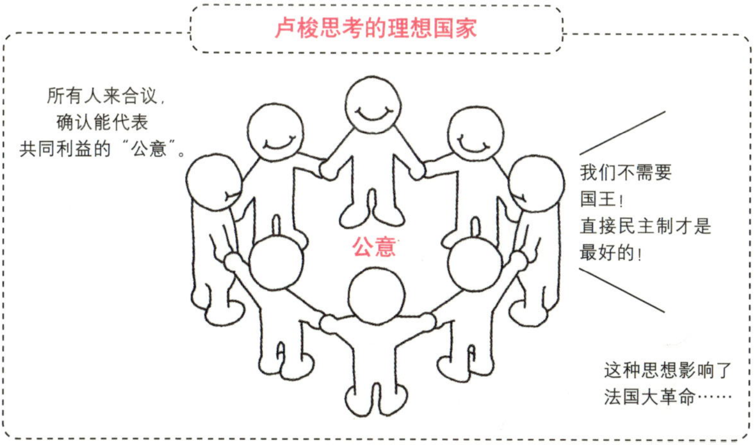

启蒙主义

含　义 -------------- 十七至十八世纪席卷欧洲的思想解放运动。以对理性的绝对信赖，打破迷信、习惯、非理性的社会制度的束缚

备　注 ------------------------ 十八世纪被称为“启蒙时代”

在十七世纪晚期至十八世纪早期的欧洲，基督教权力依然庞大，君主制也仍难以撼动。

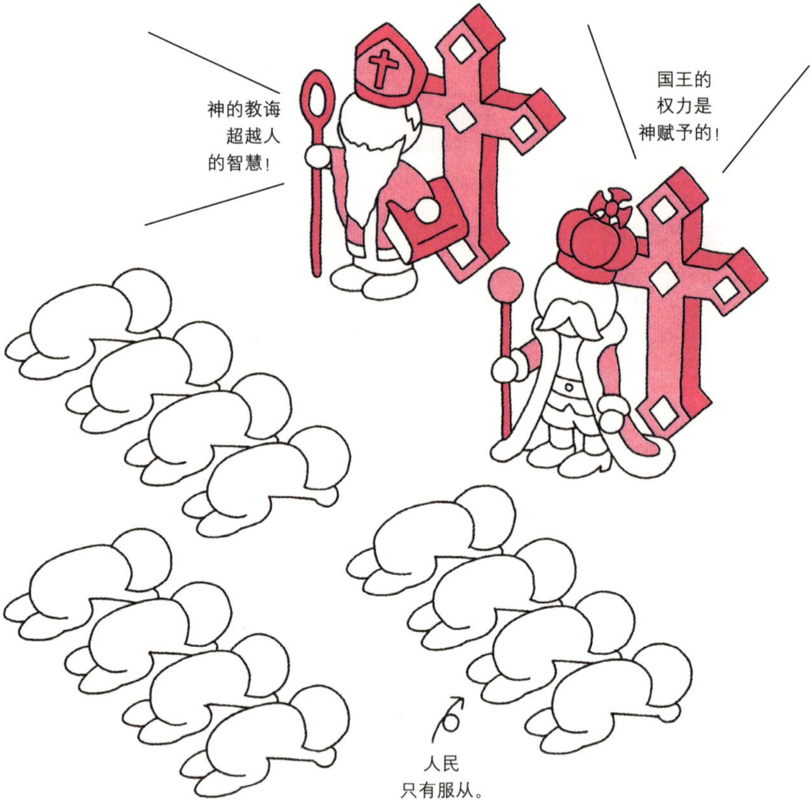

在这种情况下，**洛克**、**卢梭**（P098）、**孟德斯鸠**（P098）等人纷纷登场。

他们主张以逻辑的方式来理解国家和社会的理想状态，使之更加合理。

启蒙主义者

洛克　　卢梭　　孟德斯鸠

然后，他们开始普及各自的**社会契约论**（P138~P141），推动资产阶级革命，这就是**启蒙主义（思想）**。

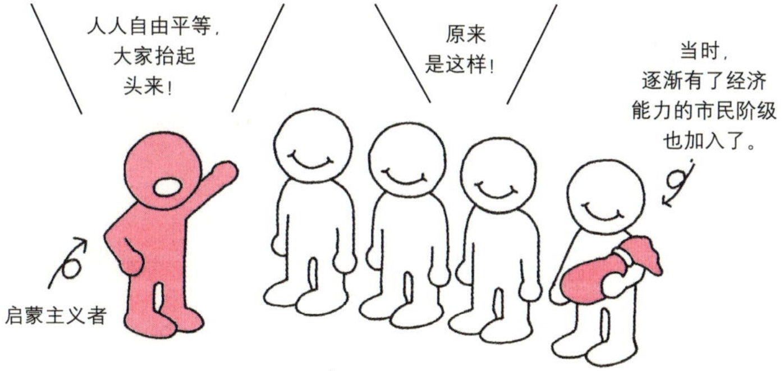

虽然**启蒙主义**还有很多需要反思的问题，但它推动了英国光荣革命和法国大革命，将人民从君主专制的樊笼中解放出来，这也是不争的事实。

近代（后期）

近代（后期）的哲学家

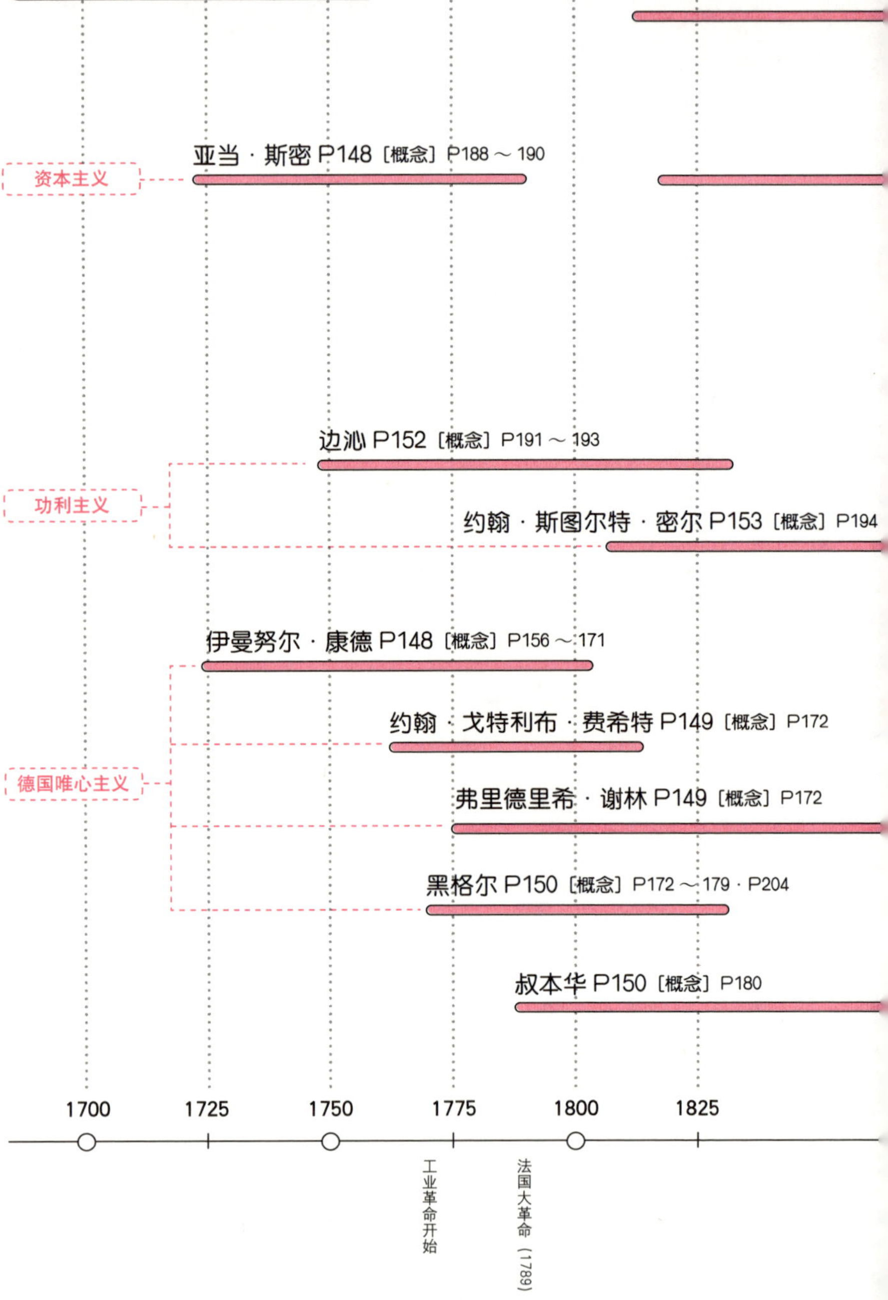

亚当 · 斯密 P148 〔概念〕 P188 ～ 190
资本主义
边沁 P152 〔概念〕 P191 ～ 193
功利主义
约翰 · 斯图尔特 · 密尔 P153 〔概念〕 P194
伊曼努尔 · 康德 P148 〔概念〕 P156 ～ 171
约翰 · 戈特利布 · 费希特 P149 〔概念〕 P172
德国唯心主义
弗里德里希 · 谢林 P149 〔概念〕 P172
黑格尔 P150 〔概念〕 P172 ～ 179 · P204
叔本华 P150 〔概念〕 P180
1700
1725
1750
1775
1800
1825
工业革命开始
法国大革命（1789）

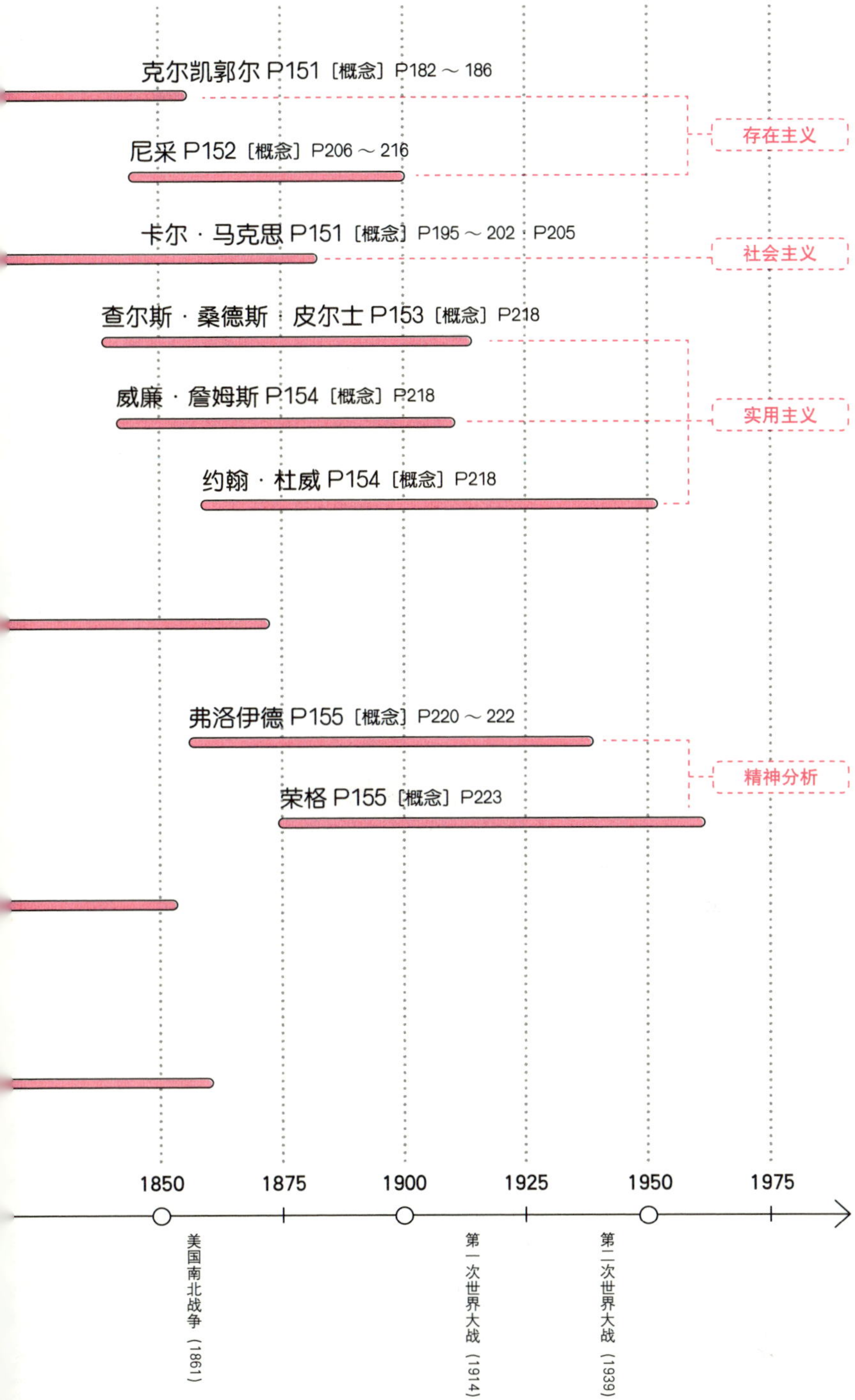

克尔凯郭尔 P151 〔概念〕 P182～186
尼采 P152 〔概念〕 P206～216
存在主义
卡尔・马克思 P151 〔概念〕 P195～202・P205
社会主义
查尔斯・桑德斯・皮尔士 P153 〔概念〕 P218
威廉・詹姆斯 P154 〔概念〕 P218
约翰・杜威 P154 〔概念〕 P218
实用主义
弗洛伊德 P155 〔概念〕 P220～222
荣格 P155 〔概念〕 P223
精神分析
1850
1875
1900
1925
1950
1975
美国南北战争（1861）
第一次世界大战（1914）
第二次世界大战（1939）

著作 《道德情操论》《国富论》

亚当·斯密主张自由放任主义，让人们基于利己心的行动在看不见的手的引导下，增进社会全体的利益。

“自由放任主义”之意。但亚当·斯密认为，对利己心的追求需要限定在能和他人取得共识的范围之内。

亚当·斯密

ADAM SMITH

▶P188～190

出生于苏格兰的经济学家、道德哲学家。先后就读于格拉斯哥大学、牛津大学，二十八岁任格拉斯哥大学教授。任教期间写出了《道德情操论》，获得好评。辞任后担任贵族的家庭教师，游历欧洲。归国后，执笔将经济学体系化的《国富论》，倡导自由主义经济和自由贸易论。

著作 《纯粹理性批判》《实践理性批判》《判断力批判》

康德过着极规律的生活。人们看到下午三点半准时出门散步的康德，便会校对时间。

《永久和平论》中的一节。书中关于对和平的规划，仿佛是对联合国和日本宪法第九条的预言。

伊曼努尔·康德

IMMANUEL KANT

▶P156～171

德国哲学家。出生于普鲁士的柯尼斯堡（现俄罗斯的加里宁格勒），父亲是制作马具的工匠。大学毕业后，康德做了九年家庭教师以维持生计，而后就职柯尼斯堡大学，历任教授、院长、校长。他以从起床到就寝都极为规律的生活而闻名，并确立了整合大陆理性主义和英国经验主义的哲学。

曾在法国拿破仑军队占领下的柏林发表连续演讲《对德意志民族的演讲》，促进了民族精神、文化的觉醒，鼓舞了国民的爱国情怀。

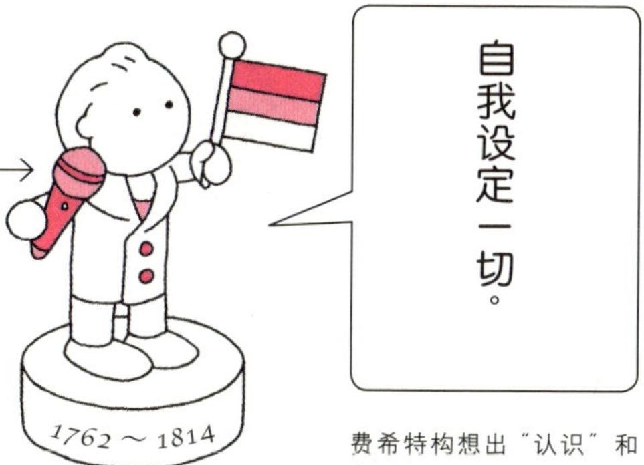

费希特构想出“认识”和“实践”统一起来的“自我”。

著作 《全部知识学的基础》《对德意志民族的演讲》

约翰·戈特利布·费希特

JOHANN GOTTLIEB FICHTE

▶P172

德国观念论哲学家。出生于德累斯顿郊外的小村庄，自幼贫寒，好学上进。青年时代学习康德哲学，深受影响。先后担任耶拿大学和柏林大学的教授，并任柏林大学第一任校长。除了继承康德哲学，还完成了实践理性至上的思想。五十二岁逝世。他的继任者是黑格尔。两人的墓紧邻。

谢林说，在接触自然的时候，人类可以直接感受到绝对的事物。

谢林提出自我（人类）和自然都是绝对者——神的一部分的“同一哲学”。

著作 《对人类自由本质的研究》《先验唯心论体系》

弗里德里希·谢林

FRIEDRICH WILHELM JOSEPH VON SCHELLING

▶P172

德国观念论哲学家。少年天才，十五岁时破例进入图宾根神学院学习（规定二十岁以上方可入学），在那里结识了年长他五岁的荷尔德林和黑格尔，并与他们成为挚友。费希特辞别耶拿大学后，谢林就任该校的哲学教授。在同浪漫主义艺术家的交往中，在艺术中看出了自然和精神的统一。黑格尔去世后，谢林在柏林大学讲授哲学。

著作

《精神现象学》《法哲学原理》《逻辑学》

《法哲学原理》序言中有一句话十分有名："密涅瓦的猫头鹰在黄昏起飞。"意在说明哲学迟于历史，是为了反思这个时代。

黑格尔认为，世间所有的事物都是精神（＝理性）的显现。

黑格尔

GEORG WILHELM FRIEDRICH HEGEL ▶P172～179·P204

近代哲学的集大成者。出生于德国斯图加特。在耶拿大学是极受欢迎的讲师，后因拿破仑入侵普鲁士，大学关闭。此后从事新闻编辑工作，担任过中学校长、海德堡大学教授、柏林大学哲学教授，并升任校长，在当时的思想界有巨大影响力。六十一岁因感染霍乱而去世。

著作

《作为意志和表象的世界》

给饲养的爱犬起名意为"宇宙精神"的"Atma"，曾在生气的时候对着小狗怒吼："你还是人吗！"

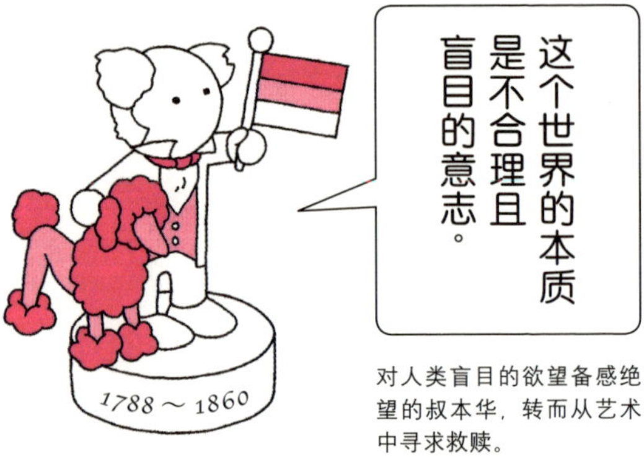

对人类盲目的欲望备感绝望的叔本华，转而从艺术中寻求救赎。

叔本华

ARTHUR SCHOPENHAUER ▶P180

德国哲学家。出生于但泽。在哥廷根大学攻读医学，后转至哲学系。曾任柏林大学讲师，却受黑格尔的名声影响，课程无人问津，半年后便辞去教职。之后作为自由哲学家进行研究。主要著作《作为意志和表象的世界》中表现的厌世思想和悲观主义，对尼采影响极大。

对克尔凯郭尔来说，哲学最大的课题是“如何成为一名基督徒”。

致死的疾病是绝望。

在主要著作《致死的疾病》中，对“什么是绝望”进行了考察，并从中找到了依靠“信仰”生活下去的可能性。

著作
《致死的疾病》《非此即彼》

克尔凯郭尔

SÖREN AABYE KIERKEGAARD

▶P182~186

丹麦哲学家。出生于哥本哈根。被认为是存在主义哲学之祖。起初学习神学，在二十二岁时开始思考“存在”。他发现自己是父亲对母亲婚前施暴产下的孩子，苦恼不已。二十七岁时和十七岁少女维珍妮订婚，但又背弃了婚约。以这样大量的苦恼为素材，克尔凯郭尔形成了自己的哲学思想。

在好友恩格斯的经济支援下，确立了共产主义思想，写成了《资本论》。

所有国家的劳动者，联合起来！

马克思和恩格斯合著的《共产党宣言》的一节。是共产主义诸多口号中最有名的一句。

著作
《资本论》《1844年经济学哲学手稿》《共产党宣言》

卡尔·马克思

KARL HEINRICH MARX

▶P195~202·P205

德国哲学家、经济学家。出生于德国的特里尔。先后于波恩大学、柏林大学学习法律、哲学和历史，加入了黑格尔左派的知识分子团体。担任《莱茵报》主笔，后因批评政府而被撤职，移居巴黎。此后又陆续移居比利时、巴黎、德国，于一八四九年流亡伦敦。在大英博物馆醉心于经济学的研究。

著作《查拉图斯特拉如是说》《论道德的谱系》《善恶的彼岸》

尼采酷爱瓦格纳的音乐，并同瓦格纳有过密切的往来，但后来二人绝交。

上帝已死。

由于近代自由精神和科学的思考，人们逐渐不再信仰上帝。

尼采

FRIEDRICH WILHELM NIETZSCHE

▶P206～216

德国哲学家。出生于普鲁士的萨克森州。读了叔本华的《作为意志和表象的世界》，深受冲击。二十四岁就成为瑞士巴塞尔大学的教授，成就超群，然而处女作《悲剧的诞生》在学会中被所有人反感。身体状况恶化后辞去教职，余生潜心著述。最终发疯，精神错乱，五十五岁去世。

著作《道德与立法原理导论》

为了改善监狱的收容状态、提高运营效率，边沁提出了圆形监狱（一览无遗的监视系统）的提案。

最大多数人的最大幸福。

边沁主张以增大社会全体的快乐和减少苦痛为立法原理。

边沁

JEREMY BENTHAM

▶P191～193

英国哲学家、法学家。功利主义的创始人。出生于伦敦富裕的律师家庭。十二岁时进入牛津大学，二十一岁取得律师资格，但无心律师实务，醉心于法学理论的研究。后为了扩大选举权，致力于选举法修订等自由主义政治改革。

密尔很重视精神快乐的质量。他认为相比果腹，精神上的充实更为重要。

这句话的后一句是“做一个不满足的苏格拉底比做一个满足的傻子好。”

著作

《论自由》《功利主义》

约翰·斯图尔特·密尔

JOHN STUART MILL

▶ P194

英国哲学家、经济学家。同边沁私交甚笃的父亲对他进行精英教育。十六岁创立功利主义协会，十七岁入职父亲工作的东印度公司。作为一名边沁功利主义的拥趸，却在二十几岁时转而批判边沁的功利主义，并提出了自己的功利主义构想。作为政治家，在英国下议院致力于妇女参政权等民主改革。

皮尔士认为，可以被检验证明的概念在学问上才是有意义的。例如“硬”这个概念，可以通过是否能用矿物刮伤来检验。

皮尔士提倡“溯因推理”这一从事实推导出假说的推理法。

著作

《如何使我们的观念清楚明白》

查尔斯·桑德斯·皮尔士

CHARLES SANDERS PEIRCE

▶ P218

美国的实用主义创始人、哲学家。出生于马萨诸塞州的敛桥，父亲是大学教授。在哈佛大学学习数学和物理学。毕业之后，在哈佛大学天文台和美国沿岸测量局工作，同时创立了“形而上学俱乐部”，发表多篇数学和哲学相关论文。因离婚丑闻未能在大学就职。中年以后在穷困潦倒中度过余生。

著作
《心理学原理》《实用主义》《宗教经验之种种》《彻底的经验主义》

著作《实用主义》中，以藏在树影中的松鼠的比喻来说明实用主义的含义。

论述生理反应先于心理反应的著名章节。

威廉·詹姆斯

WILLIAM JAMES

▶P218

发展了实用主义学说的美国哲学家、心理学家。在哈佛大学学习医学并取得博士学位，之后设立了美国首家心理学实验室，负责心理学和哲学。在“形而上学俱乐部”与皮尔士一起活动，继承并发展了皮尔士的思想，确立了实用主义。对日本哲学家西田几多郎产生了很大影响。

著作
《哲学之改造》《民主与教育》

杜威提倡“工具主义”，即人类的理性是对应各种课题的“工具”。

推动了重视从经验当中学习的教育运动，认为自主学习才是民主主义的根基。

约翰·杜威

JOHN DEWEY

▶P218

发展了实用主义的美国哲学家、教育学家。出生于佛蒙特州。于佛蒙特大学毕业后，曾做过高中教师、小学教师。之后再次进入约翰·霍普金斯大学取得学位。后历任芝加哥大学、哥伦比亚大学的哲学教授。除了创办实验学校、实践从解决问题中学习的方法，其教育思想具有极大的影响力。

采用让精神分裂症患者躺在沙发上说出自由联想内容的“自由联想法”的治疗方式。

弗洛伊德从梦境出发解析人的潜意识，著有《梦的解析》。

著作
《梦的解析》《精神分析入门》

弗洛伊德

SIGMUND FREUD

▶P220～222

奥地利精神病医师。出生于奥地利弗莱堡（今属捷克）。从维也纳大学医学系毕业后，留学法国。因钟情于神经医学大师沙可的催眠术，开始关注潜意识，最终创设精神分析学。原本希望荣格成为自己的继任者，但最终决裂。晚年为了躲避纳粹的迫害，流亡伦敦。

荣格以“灵魂”或“精神”来解释故事中出现的鸟。

荣格主张，在人类的心中除了个人的潜意识之外，还有由人类经验集聚而成的集体潜意识。

著作
《心理类型学》《心理学与炼金术》

荣格

CARL GUSTAV JUNG

▶P223

瑞士心理学家、精神病学家。父亲是牧师。荣格在母亲同羸弱的父亲矛盾很深的境况下长大。在巴塞尔大学学习医学，一九四三年就任巴塞尔大学教授。作为弗洛伊德的协助者，共同致力于精神分析学的发展，但因对精神分析的看法不同而决裂。他提出的心理学类型分为“外向型”和“内向型”的论述非常有名。

先验

含　义 ------------------------------------在经验之前成立
对应词 ------------------------------- 后验（通过经验获得的）
相　关 -- 范畴（P160）

同**英国经验主义**（P101）一样，**康德**认为知识是通过经验获得的。那么，为什么经验迥异的我们，可以相互理解对方的话呢？

康德的回答是，人类共通的**经验方式**和**理解方式**早已被预先设定好了。在经验之前成立的状况，称为**先验**。

然后，这个**先验**的人类共通的**经验方式**称为**感性形式**，而**理解方式**则称为**知性范畴**。**康德**认为，感性形式的特征在于人必须从**空间**、**时间**两方面理解事物。他又列举“**原因和结果**”作为**知性范畴**的事例，认为人对于任何事的发生，都势必要找寻其原因。

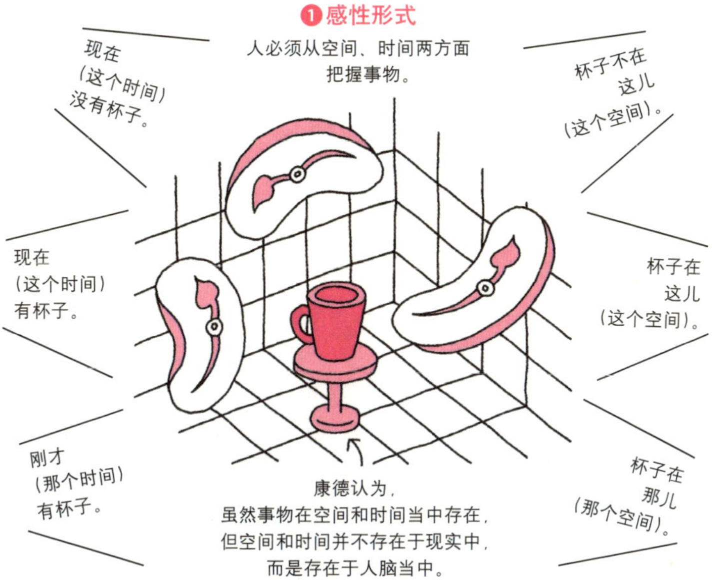

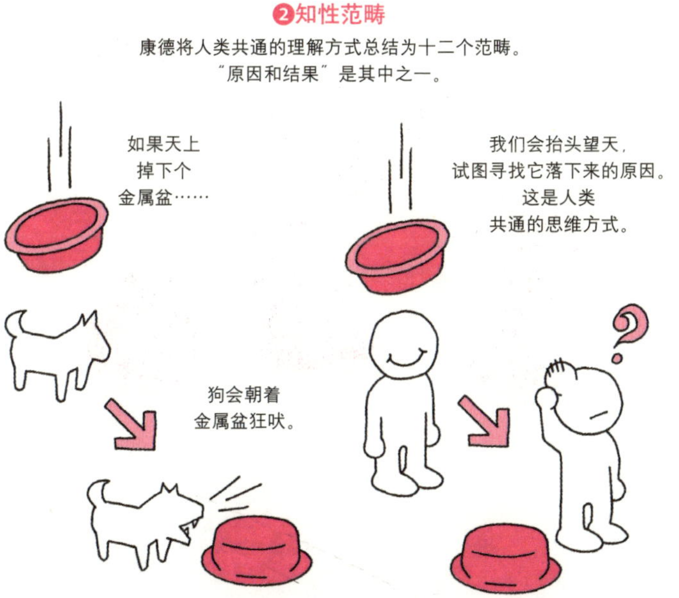

物自体

文　献 ---------------------------- 康德《纯粹理性批判》
相　关 范畴（P160）、哥白尼式的革命（P162），现象界｜理智界（P166）
对应词 -- 现象（P161）
备　注 ------------------- 物自体可以被设想，但不能被认识

戴着配有红色镜片的太阳镜，事物（世界）就会被渲染成红色。如果我们的双眼天生就是这样的构造，我们就看不到真实的事物（世界）。那么，我们眼见的是否是真实的事物（世界）呢？答案是否定的。我们双眼的构造决定了我们看苹果是红色，看柠檬是黄色，但苹果和柠檬实际的颜色，我们并不知道。

人类看不到真实的世界

戴红色的太阳镜就会看到红色的世界，
但这红色的世界并非真实的。
我们生来就戴着一副不能摘掉的太阳镜，
因此我们无法看到真实的世界。

当然，并不只是颜色，形状也是一样。喝醉酒之后看事物（世界）会扭曲。如果醉酒状态下的认识能力就是我们人类正常的认识能力，那么我们就无法看到一个不扭曲的世界。这种情况下，触感也会随着扭曲的外观被认识、被记忆。

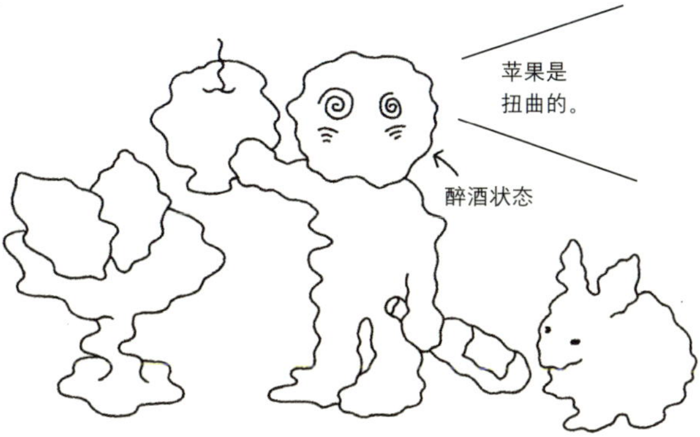

如果不醉酒的状态是异常，
醉酒状态下的认识能力是人类正常的认识能力……

我们通过感官构造获取信息，经由意识，创造出事物（世界）。因此，我们无法知道真实的事物（世界）是什么样子。**康德**说，人类无法触及**物自体**。

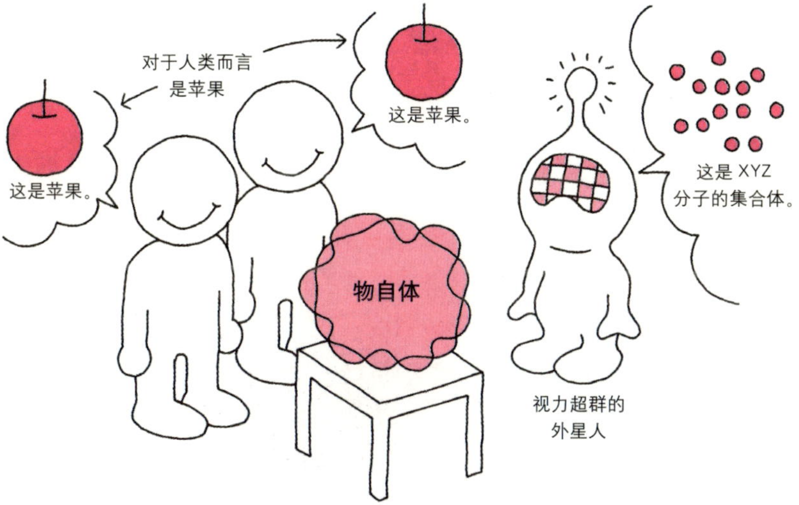

即使我们能够看到对象是苹果，
但对于外星人来说，它们看到了什么、如何解释，我们无从得知。
另外，时间和空间的概念仅仅是我们的感性形式所具备的，
与物自体无关。

范畴

含　义 --框架
文　献 ---------------------------- 康德《纯粹理性批判》
相　关 ------------------------------------先验（P156）
备　注 ----------------------康德将知性总结为十二个范畴

我们来看一看人认识对象——杯子的过程是怎样的。首先，根据五感，把直观感觉到的对象以**感性形式**（P157）的**时间**和**空间**角度加以掌握。进而，以**知性范畴**（P157）去认识对象。

认识杯子的过程

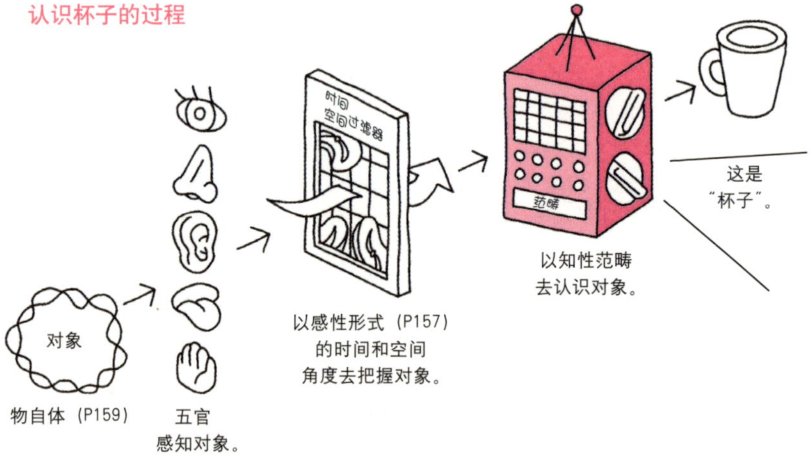

康德主张人具有十二个范畴。**原因和结果**的理解方式是其中之一。

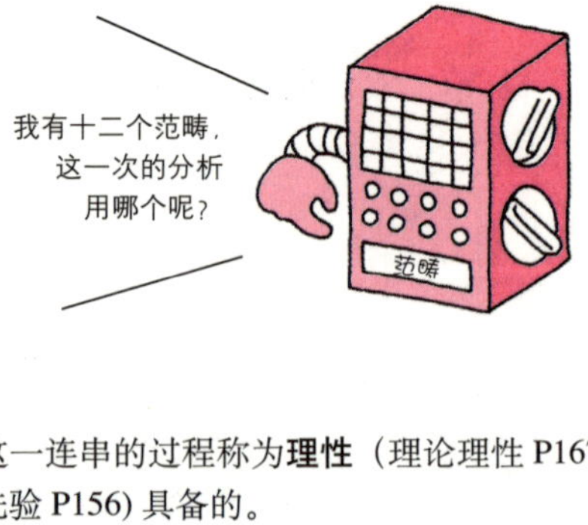

康德将这一连串的过程称为**理性**（理论理性 P167）。他说，这个系统过程是**先天**（先验 P156）具备的。

现象

文　献 ---------- 康德《纯粹理性批判》

对应词 ---------- 物自体（P158）

备　注 ---------- 康德把认识范围局限在现象的论点，是根据英国经验主义提出的

人以时间和空间的角度把握对象，并以**范畴**（P160）分析得出对象的样貌，**康德**将此称为**现象**。换言之，**物自体**（P159）被人类认识成苹果的状态即**现象**。

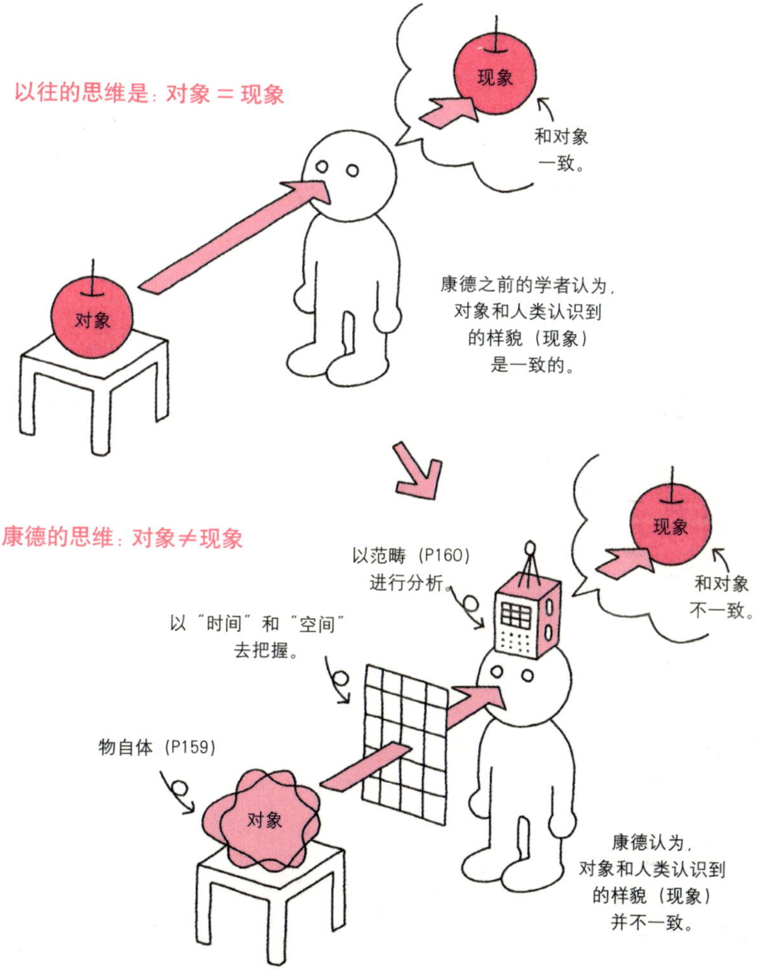

哥白尼式的革命

文　献 ------------------------------ 康德《纯粹理性批判》

相　关 ---------------------- 先验（P156）、范畴（P160）

备　注 ------革命，意味着相较于过往的思维有了一百八十度转变

并非因为先有杯子，人才能认识杯子。实际上是人以感性和理性机制将对象置于秩序关系之中，才形成了人对于杯子的认识（范畴 P160）。

过往的思维（认识因对象而产生）

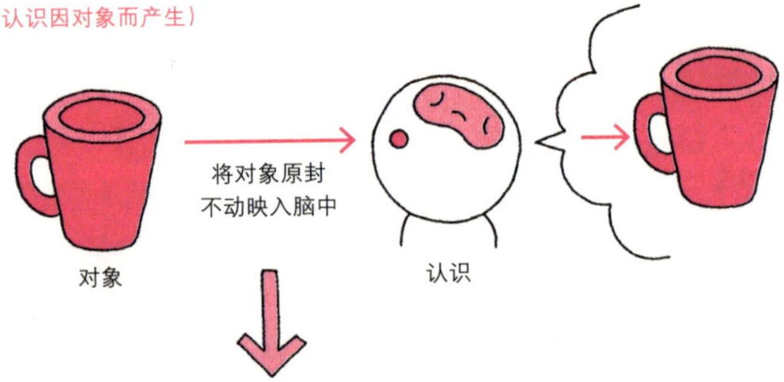

康德的思维（对象因认识而产生）

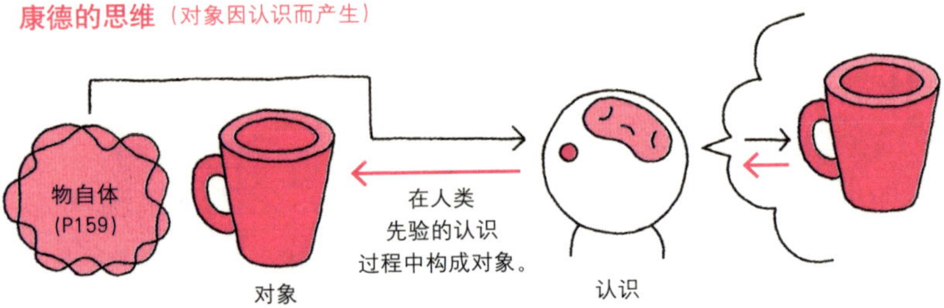

康德将之表现为**“并非因对象而产生认识，而是因认识而构成对象”**。他将这种创见比喻为哥白尼的日心说，称其为**哥白尼式的革命**。

哥白尼式的革命

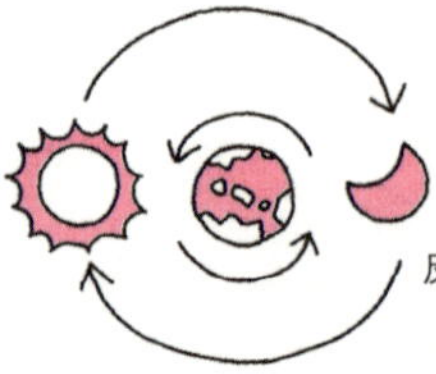

康德
将认识和对象的关系反转，
就像哥白尼提出的
反转天地运动规律的日心说一般，
因此称为“哥白尼式的革命”。

理性的二律背反

文　献 ------------------------------ 康德《纯粹理性批判》

备　注 ------------------------------ 康德提出二律背反的论点是为了批判传统的形而上学，也就是要厘清世界的起源和神的不可知性

通常不可能发生“××是对的，但也是错的”这种情况。但**康德**发现，对于“世界是有限的还是无限的”这种超出经验的问题，不论站在肯定还是否定的立场，都可以进行理性的证明。尽管经过了理性的思考，但完全相反的主张得以证明，这是因为在证明超出经验的问题时，理性陷入了混乱。这种导出理性混乱状态的论点，称为**理性的二律背反**。

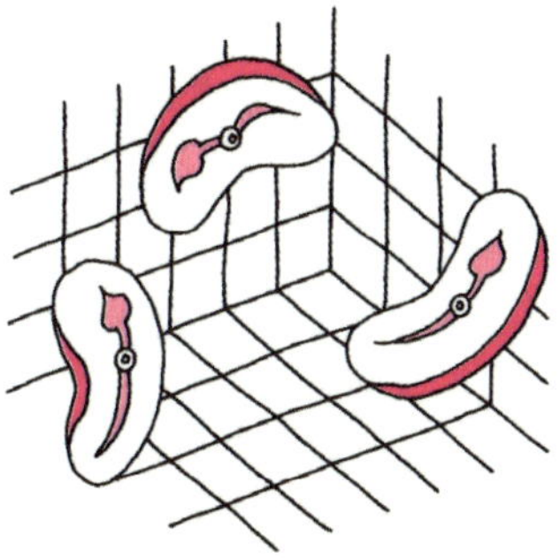

理性的二律背反

【主张 1】世界是有限的。

【主张 2】世界是无限的。

康德表示，这两种主张都可以得到证明。因为完全相反的主张能够同时得到证明，所以世界是有限的还是无限的这一问题，是无法靠理性得出结论的。

康德还举出了另外三组**二律背反**的例子。

【主张 1】神是存在的。

【主张 2】神并不存在。

【主张 1】世界是由单纯的、单一的成分构成的。

【主张 2】世界中任何组合的东西都不是由单纯的、单一的成分构成的。

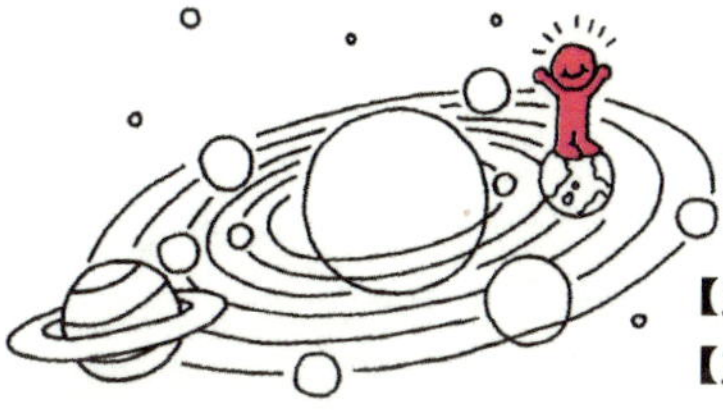

【主张 1】自由是存在的。

【主张 2】自由并不存在。

道德法则

文　献 ------------------------------ 康德《实践理性批判》

相　关 ------------------------------------ 绝对命令（P165）

备　注 ------ 康德站在道德立场，认为行为的动机比结果更重要，这被称为"动机论"（对应词是"结果论"）

康德认为，就像自然界中存在**自然法则**一样，人类社会也有必须遵从的**道德法则**。这是因为人类先天具备崇尚善良道德的理性。**道德法则**发出**良心的声音**，告诉我们的理性："**你要做……**"

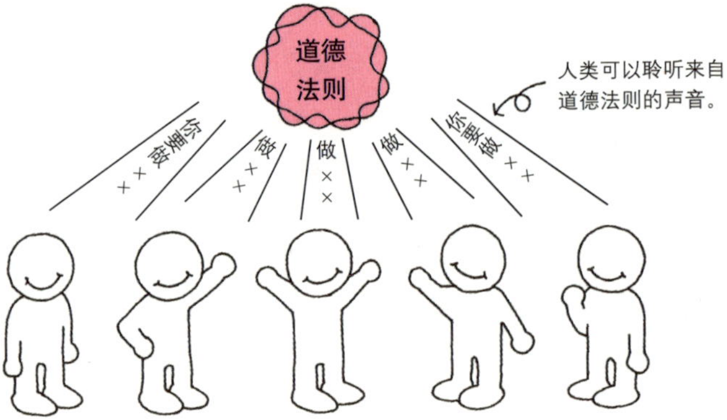

道德法则是所有人都认同的行动，而非单纯利己。**康德**提出道德必须是普遍的。

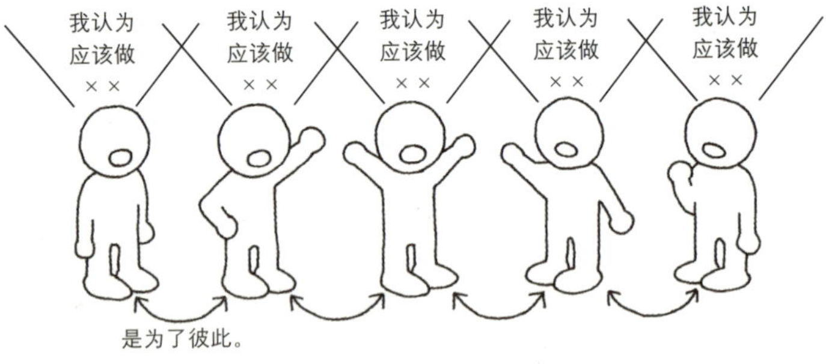

他还指出，道德不应是手段，而是目的本身。比如说，因为想被人温柔对待，所以主动与人为善，这样的行为并不是道德。因为这样一来，道德就成了为达成某种目的的手段。

绝对命令

含　义 ----------------------------“要做 ××” 这种无条件的命令
文　献 ---------------------------------- 康德《实践理性批判》
对应词 -- 相对命令
相　关 ------------------------------------ 道德法则（P164）

康德认为，**道德法则**（P164）不是为了达成某种目的的手段，而是**目的**本身。

道德并非
“想做 ×× 就去做 ××”，
而是以“要做 ××”
这种绝对命令来表现。

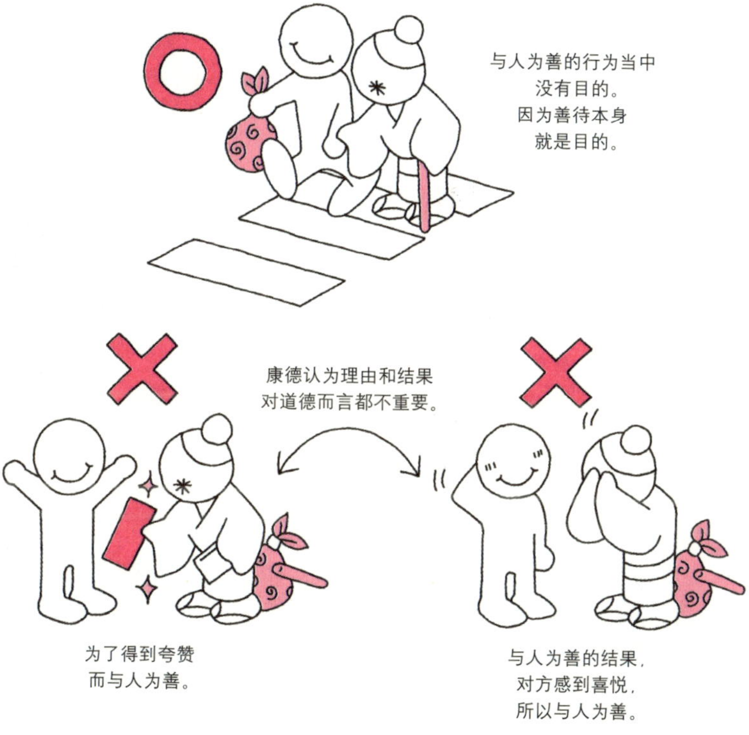

道德并非“**想做 ×× 就去做 ××**”，而是“**要做 ××**”。行道德之事是没有理由的。这种“要做 ××”的无条件的命令，称为**绝对命令**。

现象界｜理智界

※ 康德的观点

文　献 ---------------------------- 康德《实践理性批判》
相　关 ------------------ 物自体（P158）、道德法则（P164）
备　注 --人类的理论理性可以得知“现象界”，无法了解“理智界”

康德把我们所见所闻的世界称为**现象界**，与之相对地，把**物自体**（P159）的世界称为**理智界**。我们的认识能力无法看到**理智界**。

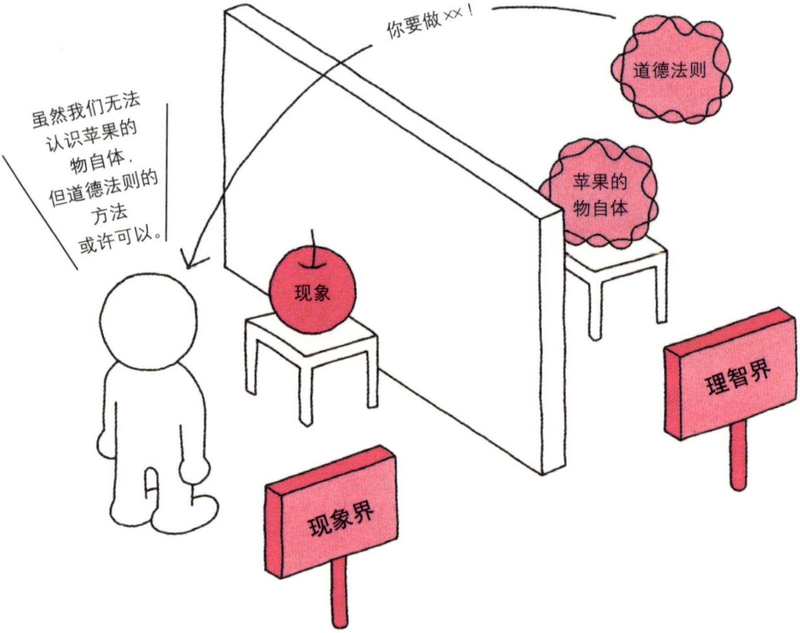

但**康德**同时认为，**理智界**除了**物自体**，还存在**道德法则**。**道德法则**向我们发出**良心的声音**（P164），告诉我们“**你要做……**”，因此我们能够认识它。道德法则的声音要通过理性来聆听。

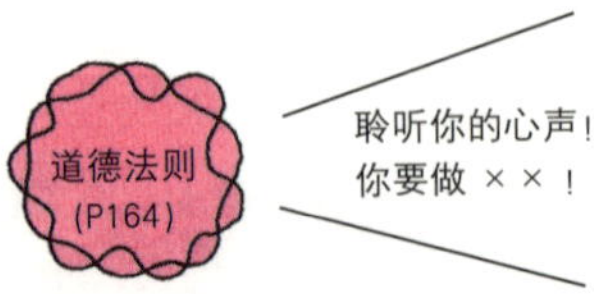

理论理性 | 实践理性

相　关 ------------------------------ 现象界 | 理智界（P166）

备　注 ------------------ 理论理性中无法认识道德和自由等理型，但实践理性则可以。两种理性的差异和现象界及理智界重叠

康德将人类的理性分为**理论理性**和**实践理性**两种。以**范畴**（P160）等去认识事物的能力称为**理论理性**，人类想要实践道德行为的理性称为**实践理性**。他认为，两种理性皆是人类先天具有的。

理论理性 认识对象的能力

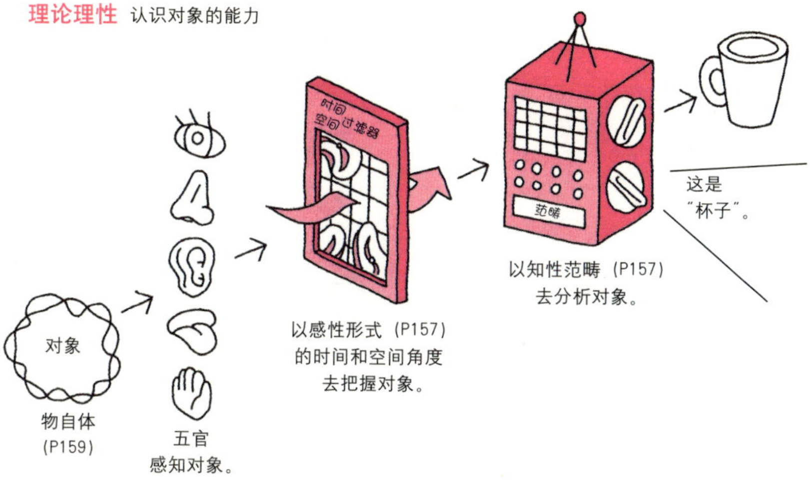

实践理性 想要实践道德行为的理性

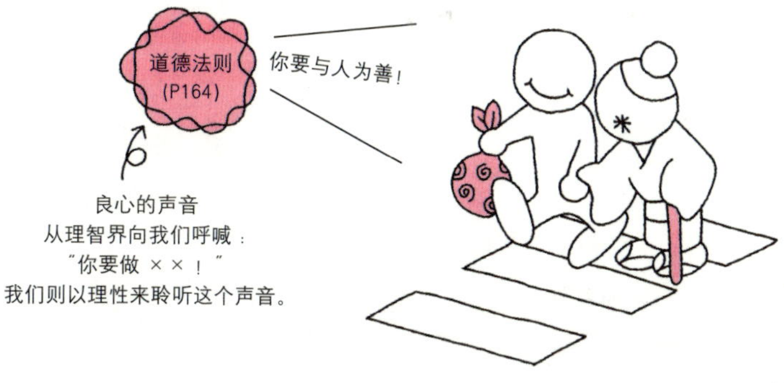

格律

含　义 ---------- 行为的规则
文　献 ---------- 康德《道德形而上学》
相　关 ---------- 道德法则（P164）、绝对命令（P165）
备　注 ---------- 康德以“个人的、主观的规则”之意来使用

康德把自己为自己制定的行为法则称为**格律**。**格律**在表达上也可以和信念互换。

格律是自己为了自己好而决定的法则，这与**道德法则**（P164）是不同的。不过，如果**格律**和**道德**可以一致，就会产生自发的道德行为。**康德**认为，这样一来人就能获得自由。

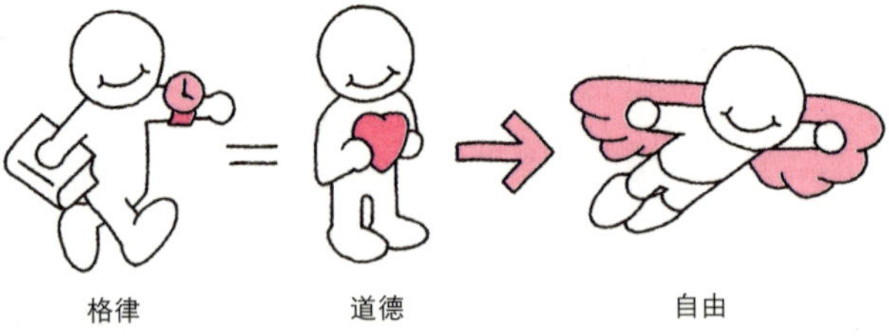

他以一条**绝对命令**（P165）来表达这种观点：**“你的行为应该一直符合意志格律和道德法则！”**

自律

含 义 --------- 遵循绝对命令，不受条件拘束、自主决定的行动
文 献 ------------------------------ 康德《道德形而上学》
相 关 ------- 道德法则（P164）、格律（P168）、绝对命令（P165）

依照理性听到的**道德法则**（P164）的声音来行动，实际上就是依自己的理性行动。这就是**格律**（P168）与**道德法则**一致的状态。

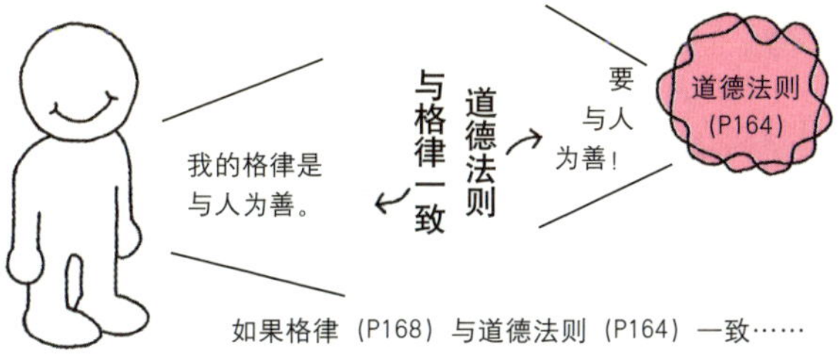

当我们行道德之举的时候，道德并非神施加的他律，而是我们自发的自律。**康德**认为，道德作为**自律**的时候，就是自由。

目的王国

文　献--------------------------------康德《道德形而上学》
相　关---------- 道德法则（P164）、格律（P168）、自律（P169）
备　注------------------------------------相对于目的王国，康德将因果律支配的世界称为“自然王国”

康德认为，**道德**并非攫取任何报酬的手段，该行为本身就是**目的**（道德法则 P164）。他把能够做出这种行为的**自律**（P169）的人称为**人格**。

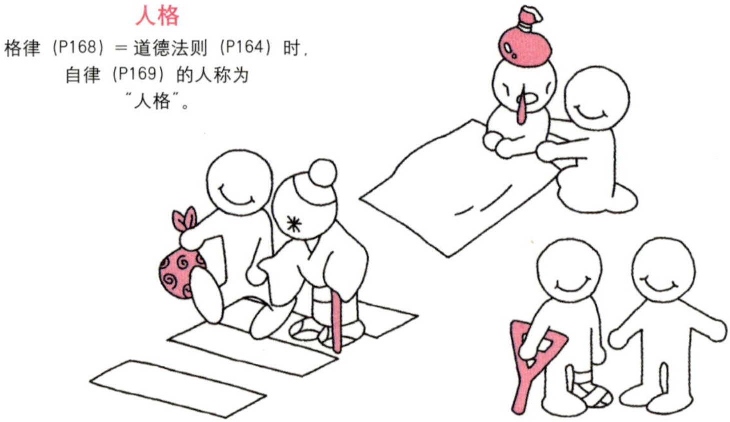

将彼此的**人格**视为彼此的目的——“最大限度地互相尊重”的世界，就是**目的王国**，即**康德**认为的理想社会。

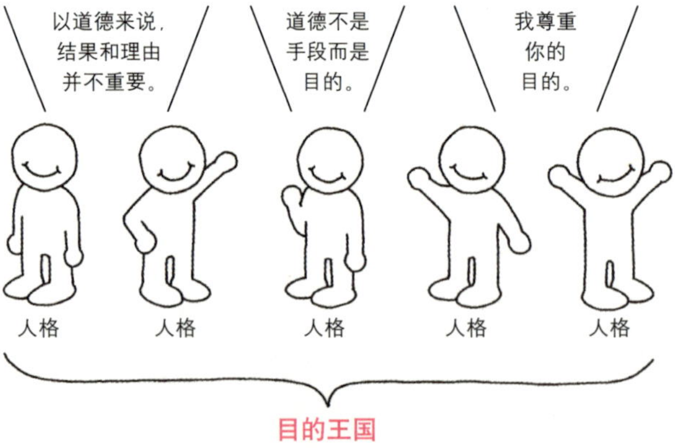

批判哲学

备　注 ---------------- 康德的“批判哲学”是对理性的批判，但这并不是否定理性。对于过去的形而上学，规定认识的界限，限定去实践（行动）形而上的世界的部分，是批判哲学的精髓

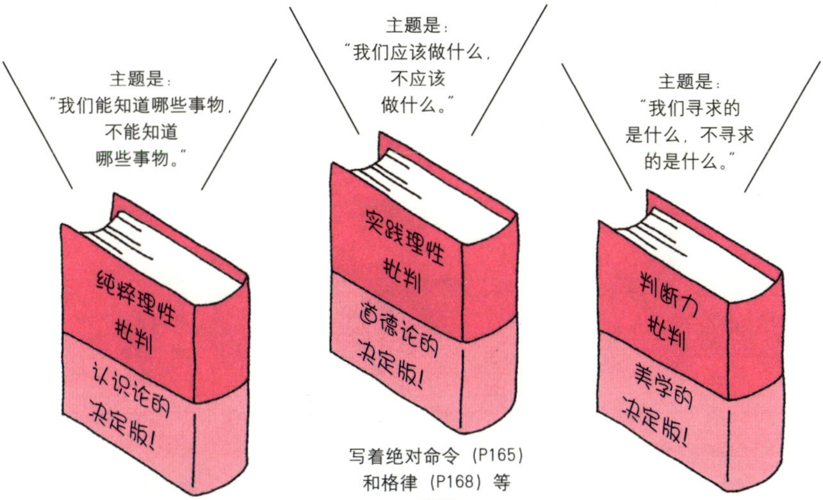

写着二律背反（P163）和物自体（P159）等关于理论理性（P167）的内容。

写着绝对命令（P165）和格律（P168）等关于实践理性（P167）的内容。

写着艺术和花为什么美等融合了理论理性和实践理性的内容。

哲学当中，“批判”不是否定的意思，而是对“××究竟是什么”和常识的重新认识。

康德有三大代表作：**《纯粹理性批判》《实践理性批判》《判断力批判》**。这三部作品书名最后都以“批判”结尾，因此他的哲学被称为**批判哲学**。但这里所说的“批判”并非“否定”之意，而是对事物的重新认识和思考。

德国唯心主义

示　例 ---------------------- 康德、费希特、谢林、黑格尔
对应词 --------------------------------------唯物主义
相　关 -----------大陆理性主义（P106）、英国经验主义（P101）
备　注 --------------- 于后起之秀德国的现代化浪潮之中诞生

康德哲学中，世界分为**现象**（P161）和**物自体**（P159）。**理论理性**（P167）负责**认识现象**，**实践理性**（P167）则负责与**物自体**相关的**行为**。认识和行为是在不同的理性作用下形成的。然而，理性一定要分裂开才行吗？**费希特**、**谢林**和**黑格尔**都主张并非如此。自**康德**始，由**黑格尔**完成的人类精神哲学，称为**德国唯心主义**。

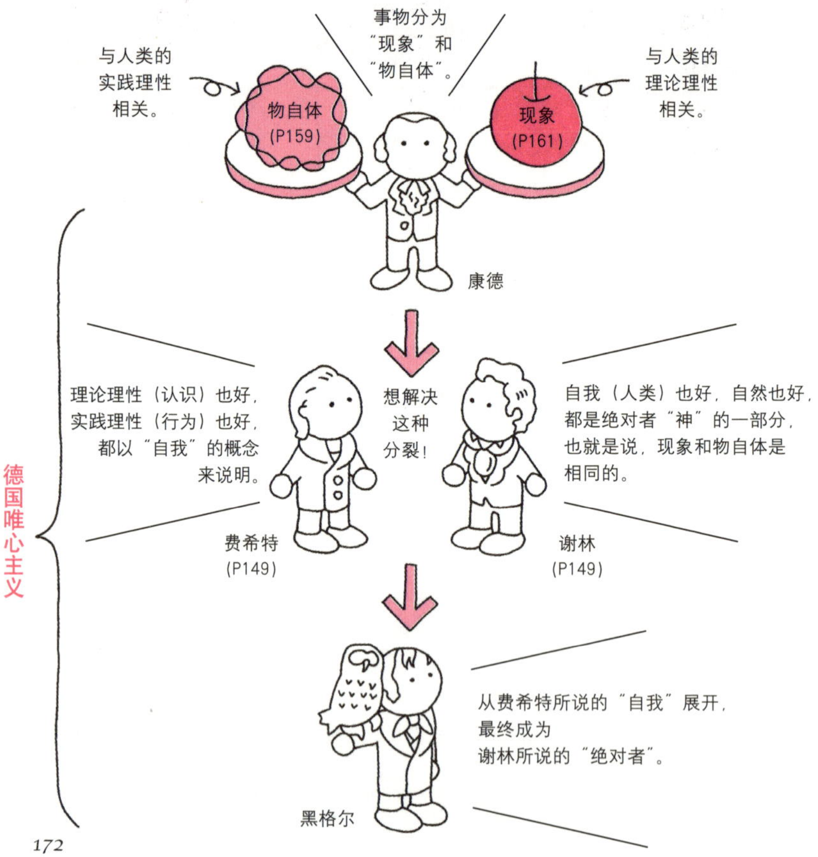

绝对精神

文　献 ------------------ 黑格尔《精神现象学》《哲学全书》

相　关 ------------------ 历史（P176）

备　注 ------------------ 黑格尔的精神哲学中，精神以主观精神→客观精神→绝对精神的顺序发展

康德认为人类不具备认识**物自体**（P159）的能力。但**黑格尔**认为，人类的认识能力并不像**康德**所认为的那样固定。人类在**社会**中一边掌握**文化知识**，一边在自我内心实施**辩证法**（P174），总有一天会完美地掌握**客观**的全貌，使认识能力获得成长。**黑格尔**将这种能持有完全的认识能力的精神称为绝对精神。

辩证法

含　义 ---------- 将矛盾的事情统一整合，从而得出更高阶段结论的思考方法

文　献 ---------- 黑格尔《精神现象学》

备　注 ---------- 注意辩证法并非单纯的折中之法

黑格尔认为，人类只要以**辩证法**的手法提升，就能够认识绝对且具有普遍性的**真理**。一种主张的出现，势必伴随着与其相对的反对意见。不否认矛盾，而是吸收统一双方积极的一面，得出新的想法，就能完成更高层次的知识。这个过程往复循环，人类最终可以理解绝对真理，掌握**绝对知识**。这种掌握**绝对知识**的一系列手法被称为**辩证法**。

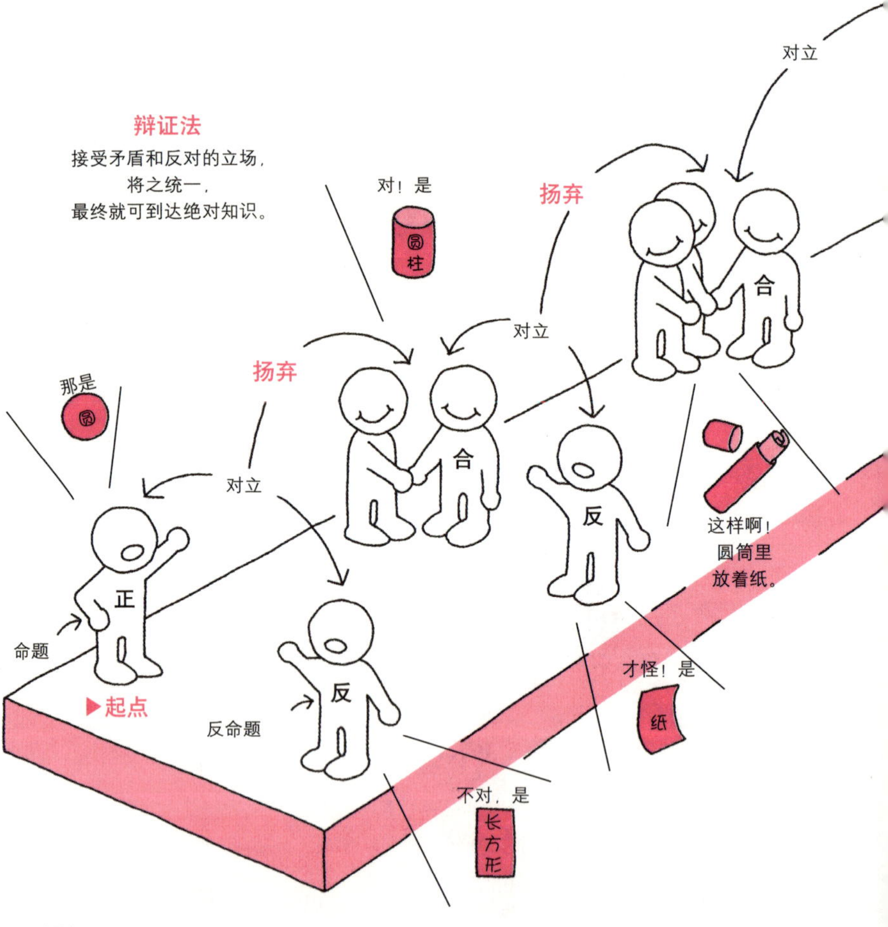

一开始的主张称为**命题（正）**或**自在**，对此持否定的立场称为**反命题（反）**或**自为**。将二者统一得出更高层次结论的过程称为**扬弃**，得出的结论称为**合**或**自在且自为**。

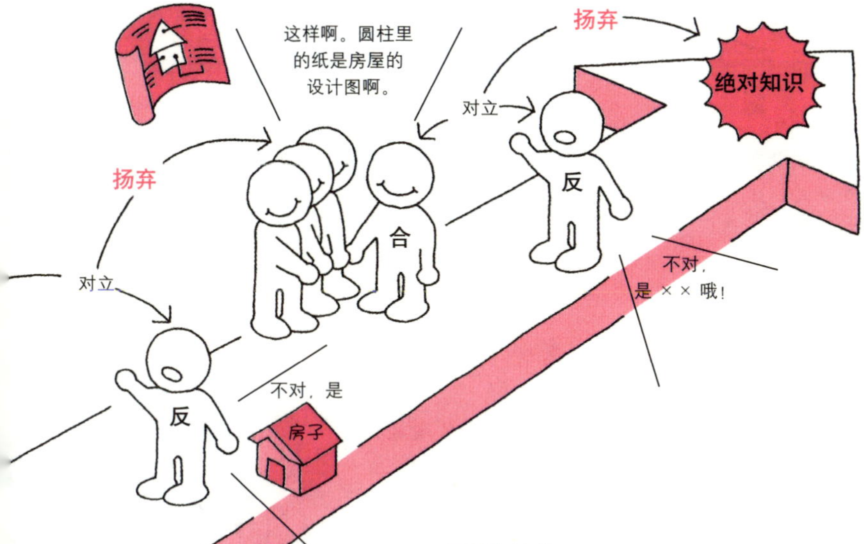

黑格尔认为，
辩证法不仅能使人类的思考进化，
更是推动自然、
社会乃至世间万物进化的原理原则。

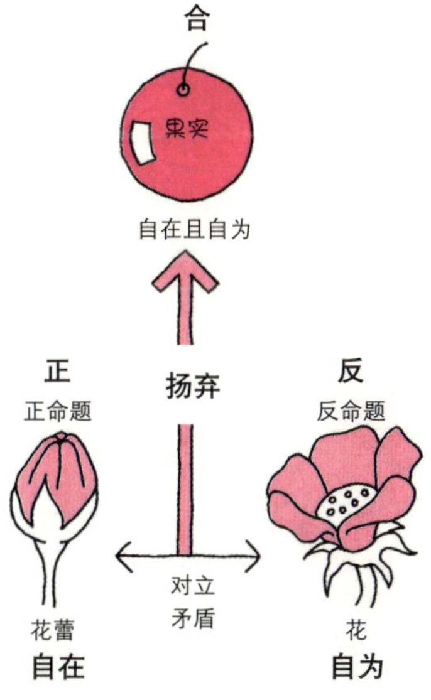

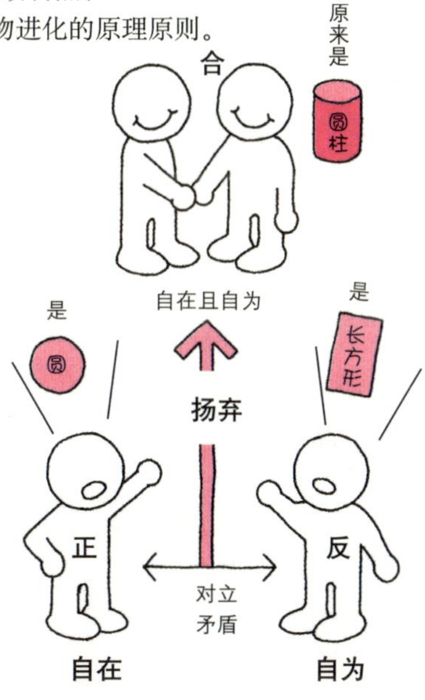

历史

文　献 ------------------------------ 黑格尔《哲学史演讲录》

备　注 ------------------------------ 黑格尔认为，人类自由经由东方世界、希腊世界、罗马世界的发展，最终阶段必定到达日耳曼世界

康德认为，让自己的**格律**（P168）和**道德法则**（P164）一致并加以实践就是自由（自律 P169）；而对**黑格尔**来说，自由并不仅仅是个人内在的问题，如果不在现实社会得到具体体现就没有意义。**黑格尔**认为通过**辩证法**（P174）在现实社会实现具体的自由的过程才是**历史**。

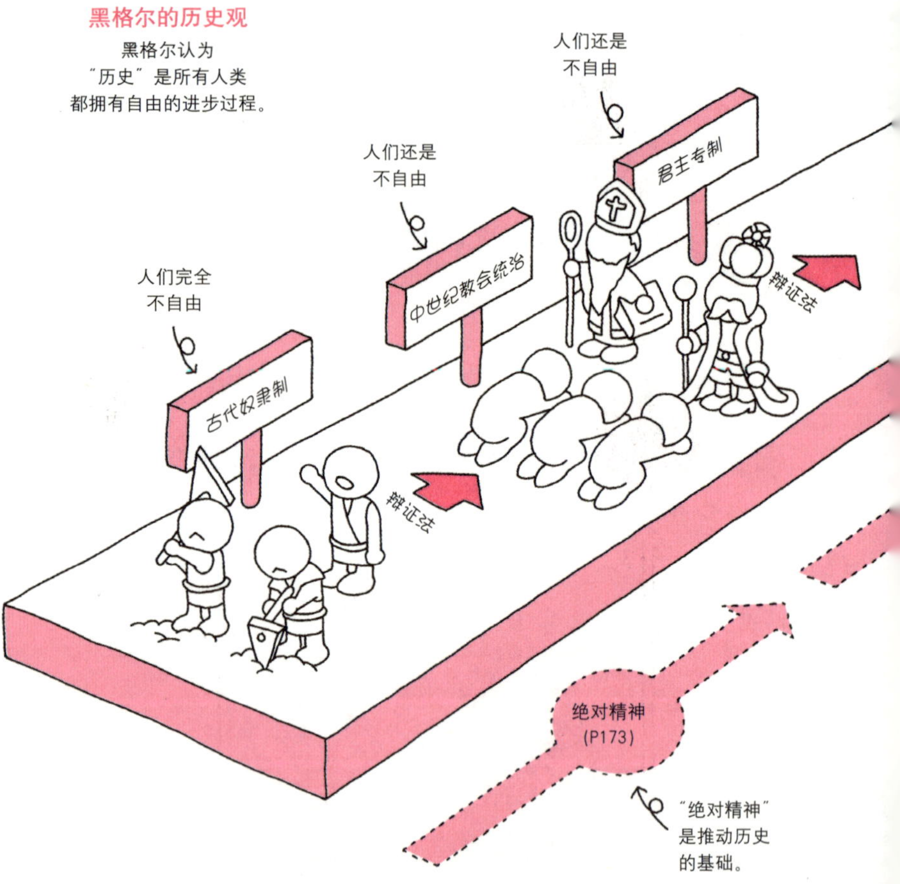

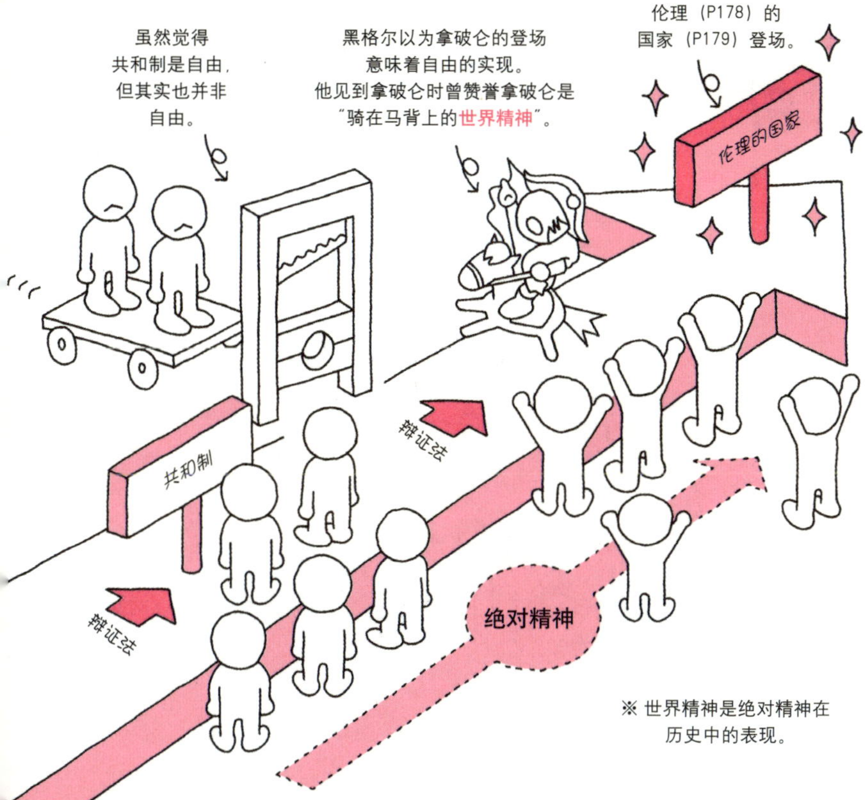

黑格尔认为，推动历史进程发展的根本是人类向往拥有**绝对精神**（P173）并得到自由的意识。他主张这种意识推动历史从少数人自由的时代走向所有人拥有自由的时代，最终诞生被称为**伦理**（P178）的共同体。

伦理

含 义 ------------------------------人类除了生活之外，还要以辩证法整合作为行动规范的法律和道德

文 献 ------------------------------黑格尔《法哲学原理》

相 关 --------辩证法（P174）、家庭｜市民社会｜国家（P179）

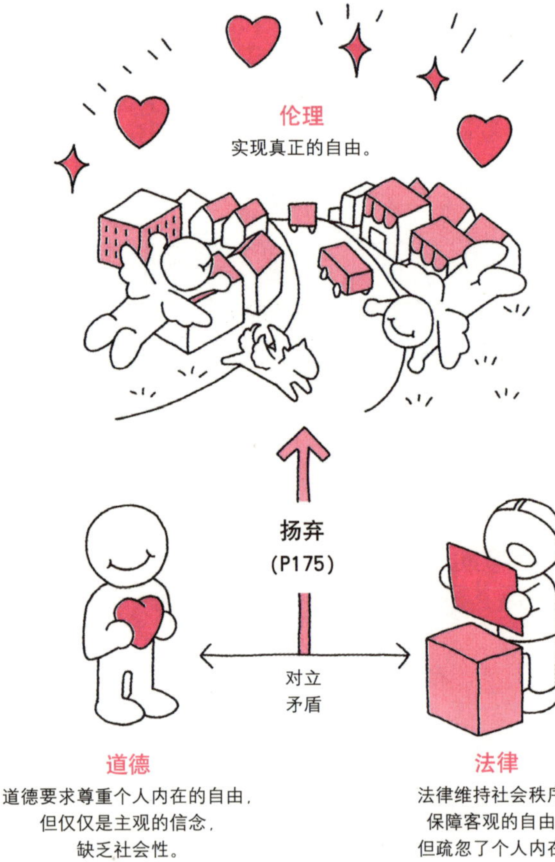

黑格尔将个人内在的**道德**与维持社会秩序的**法律**这两者矛盾共存的共同体称为**伦理**。**伦理**是实现真正自由的社会。虽然普遍认为**主观的**道德和**客观的**法律无法相容，但**黑格尔**认为，只要通过**辩证法**（P174）将二者统一，就可以产生伦理。

家庭 | 市民社会 | 国家

文　献 ------------------------------黑格尔《法哲学原理》
相　关 --------------------- 辩证法（P174）、伦理（P178）
备　注 ------------------- 这里所说的国家参照了普鲁士王国

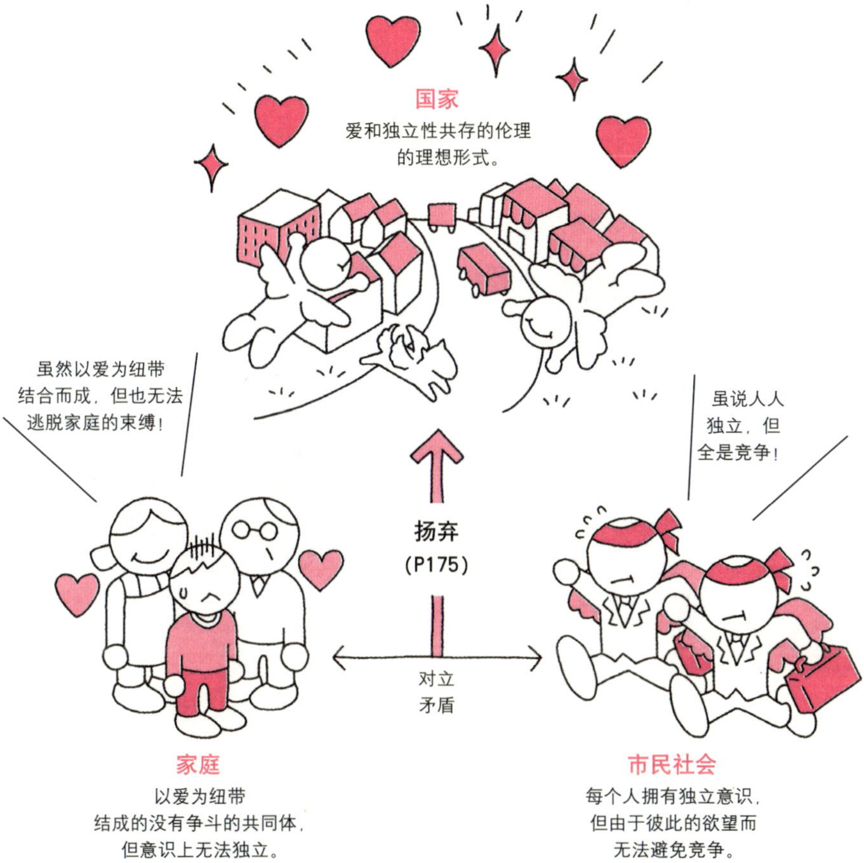

家庭是以爱而结合且没有对立的共同体，但个人意识是无法独立的。终于，孩子独立走入了市民社会，成为其中一员，却是走进了一个围绕欲望争斗不休的竞争社会。**黑格尔**认为，**家庭**的爱之结合和**市民社会**中个人意识的独立，两者通过**辩证法**（P174）而统一形成的，就是国家。他认为**国家**是**伦理**（P178）的理想形式。

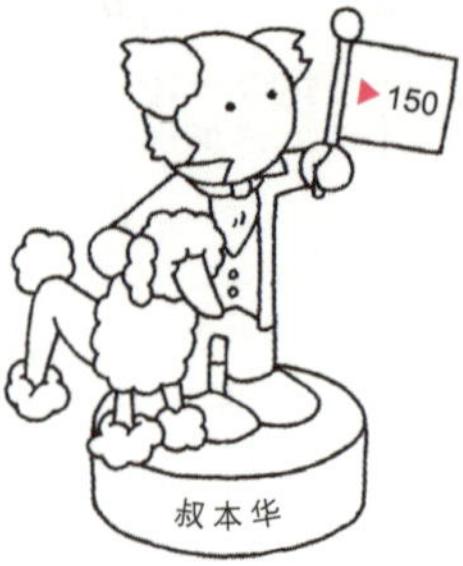

悲观主义

文　献 ---------------------- 叔本华《作为意志和表象的世界》

备　注 ---------------------------- 叔本华在哲学方面受到柏拉图、康德和印度哲学的巨大影响。此外，叔本华的理论对尼采产生了极大冲击

黑格尔认为，**历史**（P176）的进步就是人类获得自由的过程；**叔本华**则认为，人类获得自由的过程对人的行为以及因行为产生的历史变化并没有什么特别意义。

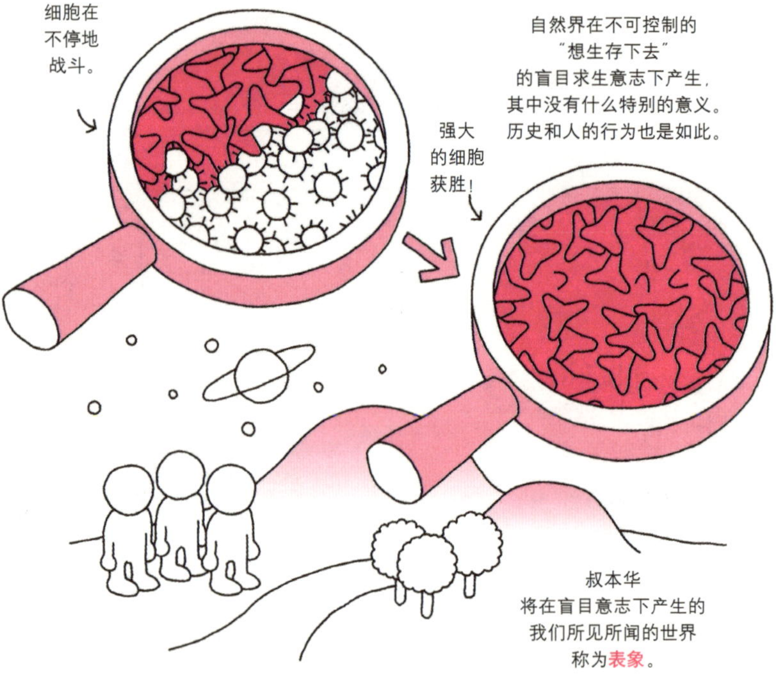

叔本华认为，世界在**盲目求生的意志**下产生。例如，身体细胞总是不断排除弱小才得以延续，它们只有对存在的欲望，没有目的和意义，因为一切都只是单纯遵循自然界的法则而已。人类的行动也无非是这种不可控制的“想生存下去”的**意志**所引发的**冲动**。

这种**盲目的意志**所引发的争斗之苦将永远持续。无论社会全体如何变化，个人的苦恼并不会消失。叔本华的这种思想被称为**悲观主义（厌世主义）**。

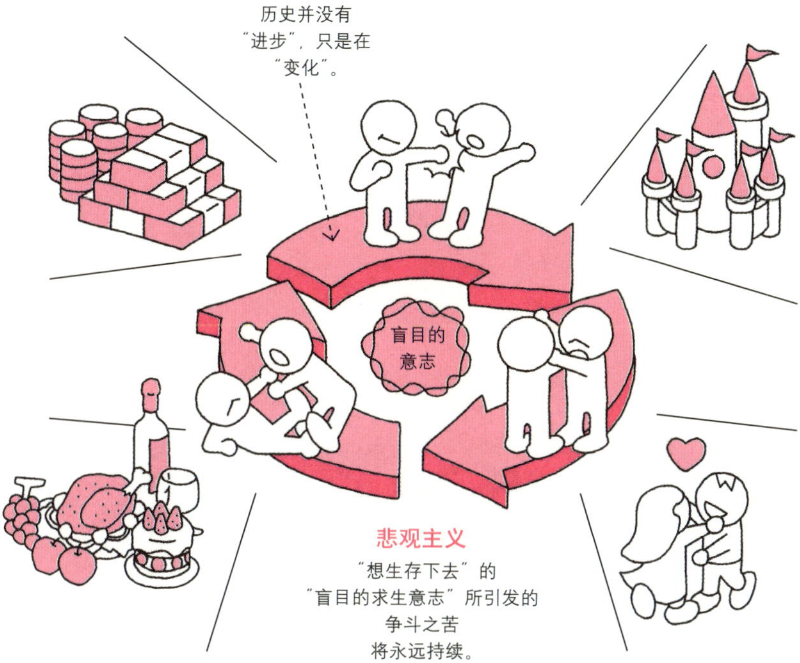

他认为，从盲目的意志中暂时逃离的方法就是沉浸于**艺术**当中。要从中彻底逃离，就只能通过**同情**他人来实现苦恼共享，不然就是依靠**佛教**得以解脱。

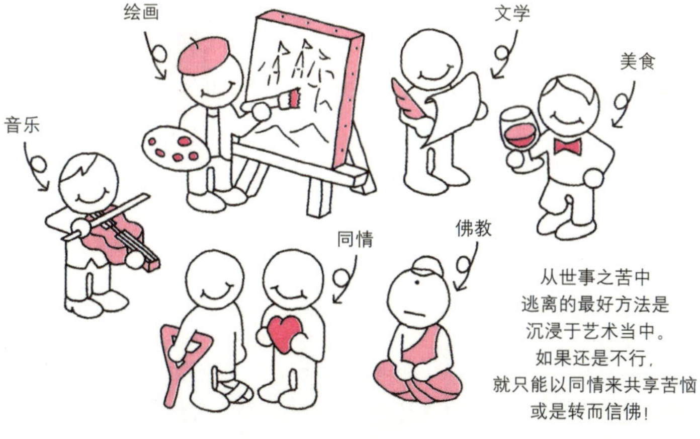

非此即彼

文　献 ------------------ 克尔凯郭尔《非此即彼》《哲学片断》

相　关 ---------------- 主观真理（P183）、人生三阶段（P186）

备　注 ------------------“亦此亦彼”除了指黑格尔的辩证法，也指追求各种欲望的美学阶段

亦此亦彼

黑格尔的辩证法以“亦此亦彼”的方式来探寻普遍的真理。

非此即彼

克尔凯郭尔的思想则是选择“非此即彼”，相信自己认为的真理。

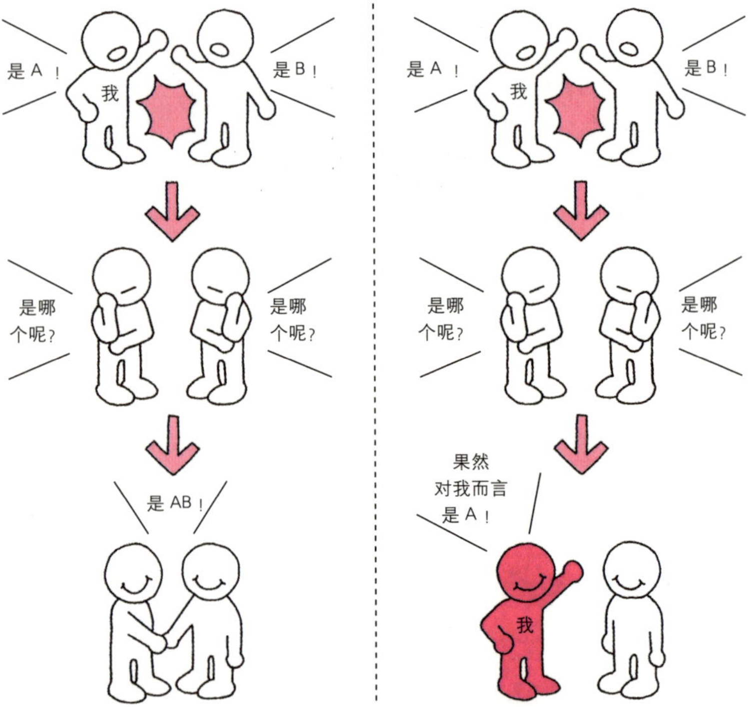

黑格尔眼中的**真理**是所有人都可以接受的普遍想法。与此相对，**克尔凯郭尔**所崇尚的真理是**“对我而言是真理的真理”**。他认为了解适用所有人的一般性真理是没有意义的。相较于**辩证法**（P174）这样的**“亦此亦彼”**导出的普遍真理，**克尔凯郭尔**认为应当在**“非此即彼”**中做出适合自己的选择。

主观真理

文　献 --------------------克尔凯郭尔《一个引诱者的手记》
《〈哲学片断〉一书最后的非学术性附言》

备　注 ------------------------在克尔凯郭尔出生的时代，
黑格尔的哲学有着极高的人气

客观真理

超过一百人参加的
盛大聚会。

主观真理

无论多少人参加这个聚会，
在我看来，是“那个人”
不在的寂寞聚会。

对**黑格尔**而言，**真理**是广泛且普遍的。但对**克尔凯郭尔**而言，真理是“**对我而言是真理的真理**”，是**主观的**。前者是**客观真理**，后者是**主观真理**。

例外者

文　献 ----------------------------克尔凯郭尔《致死的疾病》
相　关 ------------------主观真理（P183）、人生三阶段（P186）
备　注 ------------------------------------人生三阶段中，宗教阶段被视为孤独个体的阶段

黑格尔认为，为了万人共通的（普遍的）价值，不得不牺牲那些例外的价值。他说：“**伟大的拿破仑为了推动历史前行，不得不踏碎前路上的芬芳。**”而**克尔凯郭尔**则认为，在普遍价值之外的**例外者**才是真正的价值。

克尔凯郭尔认为，作为一名**例外者**而生存下去，意味着不湮没于芸芸众生的思考之中，成为孤独一人矗立于自己的信仰（克尔凯郭尔认为是神）之前的**孤独者**。

存在主义

含　义 ---------------------- 探索具体存在的“我”的思想
示　例 -------------克尔凯郭尔、海德格尔、雅斯贝尔斯、萨特
备　注 ---------在文学领域，陀思妥耶夫斯基、卡夫卡、加缪等被称为存在主义作家

对于**克尔凯郭尔**而言，重要的不是迄今为止哲学追求的普遍性真理，而是“**对我而言是真理的真理**”（非此即彼 P182）。他认为当前现实与普遍思想无关，将这种主体性生存称为**存在**。而且，和既往哲学的客观把握世界不同，而是探求对“这个我”而言的真理的立场，称为**存在主义**。

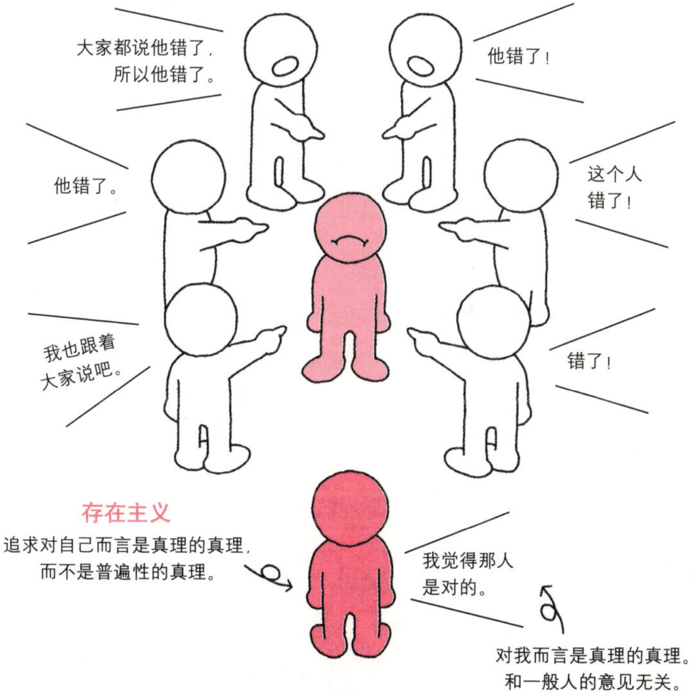

存在主义分为两种。一种是同超越人类的神对话的**有神论存在主义（克尔凯郭尔、雅斯贝尔斯等）**，另一种是否定神的**无神论存在主义（尼采、海德格尔、萨特等）**。

人生三阶段

文　献 ---------------------------- 克尔凯郭尔《非此即彼》
《〈哲学片断〉一书最后的非学术性附言》
相　关 -------------------- 非此即彼（P182）、例外者（P184）
备　注 -----------------三阶段的展开又被称为“质的辩证法”

克尔凯郭尔认为，人类到达真实的**存在**（P185）的路有三个阶段，称为**人生三阶段**。

第一阶段是按照欲望追求快乐，顺从感官的生活方式，称为**美学阶段**。在这一阶段，由于欲望永不满足，所以最终会迷失自我，因身心俱疲的空虚感而产生绝望。

①美学阶段

第一阶段中绝望的人为了重拾振奋，基于自己的正义感为社会贡献力量，从而实现自我的阶段，就是**第二阶段**，称为伦理阶段。然而人类并不完美，很容易陷入自我中心，最终与社会的摩擦日渐强烈，从而再一次产生绝望。

❷伦理阶段

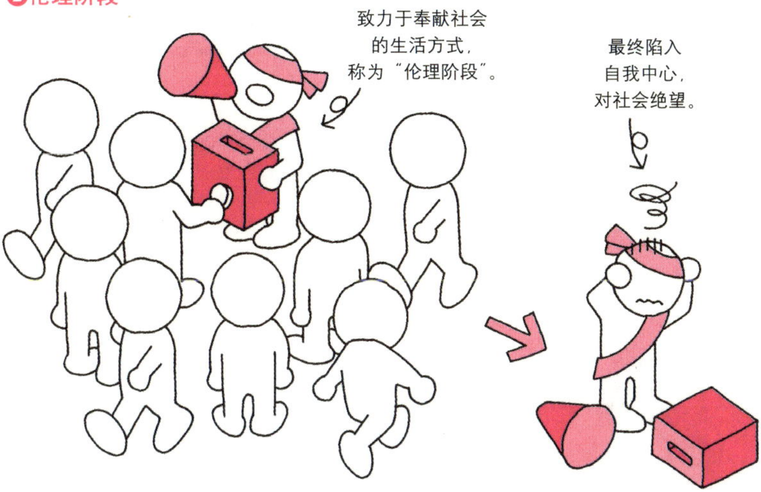

但人类通过这种绝望能够到达最终的阶段——宗教阶段。所谓**宗教阶段**，是指在神的面前，仅仅站着一个**孤独者**（P184）。

❸宗教阶段

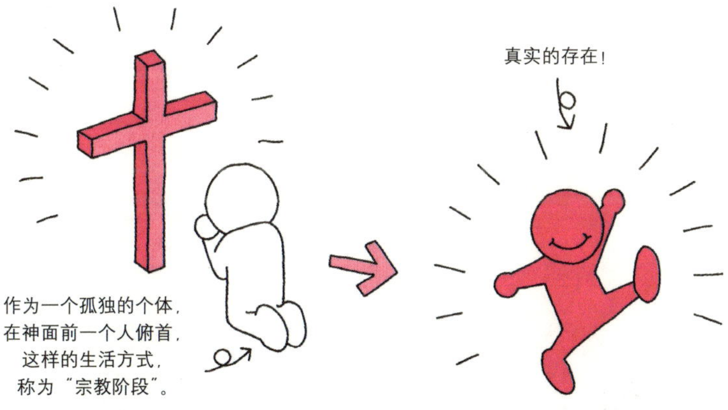

克尔凯郭尔认为，在绝望中同神直接对话的生活方式，让人类第一次找回了本来的自己。

（神的）看不见的手

文　献 ------------------------------ 亚当·斯密《国富论》
相　关 ------------------------------ 自由放任主义（P190）
备　注 ------------------------------ 在亚当·斯密的著作中，并未出现“神的”这样的字眼

随着英国工业革命的开始，资本主义经济开始在欧洲大陆蔓延。那么，资本主义的基本原理“通过自由竞争追求个人利益”能否为社会全体创造利益呢？

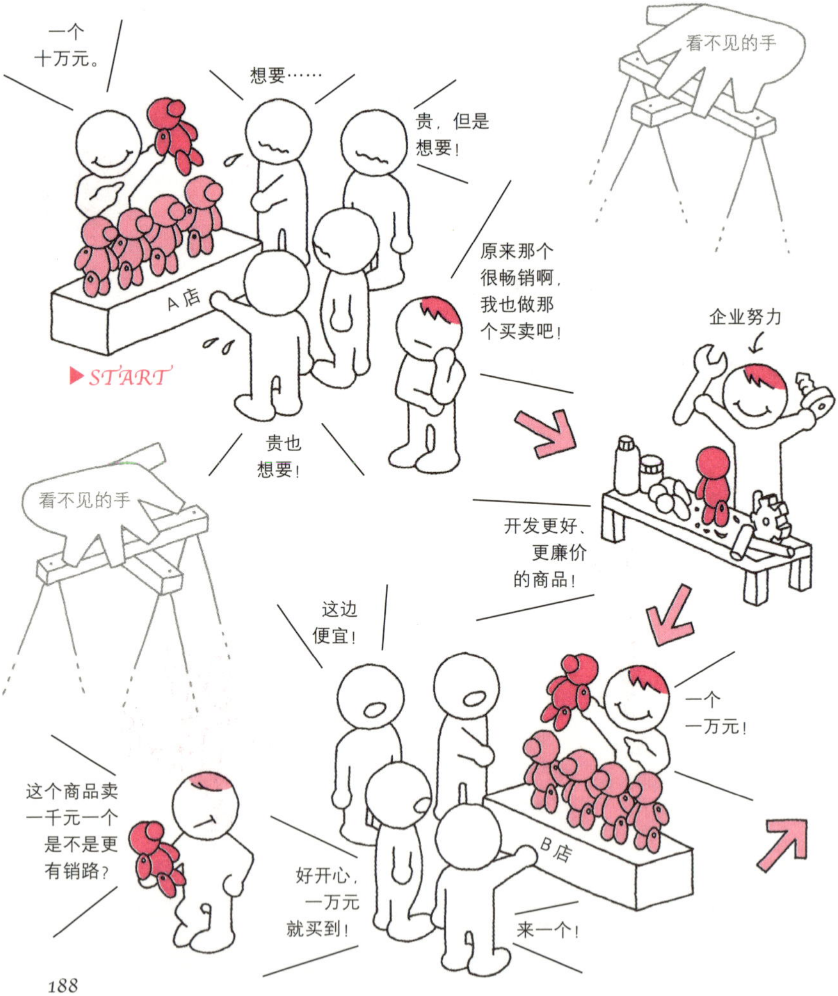

亚当·斯密的答案是肯定的。他认为，**（神的）看不见的手**会自然地把个人利益的追求导向众人的利益。所以，国家没有必要介入市场。

自由放任主义

文　献 ------------------------------ 亚当·斯密《国富论》

备　注 ------------------------------ 斯密的自由放任主义并非无视道德而只追求私利，因此不是单纯的市场原理主义

亚当·斯密认为，在自由的经济竞争之下，每个人追求个人利益，会受到**看不见的手**的引导，即便国家不介入，最终也会导向全社会的利益。这就是**自由放任主义**。

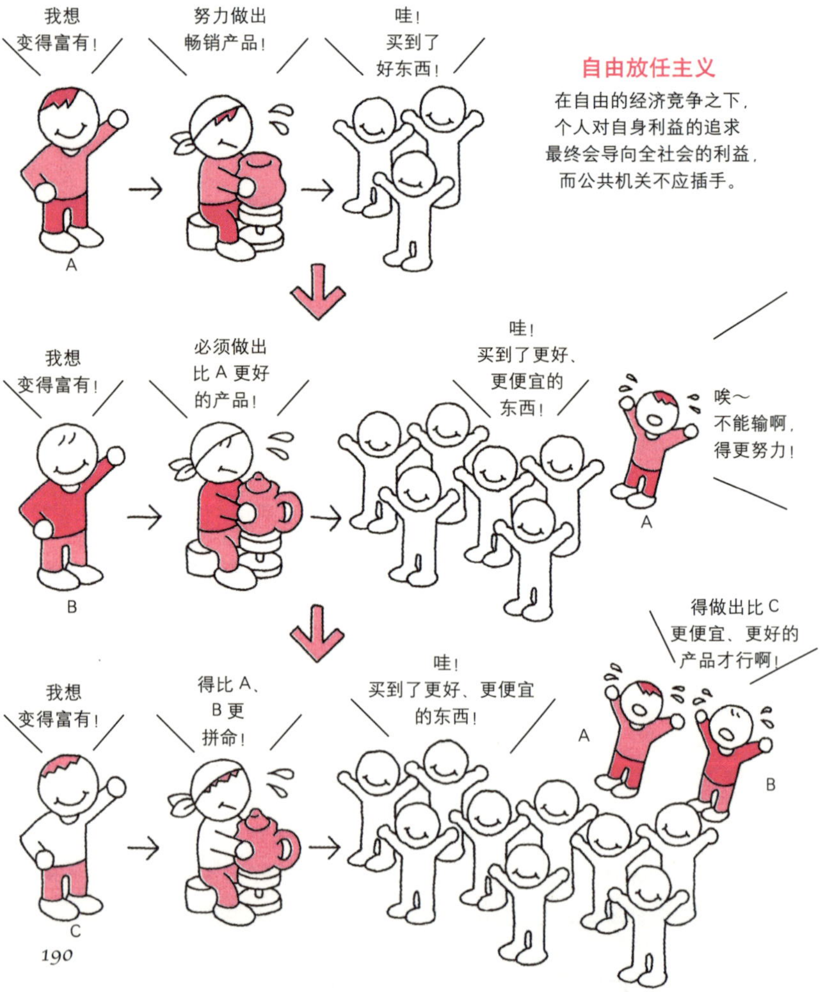

功利主义

含　义 ---- 以扩大社会全体的快乐和减少社会全体的痛苦为基准，进行道德或立法的判断

示　例 ---------------------------------- 边沁、密尔

备　注 ------------因为重视行为的结果，所以被称为“效果论”

边沁认为，人类是**追求快乐、躲避痛苦的生物**。

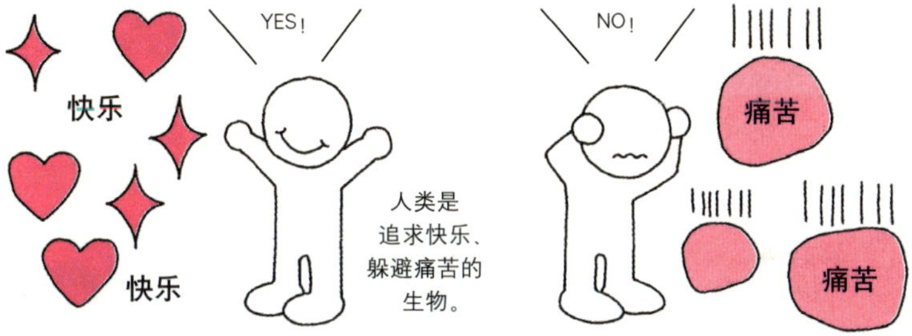

因此，他将与**快乐**相关的行为定义为**善**，与**痛苦**相关的行为定义为**恶**。像这样以能否带来**快乐**作为判断善恶的基准的观点，称为**功利主义**。

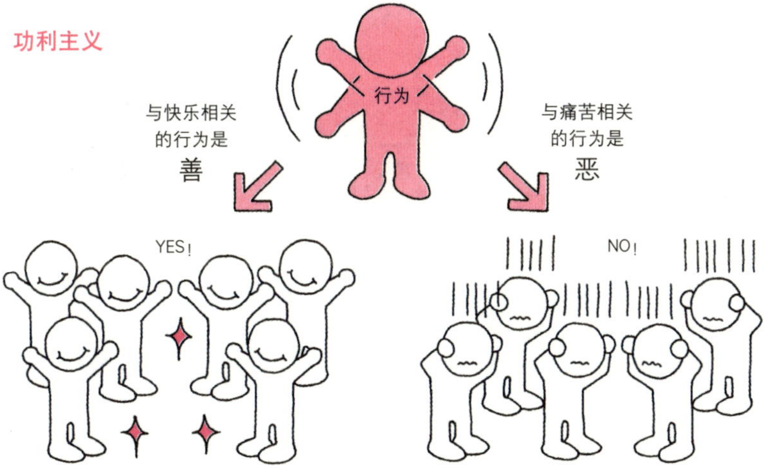

可以客观判断善恶的**功利主义**，在当代伦理学和政治学领域有着巨大的影响。

快乐计算

文　献 ---------------------- 边沁《道德与立法原理导论》

相　关 ----最大多数人的最大幸福（P193）、质的功利主义（P194）

备　注 -------------------------------- 边沁的快乐计算以强度、持续性、确定性、远近性等七个基准来计算

边沁认为，人类是追求快乐、躲避痛苦的生物。于是他对快乐和痛苦做了量化尝试。他以**强度、持续性、确定性**等视点来计算快乐，称为**快乐计算**。

快乐计算

以强度、持续性、确定性、远近性等视点
量化快乐的计算方法

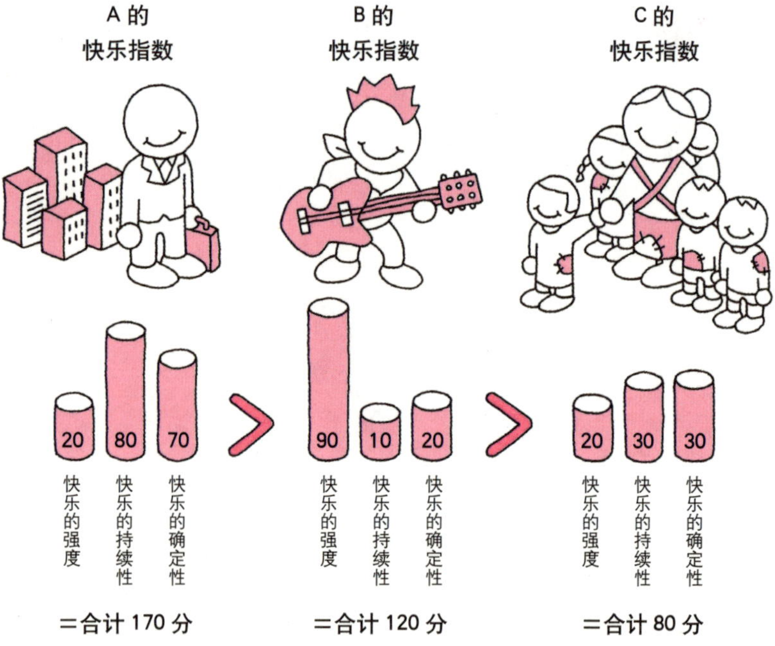

他认为，**快乐计算**分数高的人数越多，社会就越幸福。身居高位之人和升斗小民的分数可以同等换算，这种思想为民主主义的发展做出了巨大贡献。边沁曾说：**“一个人在计算时就等于一个人，谁也不能多数。”**

最大多数人的最大幸福

文　献 -------------------------- 边沁《道德与立法原理导论》
相　关 ------------------- 功利主义（P191）、快乐计算（P192）
备　注 -- 原文是 "the greatest happiness of the greatest number"

边沁认为，**快乐计算**（P192）分数总值越高的社会越幸福。

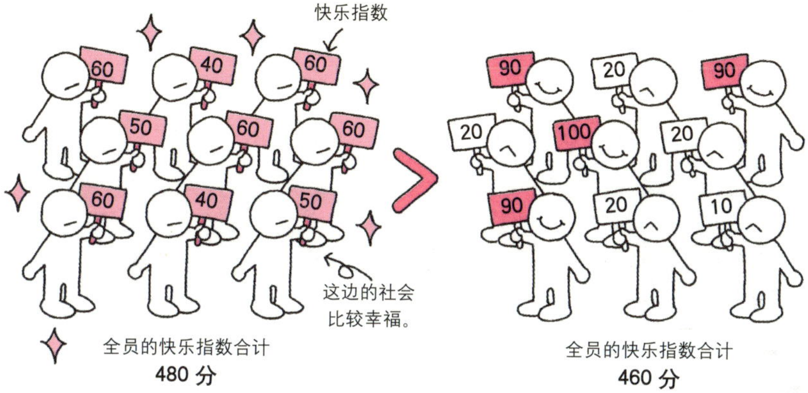

因此**边沁**认为，必须让更多的人拥有尽可能高的快乐指数，也就是必须保证**"最大多数人的最大幸福"**，并以此为立法基准。

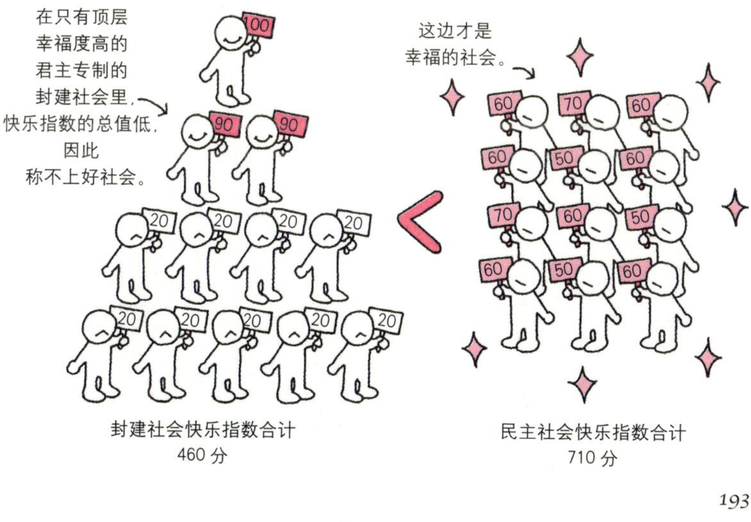

质的功利主义

含　义 ------------- 认为快乐也有高级和低级的质的差别的思想

文　献 ------------------------------- 密尔《功利主义》

相　关 --------------------- 最大多数人的最大幸福（P193）

密尔对**边沁**的**快乐量化**（快乐计算 P192）抱有疑问。因为他认为，快乐不仅有**量的**不同，还有**质的**差异。**密尔**这种重视快乐的**质**的思想称为**质的功利主义**。

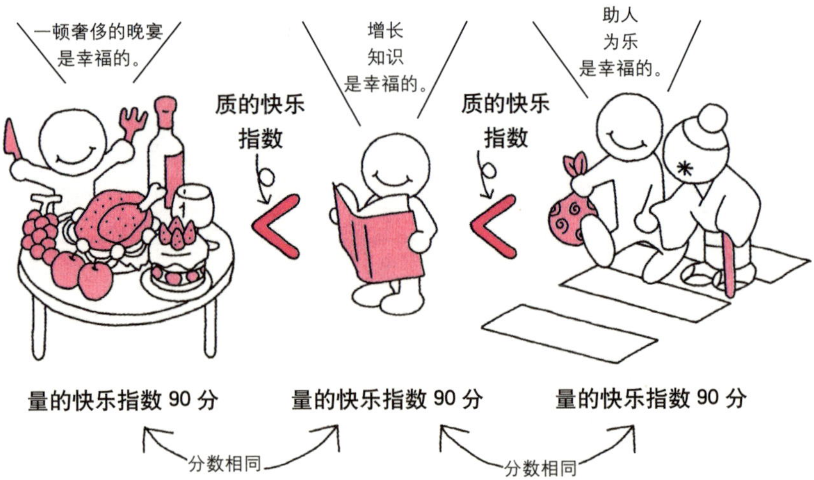

根据边沁的计算方法，不管品质如何，快乐度都是相同的分数。

密尔认为，精神上的快乐高于肉体上的快乐，而精神上的快乐需要凭借他人的幸福获得。他有一句名言：**“做一个不满足的人比做一只满足的猪好。”** 在这个信条下，将**功利主义**（P191）向更为理想的方向做了修正。

资产阶级｜无产阶级

文　献 ---------------- 马克思和恩格斯的《共产党宣言》等
相　关 --- 生产关系（P196）、（劳动的）异化（P198）、阶级斗争（P199）
备　注 --------- 在俄国，列宁以无产阶级专政的形式建立了苏联

亚当·斯密认为，个人自由地追求利益，**看不见的手**（P189）会引导其最终产生社会全体的利益。**马克思**认为，自由竞争会导致**贫富差距**，分化出**资产阶级**和**无产阶级**。

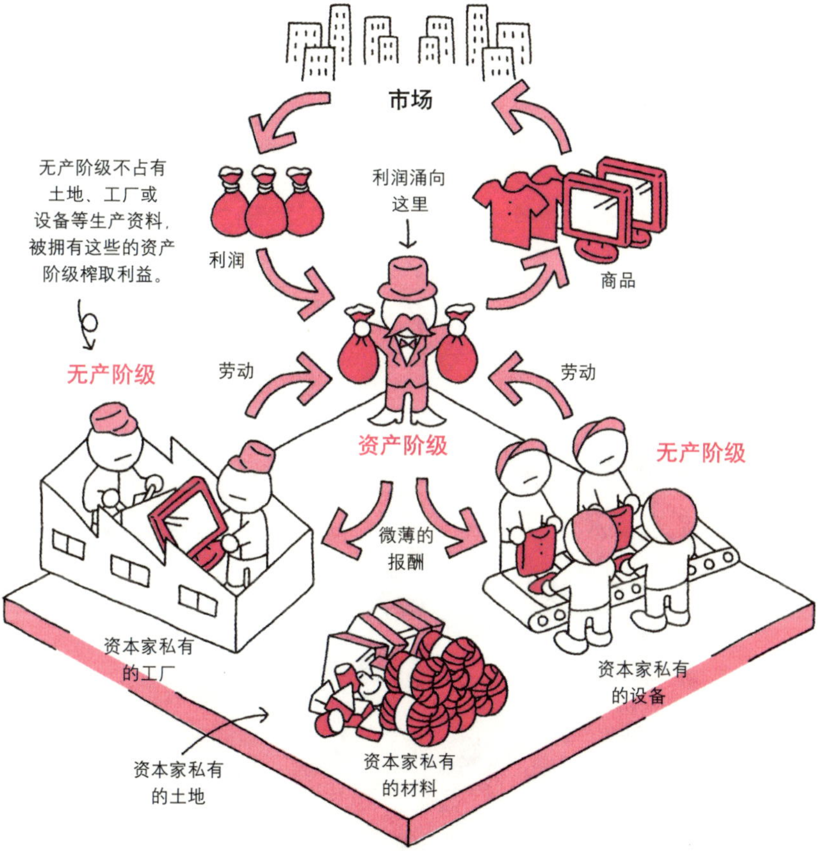

为了避免这种情况，**马克思**主张土地、工厂、设备等**生产资料**（P196）不应**私有**，而应**公有化**。

生产关系

文　献 ------------------------- 马克思《政治经济学批判》

相　关 ----------------- 阶级斗争（P199）、唯物史观（P202）、上层建筑｜经济基础（P200）

备　注 ------------------------- 生产关系这样的经济基础，决定了人们的意识（= 上层建筑）

人类为了生存，需要衣食住。生产与衣食住相关的产品所需的**设备、土地、原材料**等，被称为**生产资料**。正如**封建社会**中相对于**佃户**的**封建领主**，以及**资本主义社会**中相对于**无产阶级**的**资产阶级**，掌握**生产资料**的是**统治阶级**。这样以是否拥有**生产资料**而发生的上下级关系，称为**生产关系**。

各时代的生产关系

生产关系取决于该时代的技术水平。技术进步导致商品生产过剩，**被统治阶级**的地位提高，并努力从**统治阶级**治下独立出来，于是就进入了下一个**生产关系**的时代。

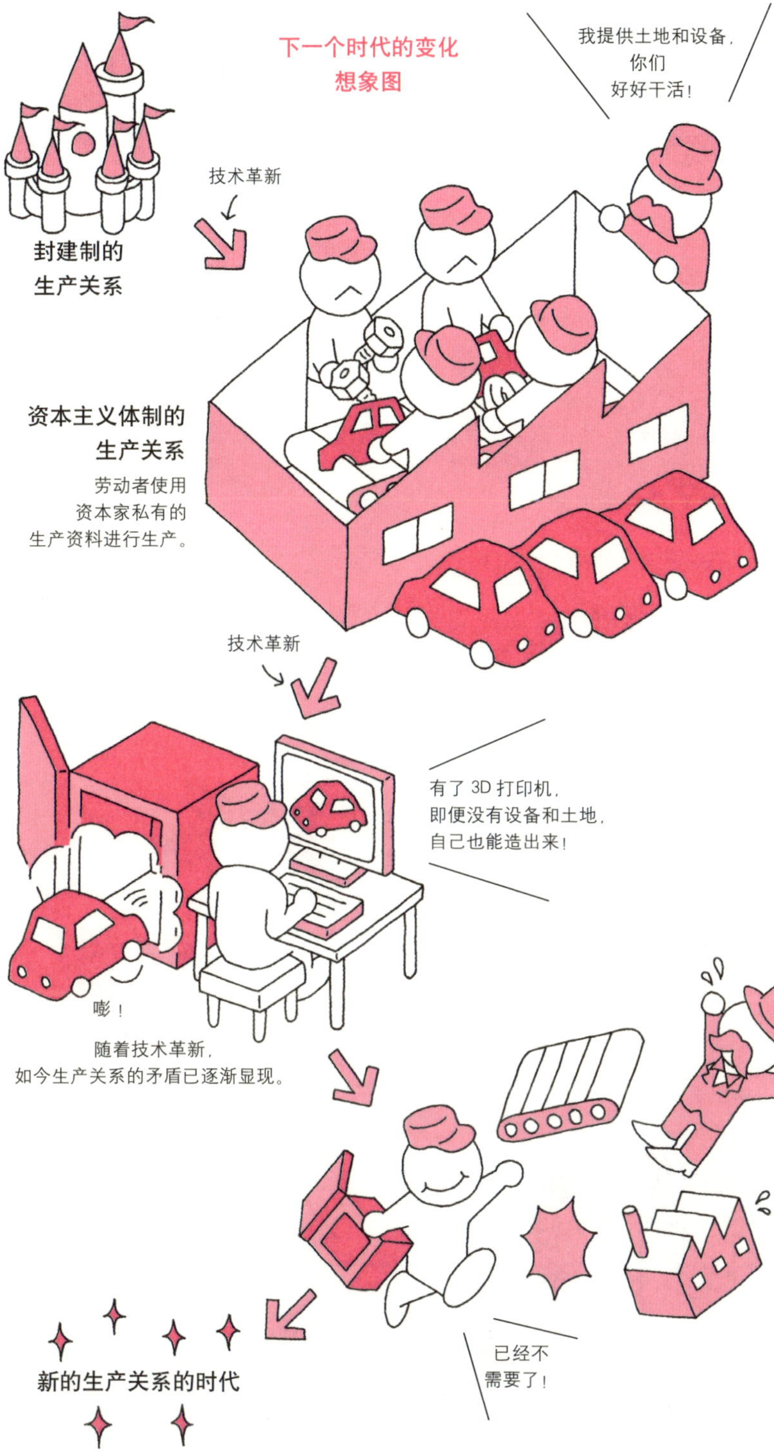

下一个时代的变化
想象图
我提供土地和设备，
你们
好好干活！
技术革新
封建制的
生产关系
资本主义体制的
生产关系
劳动者使用
资本家私有的
生产资料进行生产。
技术革新
有了 3D 打印机，
即便没有设备和土地，
自己也能造出来！
嘭！
随着技术革新，
如今生产关系的矛盾已逐渐显现。
已经不
需要了！
新的生产关系的时代

（劳动的）异化

文　献 --------------------马克思《1844 年经济学哲学手稿》

备　注 ----------------------马克思将劳动的异化分为四类：工人与他的“类本质”的异化、工人之间的异化、工人与其劳动产品的异化、工人与其劳动行为本身的异化

为了满足人类的衣食住需求，生产不能停止。**马克思**主张人类的本质是**劳动**。劳动不仅仅是生活的手段，更是在同他人的社会生活中表现自我的令人喜悦的活动。但在资本主义体制之下，不拥有**生产资料**（P196）的劳动者受到追求利润的资本家的摆弄，本来快乐的劳动变得痛苦。马克思将这种现象称为**（劳动的）异化**。

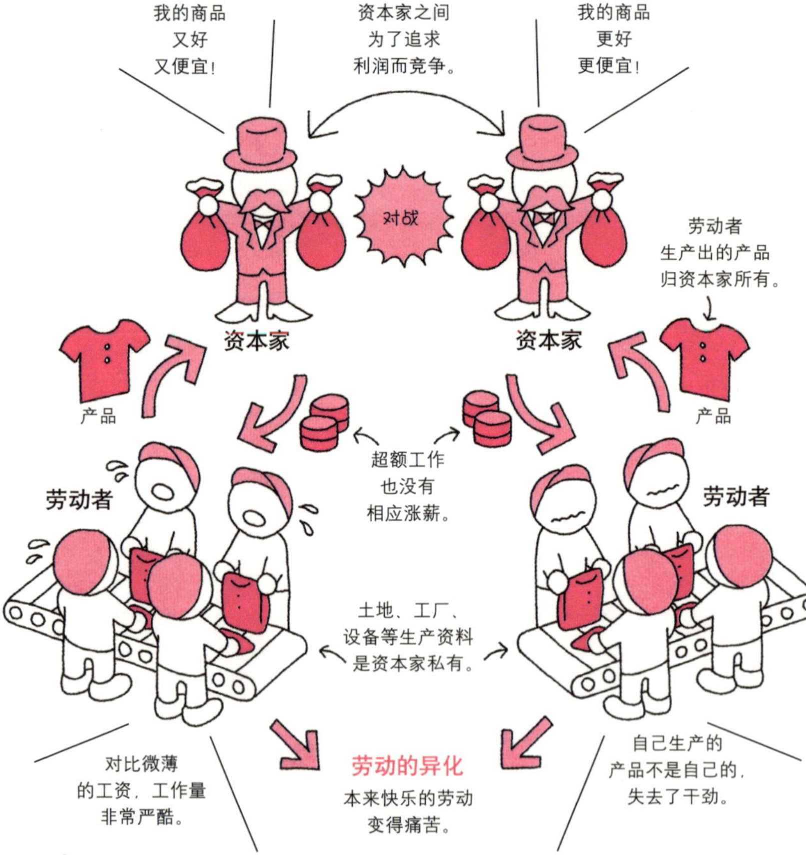

阶级斗争

文　献 --------------------马克思和恩格斯《共产党宣言》等

相　关 ----------------------- 资产阶级 | 无产阶级（P195）、生产关系（P196）、唯物史观（P202）

备　注 ----因为社会主义不存在阶级之分，所以不会引发阶级斗争

马克思认为，**生产关系**（P196）一旦形成，统治阶级为了维持该制度，就会将其固定化。但**生产力**（产品的供给能力）随着技术的革新而不断发展。如此一来，固定化的**生产关系**则会阻碍日益增长的**生产力**的发展。这种**生产力**和**生产关系**的矛盾最终会引发**阶级斗争（社会革命）**，从而诞生新的**生产关系**。

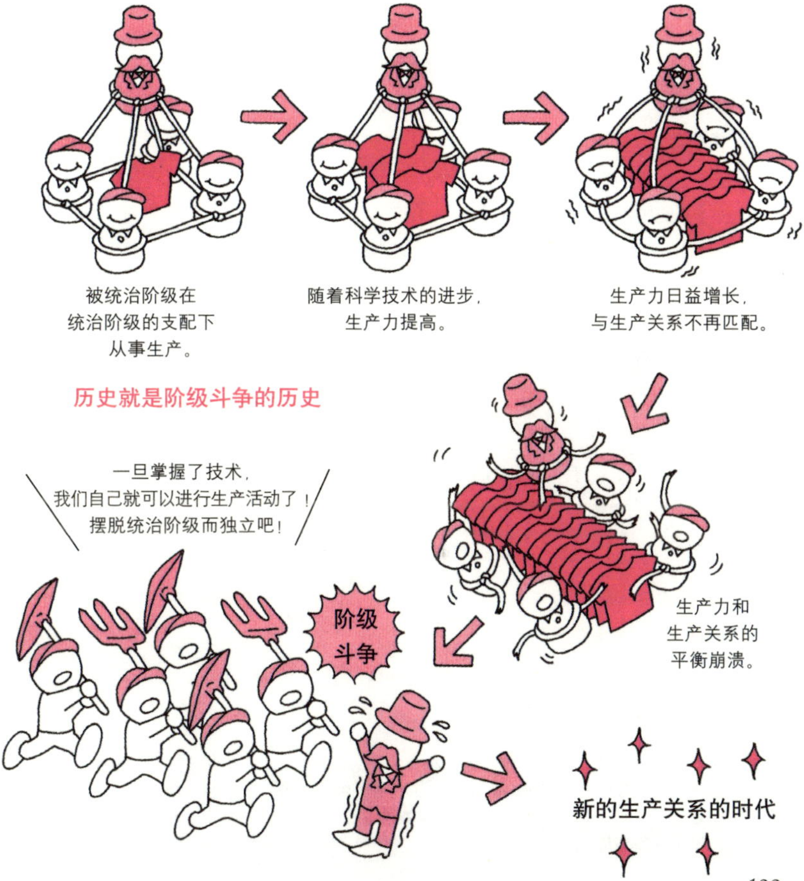

上层建筑 | 经济基础

文　献 ---------------------------马克思《政治经济学批判》
相　关 ---生产关系（P196）、意识形态（P201）、唯物史观（P202）
备　注 ---------------------例如日本的经济基础是资本主义，上层建筑是民主主义

马克思将各时代**生产关系**（P196）带来的经济结构称为**经济基础**，将法律、政治制度或宗教、艺术、学问等文化称为**上层建筑**。含有人类意识的**上层建筑**由物质的**经济基础**决定。

上层建筑（精神的东西）
法律、政治制度等思考方式，或宗教、艺术等文化，称为“上层建筑”。

经济基础（物质的东西）
各时代生产关系（P196）带来的经济结构称为“经济基础”。时代是封建时代，是资本主义时代，还是社会主义时代？或者自己富裕还是贫穷？由这些条件所构成的经济基础决定人类意识的上层建筑。例如，“奢侈”在社会主义社会被认为是破坏平等，在资本主义社会则被认为是心灵丰足的表现。可见，并非人的意识决定经济结构，而是经济结构决定人的意识。

意识形态

文　献 ------------------马克思和恩格斯《德意志意识形态》、马克思《政治经济学批判》

相　关 ---------生产关系（P196）、上层建筑｜经济基础（P200）

备　注 ---------------- 一般指“支撑某种立场的思想或信条”

马克思认为，人类的思考不由意志决定，而是由同时代的**经济基础**（P200）决定。例如，在中世纪封建社会，赚钱是背叛神的恶行，但在资本主义体制下，在结构上是理所当然的，并不是恶行。

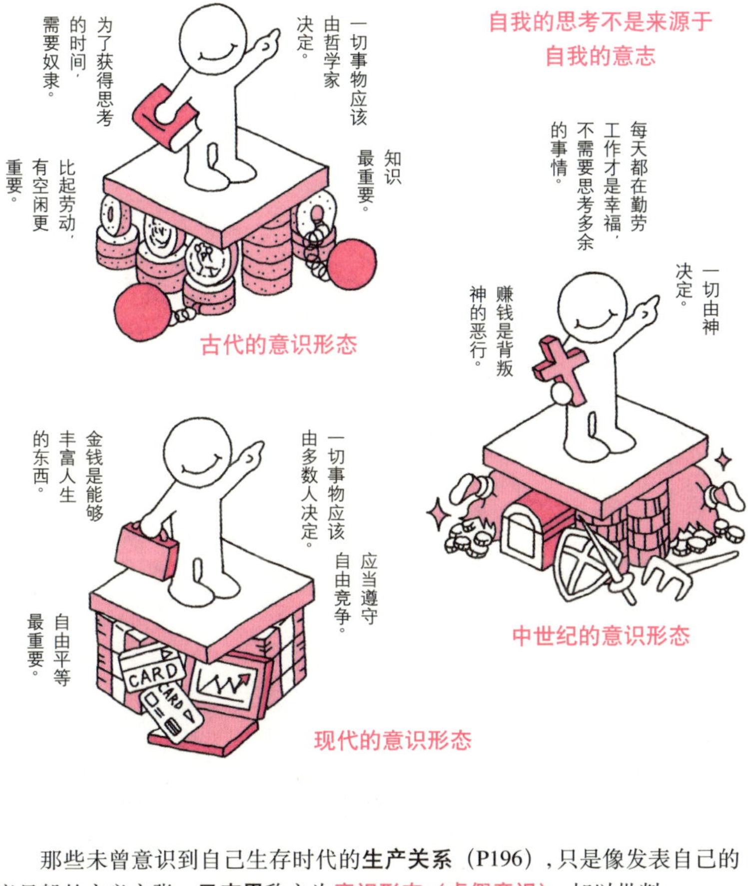

那些未曾意识到自己生存时代的**生产关系**（P196），只是像发表自己的意见般的主义主张，**马克思**称之为意识形态（虚假意识），加以批判。

唯物史观

文　献 ------------------------- 马克思《政治经济学批判》

相　关 -------- 生产关系（P196）、上层建筑｜经济基础（P200）、意识形态（P201）

备　注 ------- 根据唯物史观，共产主义革命应该发生在资本主义发达的国家，但事实上发生于资本主义并不发达的俄国

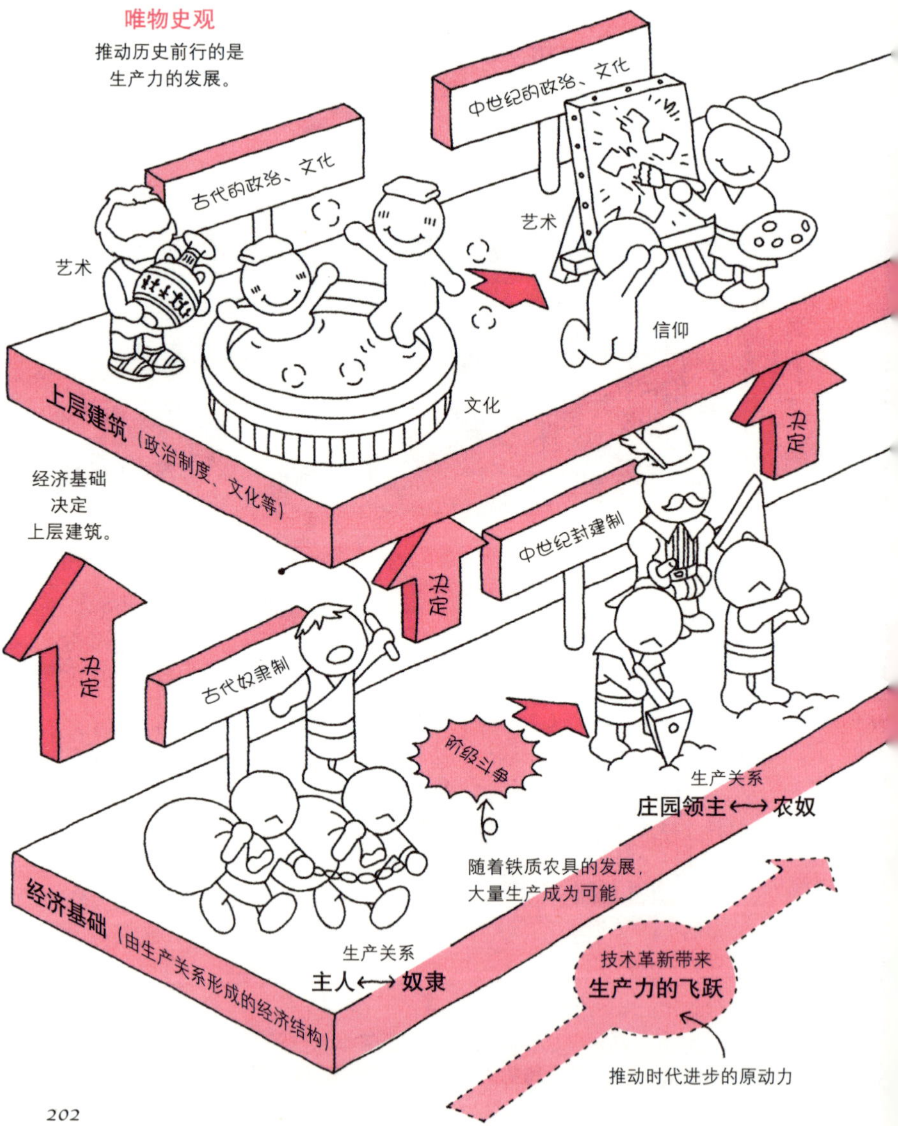

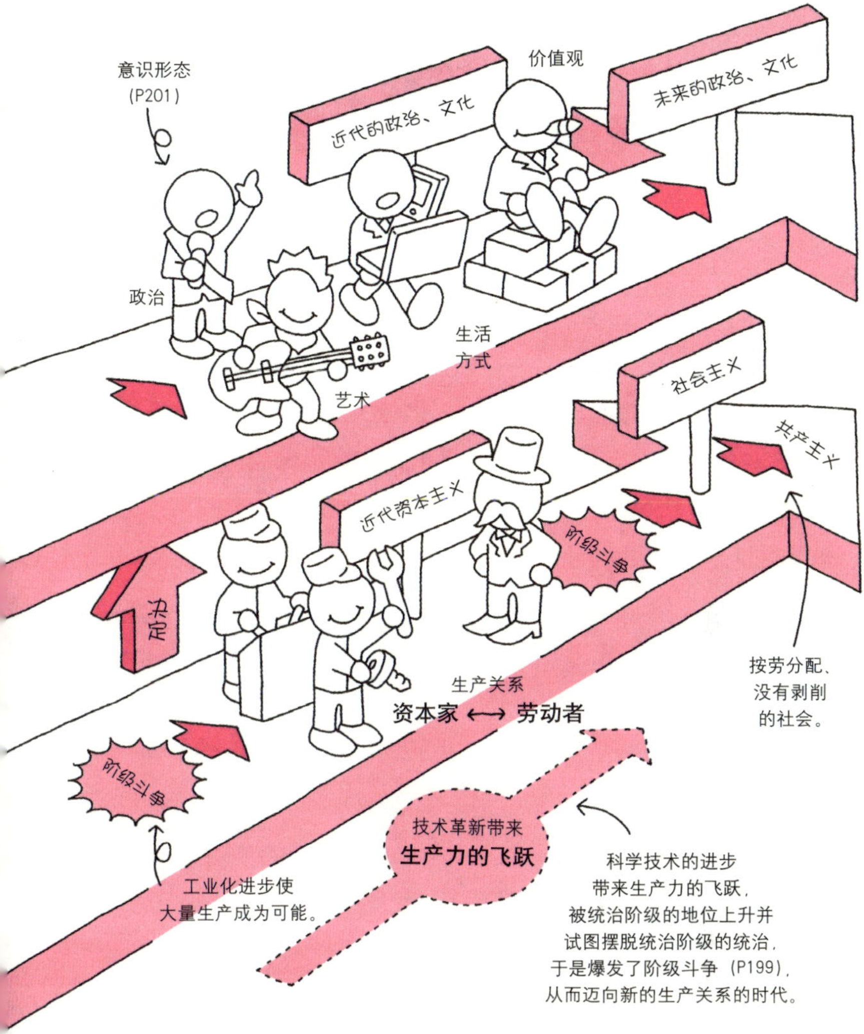

黑格尔认为人类的意识推动**历史**（P176）前进，**马克思**则主张历史发展的动力并非意识这样的精神，而是物质**（唯物史观／历史唯物主义）**。人类为了满足衣食住的需求，必须不断生产。因为这样持续的**生产活动**，人类会建立与当代技术水平相称的**生产关系**（P196）。然后，以**生产关系**为**基础**（经济基础 P200），**政治制度和文化**（上层建筑 P200）得以确立。接着，由于技术的进步，**生产力**提高，过去的**生产关系**不再适应，就产生了**阶级斗争**（P199）。**马克思**认为，时代将按照**奴隶制→封建制→资本主义→社会主义→共产主义**的顺序向前推进。

唯心主义

备　注 --------即使同属于唯心主义，但对于存在的认识却不同。有的像柏拉图的理型论那样，认为人类无法直接认识；有的则认同贝克莱，认为存在是人类直接感知的感觉或观念

世界不过是理型的呈现。(P046)

柏拉图
(P022)

世界是被我们感知而存在。(P126)

贝克莱
(P095)

我只是一束知觉，没有实体。(P128)

休谟
(P095)

世界由单子构成。(P120)

莱布尼茨
(P097)

宇宙是一个具有精神的生命体。

谢林
(P149)

绝对精神推动历史向前。(P177)

黑格尔
(P150)

认为构成世界的本原不是物质而是精神的观点，被称为唯心主义。**柏拉图**和**黑格尔**是**唯心主义**的代表。

唯物主义

备　注 ---------------------------------- 唯物主义认为，心灵和意识的活动都可以用大脑活动来说明。但现代哲学或思想中对于“何为心灵”“何为意识”这样难以解答的问题仍在持续讨论

认为构成世界的本原不是精神而是物质的观点，被称为**唯物主义**。**德谟克利特**和**马克思**是**唯物主义**的代表。

虚无主义

含　义 ------------------------------ 否定一切既有价值的立场
文　献 ------------------------------ 尼采《权力意志》
相　关 ------------------------------ 权力意志（P212）

工业革命之后，工业化导致了环境公害、景观破坏和繁重劳动等诸多新问题。一直以来，人们深信文明的进步会给全人类带来幸福，但越来越多的人开始对此产生怀疑。

基督教也愈发与理性的近代文明不相容，影响力日渐消退。曾以基督教道德为基准的人们开始失去心灵的寄托。

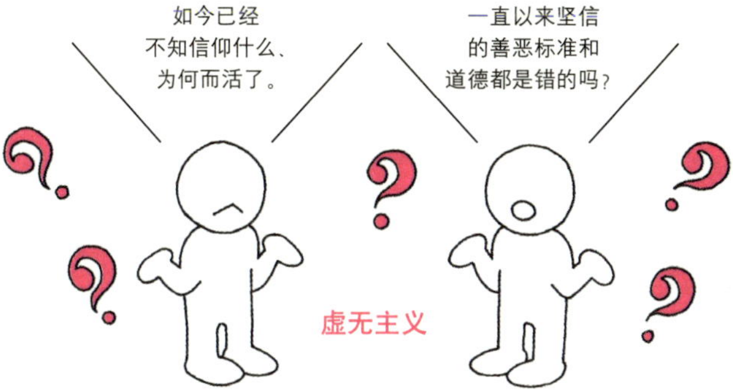

尼采确信人类迷失自身行为目的的**虚无主义**时代已经降临，宣称**“上帝已死”**。**尼采**认为虚无主义分为两种：在这样的时代中自行创造新的价值的生存方式——**主动虚无主义**；由于既有价值的崩坏而丧失生存力量的生存方式——**被动虚无主义**。

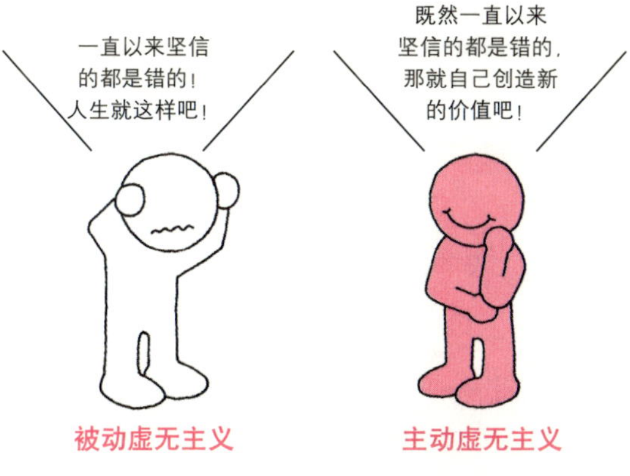

怨恨

文　献 ------------ 尼采《道德的谱系》
相　关 ------------ 奴隶道德（P210）
备　注 ------------ 尼采用以表达弱者怨恨强者的心理

弱者将自己无法企及的强者定义为**恶**，以求心安，**尼采**称这种心理为**怨恨**。好比贫苦之人视富裕为恶行，以求精神上的优越性。

怨恨

弱者以自己为善，以强者为恶，
从而求取精神上的优越性。
弱者的这种特性促成了基督教的壮大。

尼采认为，基督教将人们心中的怨恨以**“道德”**一词来表现，加以正当化，从而使基督教爆发性地被接受。

尼采认为的基督教壮大的过程

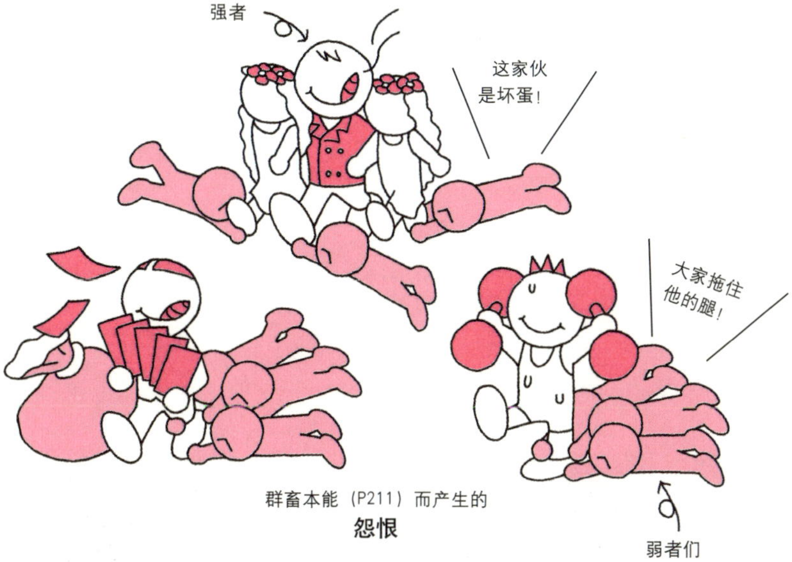

群畜本能（P211）而产生的
怨恨

捏造了弱者为善、强者为恶的
价值观。

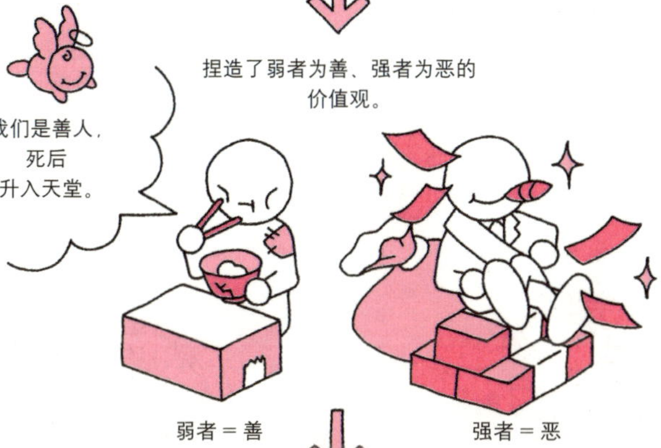

将弱者的怨恨捏造出的价值观称为“道德”
的基督教，以此开始了爆发式壮大。

奴隶道德

文　献 ------------------------------尼采《道德的谱系》

相　关 ------------------------------------怨恨（P208）

备　注 ------------------尼采提倡贵族主义的“主人道德”，否定“奴隶道德”

达尔文认为，自然界的生物通过优胜劣汰进行进化，这过程中没有**善恶**的**道德**之分。生命力强的花草通过驱逐生命力弱的花草以壮大自身，这并不能称为**恶**。

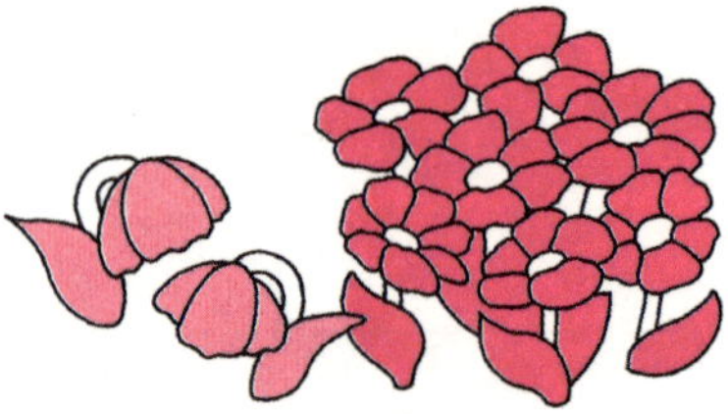

生命力强的花草
通过驱逐生命力弱的花草
以壮大自身。

海狗
通过地盘之争
以延续种族。

自然界有强弱，
但没有善恶。

不存在弱者善、强者恶的
图景。

食肉动物
捕食食草动物。

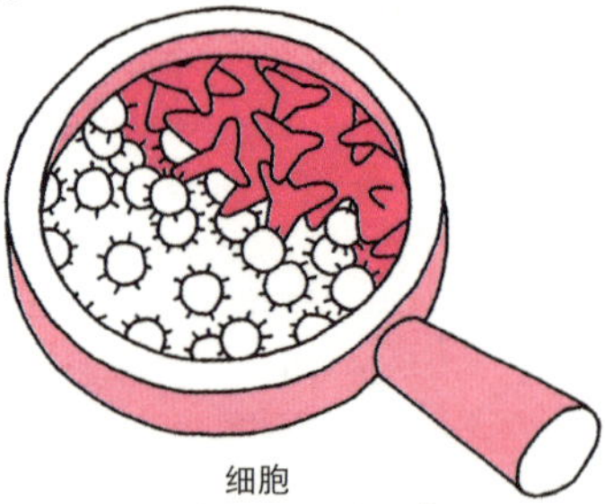

细胞
也是通过战胜弱小的细胞
来增殖。

然而，人类社会当中往往视才华横溢、体魄强健的**强者为恶**，视**弱者为善**。为什么只有在人类社会存在这样的价值观呢？

尼采的理论当中，人类的弱者集结在一起，给以实际力量无法抗衡的强者强贴上“没有同情心”或“欲望太过强烈”的标签，从而带给自己精神上的优越（怨恨 P208）。弱者的**群畜本能**捏造了这样的道德价值。

奴隶道德

人类社会存在着强者恶、弱者善的道德。

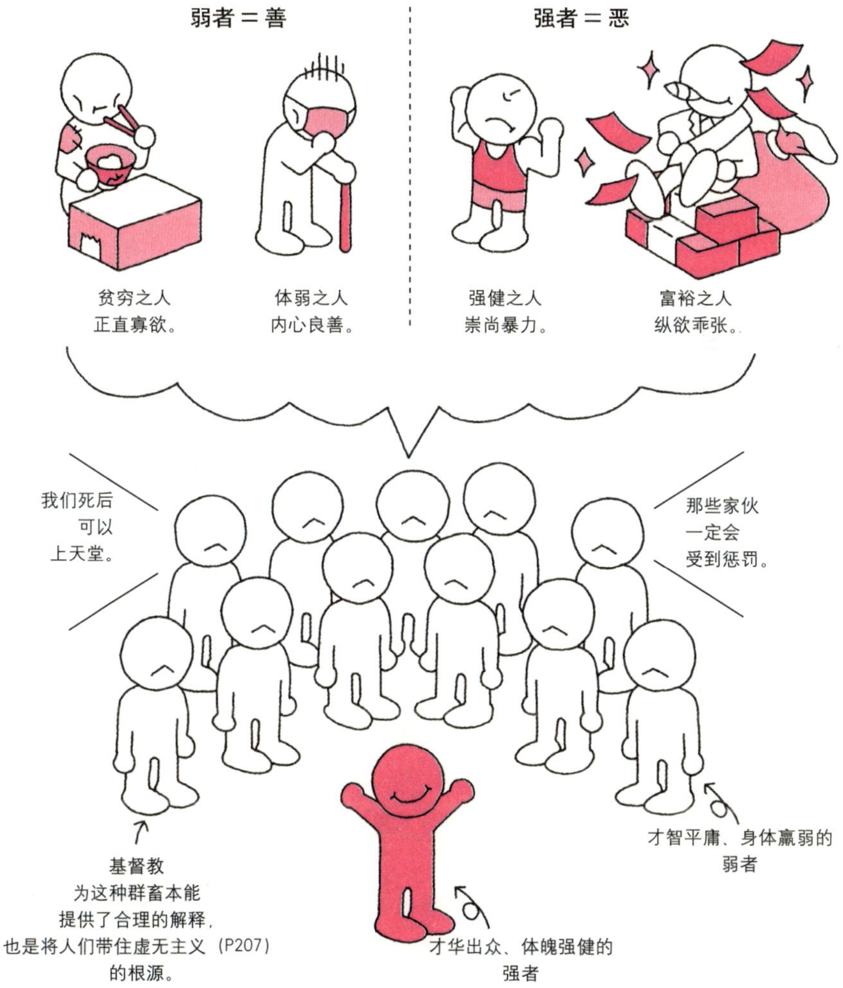

道德是大多数弱者为了抵抗少数强者而产生的生存本能。**尼采**认为，基督教正是迎合了这种本能才得以爆发式壮大。他主张基督教所说的道德在于将原本的价值推翻，是**奴隶道德**。

权力意志

文　献 ----------------------------------尼采《权力意志》

相　关 ------ 虚无主义（P206）、观点主义（P213）、超人（P216）

备　注 ------------------------尼采的“权力意志”思想中，可以看到叔本华哲学的影响

尼采认为，人的行为原理是**权力意志**。希望取得强势的心态成了一切感情和行动的基础。**尼采**说，人们的喜怒哀乐都是因为自己的力量受到承认或贬损。

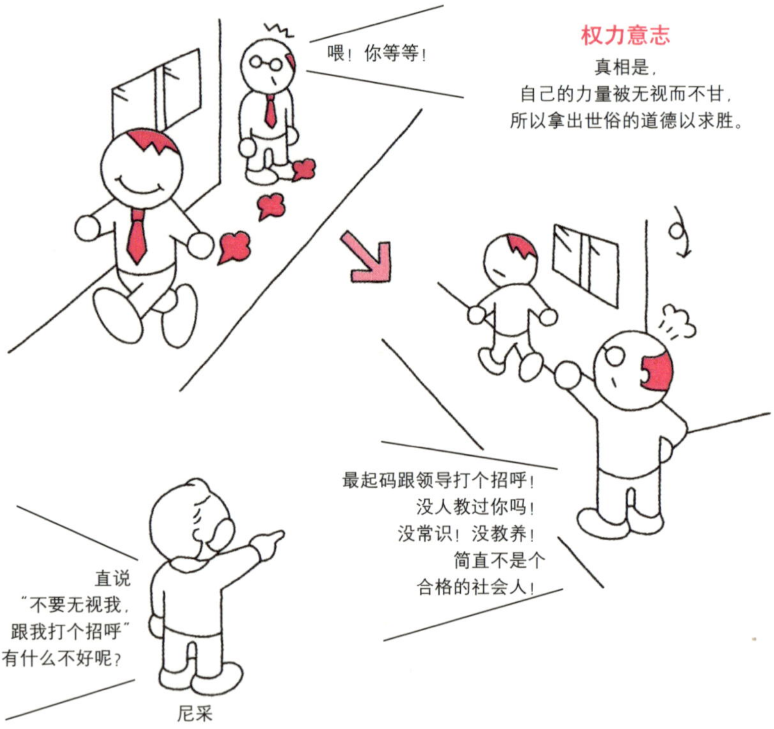

领导因为部下没打招呼而怒骂“没有常识”。**尼采**认为，领导并非因为部下缺乏常识而动怒，只是因为自己被无视而不甘。搬出那些煞有介事的大道理的背后，其实隐含着渴望取得强势的**权力意志**。

观点主义

含 义 ------------------------ 认为不可能有客观的认识，各自的立场条件会导致各自认识方式的不同

文 献 ------------------------------ 尼采《权力意志》

相 关 ------------------------------ 权力意志（P212）

猫眼中的山水和人眼中的山水是不同的。对于世界的理解，往往认为人类比猫“高级”，但这种“高级”也无非人类特有的思考方式而已。世间若没有了人类，自然也不存在高低级之分。**尼采**称，世上并没有客观事实，有的只是人类的解释。

观点主义

同样的景色，三个人来看就有三个消失点。
（价值也有三个）

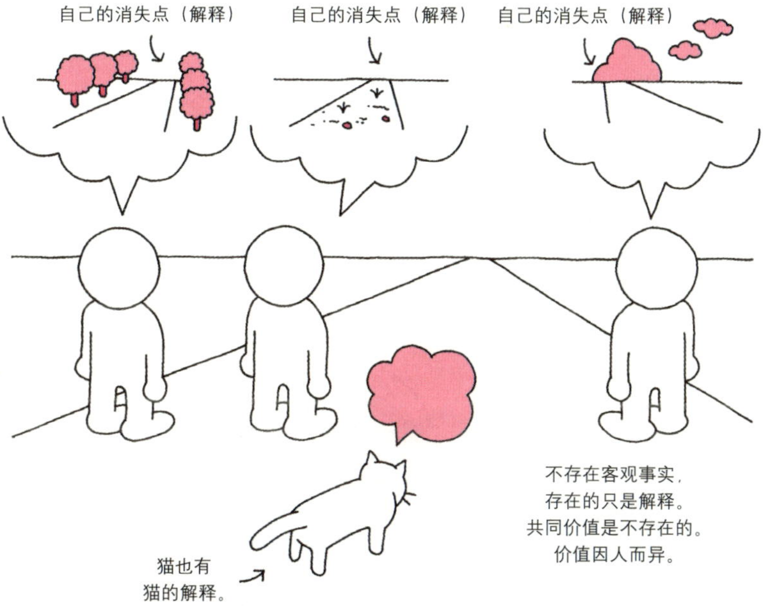

世间是不存在普遍价值的。正如观看同样的景象却看到了不同的消失点一样，价值观也是因人而异的。这种思想被称为**观点主义（透视主义）**。

永恒轮回

文　献 ------------------------尼采《查拉图斯特拉如是说》

相　关 ---------------------虚无主义（P206）、超人（P216）

备　注 -----------相传尼采在瑞士的席尔瓦普拉纳湖畔散步时，想出了永恒轮回的思想

抓一把石块撒向地面，在反复抛撒后，石块的分布总会有一次同之前某一次重复。如果无限重复抛撒这一行为，应该会出现多次重复的分布。

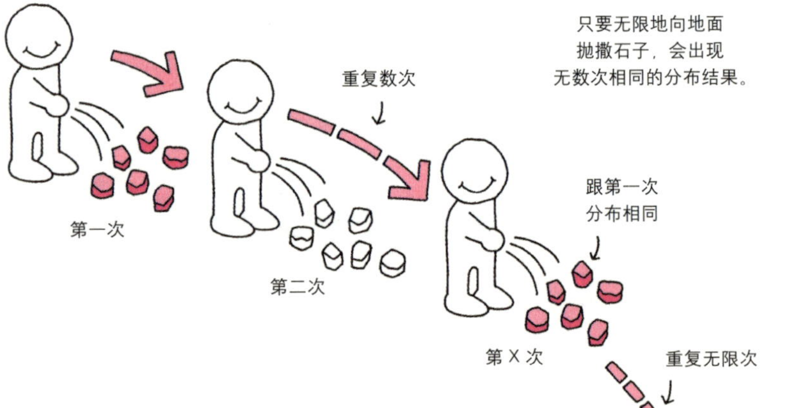

据说原子有一百种左右，其排列组合构成了世间万物。我们的世界就是由原子排列组合构成的。

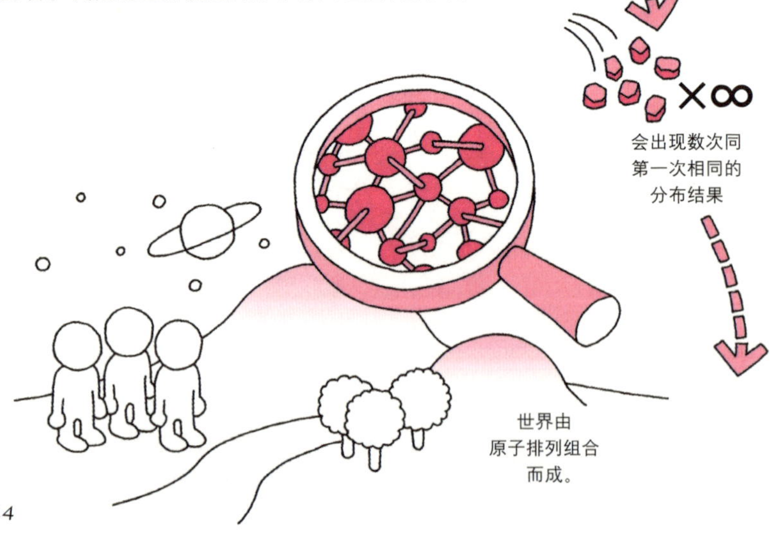

在事物变化前后，原子的种类和数量不变，但时间是无限的，因此像抛撒石块的例子一样，在无限的时间长河中，和我们现在生活的这个世界一模一样的世界未来会出现无数次，过去也一定出现过无数次。

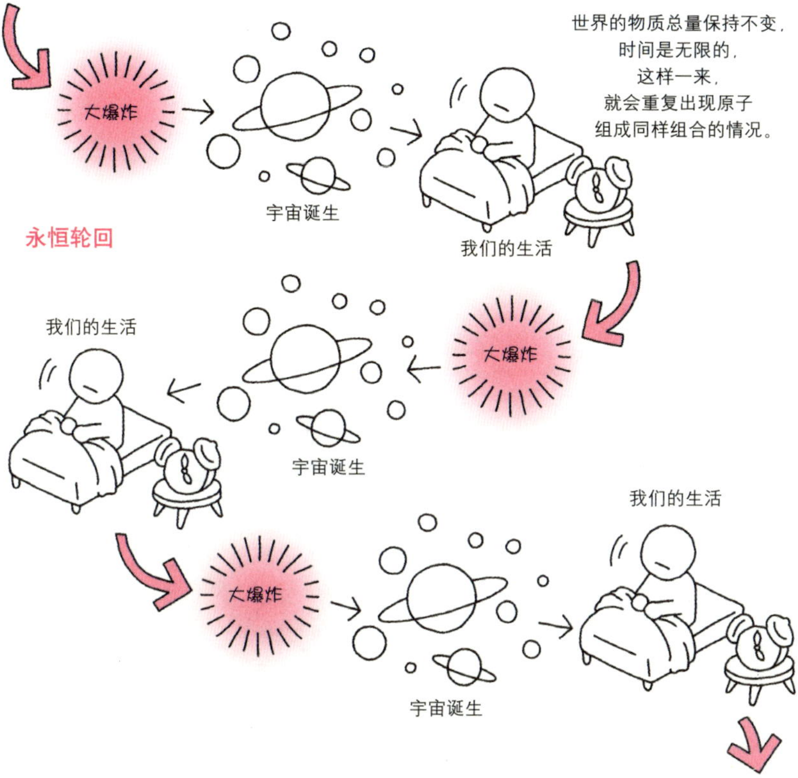

这样一来，时间就呈圆环状运动，历史没有进步或前进，有的只是变化。**尼采**称之为永恒轮回。

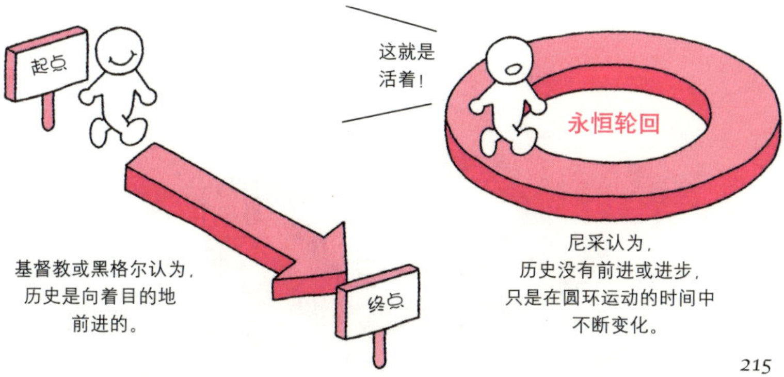

超人

文　献--------------------------尼采《查拉图斯特拉如是说》
相　关-----------------虚无主义（P206）、永恒轮回（P214）
备　注-----------------------同超人相对立，缺乏创造力，仅仅追求活着的人，被尼采称为"末人"

黑格尔（P150）认为，人类有着共同的目标，**历史**（P176）朝着这个目标不断进步前行。但**尼采**认为，在上帝已死的**虚无主义**（P207）世界中，人类丧失了朝着目标活下去的气力，转而只求懒散地活过每一天。对**尼采**来说，我们每天仅仅是在圆环运动的时间当中活着而已。

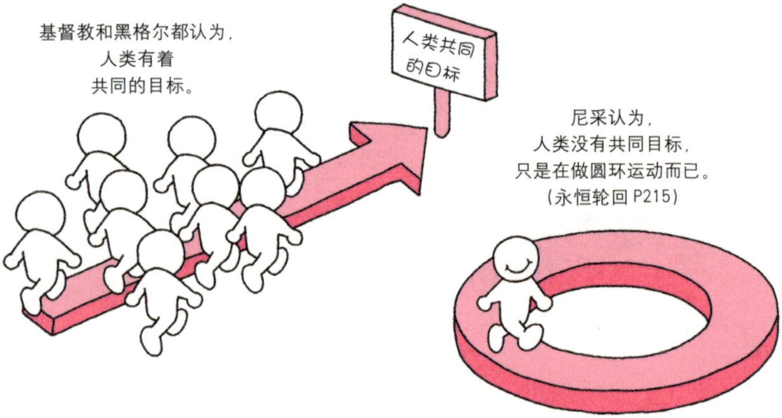

但**尼采**对**永恒轮回**（P215）也持有肯定态度。因为他认为我们可以不再拘泥于既有的价值观，可以自由决定自己的目标。

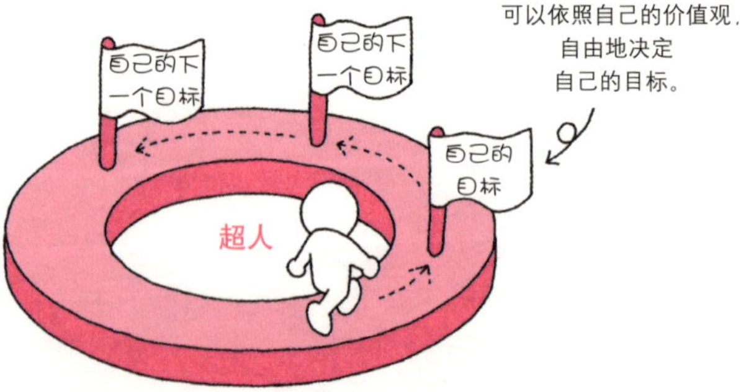

尼采将能够积极地接受**永恒轮回**，抱有“这就是活着呀，那么就再经历一次”（命运之爱）的想法，挣脱旧价值的泥淖，创造出新价值的人称为**超人**。在他看来，**超人**是真正意义上自由存在的人。

超人总能以奇思妙想来创造新的价值。（例如即使打破犹太教教义也要贯彻自我信条的耶稣基督，就是创造了新价值的超人。尼采猛烈抨击基督教，但并未否定耶稣基督本人。）

尼采认为，受**奴隶道德**（P211）束缚的人起初是无法理解**超人**的，但**超人**以其奇妙超群的思想，为丧失既有价值的苦闷的**虚无主义**（P207）世界打开了一个通风孔。

超人起初是不被理解的，
但超人以其独特的思想
为苦闷的世界打开了一个通风孔。

在下一个到来的没有**怨恨**（P208）的世界里，**超人**们将如孩童般无忧无虑地生活。

下一个到来的世界没有怨恨。

人人都有自己的价值。

实用主义

含　义 ------------------------------ 以经验的结果来判断知识是否为真理的哲学态度

示　例 ---------------------------- 皮尔士、詹姆斯、杜威

备　注 ------------------------- 现在已发展成“新实用主义”

皮尔士认为，“关于某事物的知识”就是“知道对该事物采取什么样的行动（行为）后会引发某个结果的知识”。比如说我们“知道”“冰”，并非“知道”“冰本身”，而是“知道”“冰的触感极凉”“冰遇热会融化”这些事情。即便形状和材料都是“冰”，如果摸起来不凉，就不是“冰”。

所谓知识，是对结果的预测。

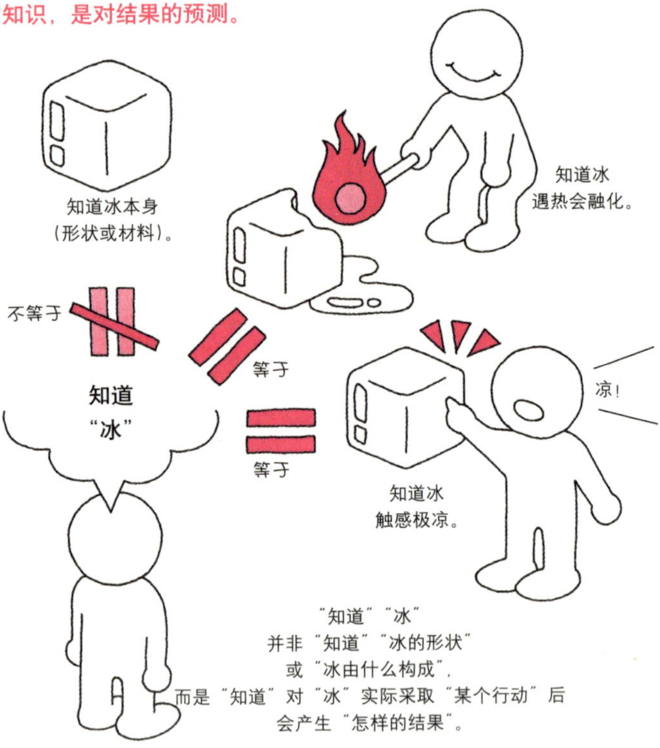

关于某事物的知识，就是能够**预测**对某事物（实际可验可证）采取某些**行动**后的**结果**。

将**皮尔士**这种把知识和**行为**结果联系在一起的思考进一步发扬光大的，是他的好友**詹姆斯**（P154）。**詹姆斯**认为，只有以某个知识为基础，采取行动后的结果是**有用**的，那才能成为**真理**，这被称为**实用主义**。**杜威**（P154）则认为，知识本身不具有价值，必须成为对人类**有用**的**工具**才有价值，提倡**工具主义**。

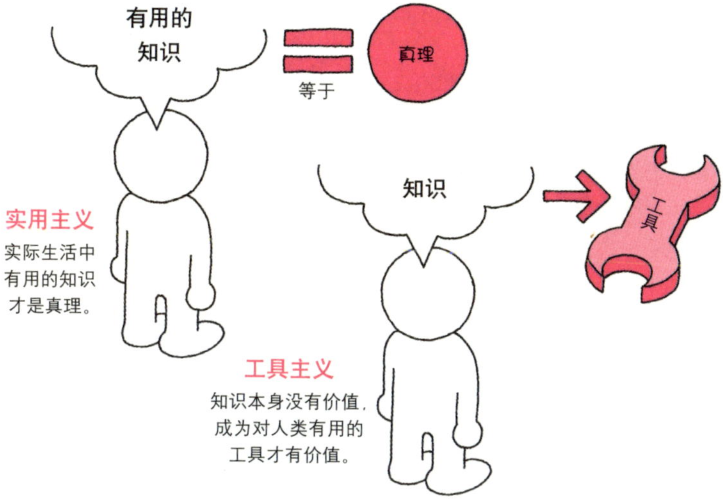

知识是效果的预测，而且该知识须对人类有用才可成为真理，这一立场被称为**实用主义**。

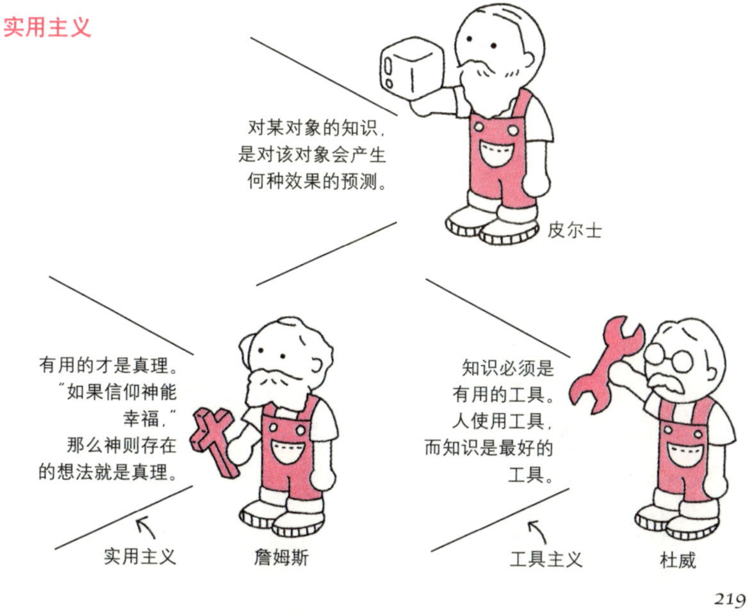

潜意识

文　献 ----------------------弗洛伊德《精神分析入门》等

对应词 -- 意识

相　关 --------本我｜自我｜超我（P221）、集体潜意识（P223）

备　注 ----------------也有人批判潜意识不是一个科学的概念

笛卡尔提出“**我思故我在**”（P109）之后，一般认为**自我**就是自己的**意识**，而意识能够以**理性**掌控成为哲学的常识。但**弗洛伊德**提出，人的大部分行动是由理性无法掌控的**潜意识**所支配的。

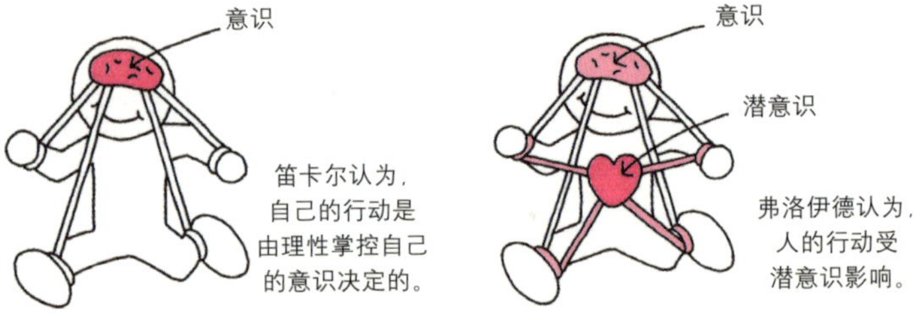

个人想要忘却的记忆深入到意识无法触及的部分，平时是被压抑着的。虽然这些记忆平时没有被意识到，但一旦因某种契机显化之后，就会变成不安，甚至导致神经衰弱。

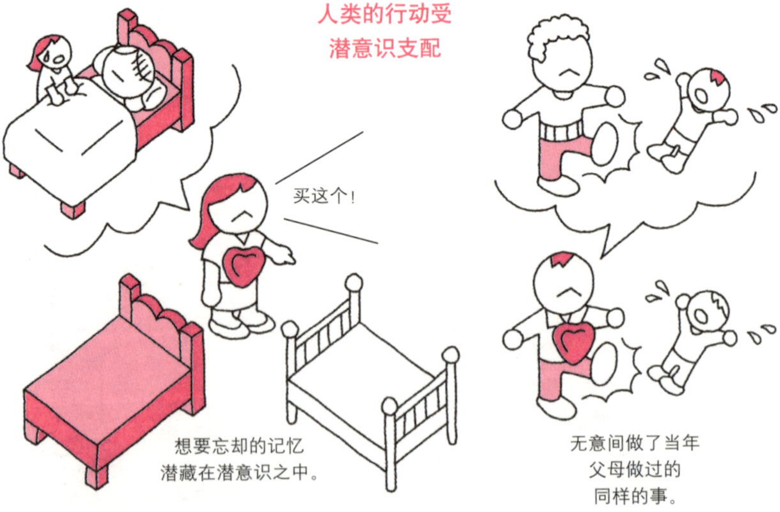

本我｜自我｜超我

文　献 ----------------------------弗洛伊德《自我与本我》
相　关 ------------潜意识（P220）、生存本能｜死亡本能（P222）
备　注 -----自我为了保持精神稳定而采取的行动称为“防御机制”

弗洛伊德认为，**自我**是后天产生的，其产生是为了取得人类本能的**性冲动**中的**本我**和抑制本我的道德性**超我**的平衡。他所说的**自我**，并不是像**笛卡尔**所说的那般坚定，还包括了**潜意识**（P220）领域里的不安定的东西。

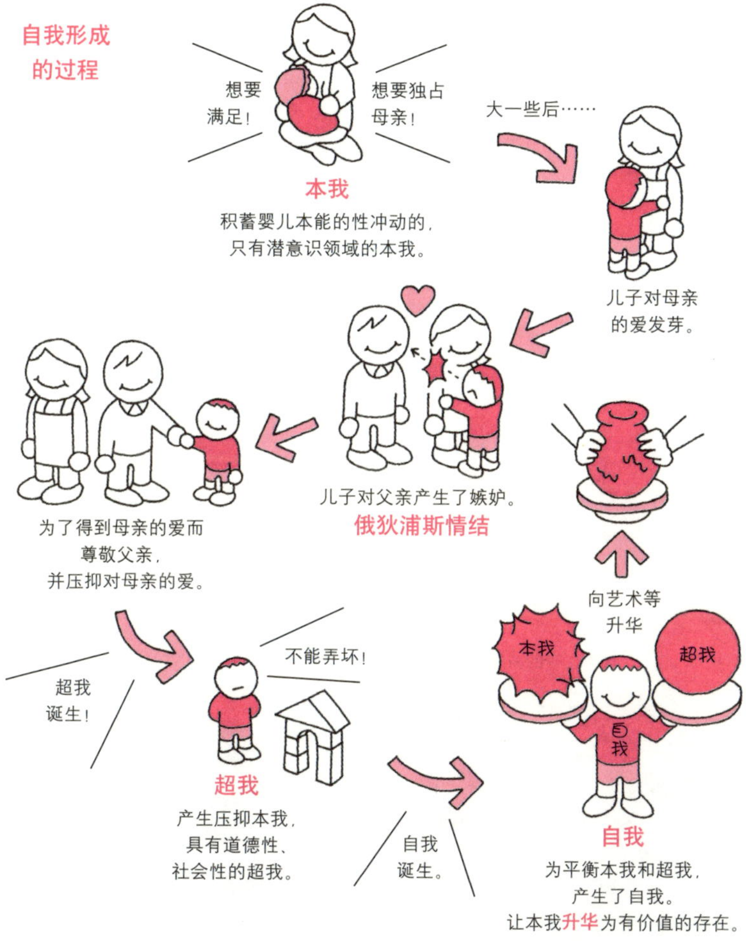

生存本能 | 死亡本能

文　献 ------------------------- 弗洛伊德《超越快感原则》
相　关 ----------- 潜意识（P220）、本我 | 自我 | 超我（P221）
备　注 -------- 为了说明无法以现实原则和快乐原则解释的行为，提出了“死亡本能”这一概念的假说

弗洛伊德认为，在**潜意识**（P220）领域的**本我**（P221）之中，只有**性冲动**（P221）。**本我**只追求快感，遵循**快乐原则**。另一方面，为了能在社会上生存，理性的**超我**（P221）及**自我**（P221）受现实制约，遵循**现实原则**。

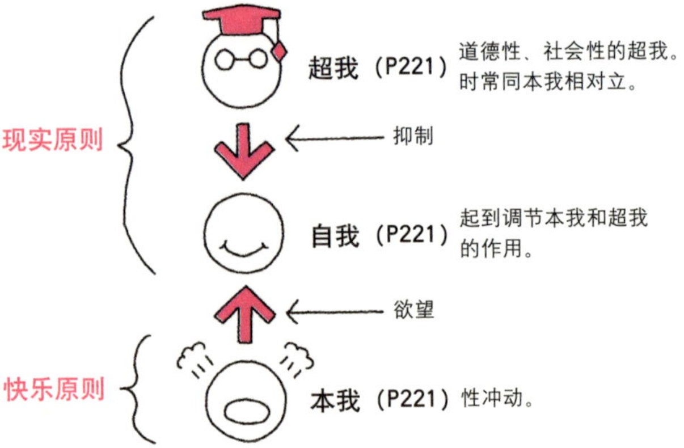

晚年的**弗洛伊德**认为，人类具有拥抱死亡的冲动。他将之称为**死亡本能**。与之相对，性冲动或自我保全的冲动等面向未来前行的冲动，称为**生存本能**。

生存本能

对于生存的冲动

性冲动和自我保全的冲动等想要活下去的冲动。

死亡本能

走向死亡的冲动

追求空无一物的状态，走向死亡的冲动。

集体潜意识

文　献 ------------------------------ 荣格《潜意识与心灵成长》

备　注 ------------------ 弗洛伊德专注于个人潜意识的问题，而荣格则专注于集体潜意识的概念，这是二人分道扬镳的原因之一

精神病学家**荣格**偶然发现自己信手涂鸦的图案居然与曼荼罗有几分相似，于是查阅曼荼罗的相关资料，发现世界各国都有相似模样的图案，还发现各国神话中有许多共同点。

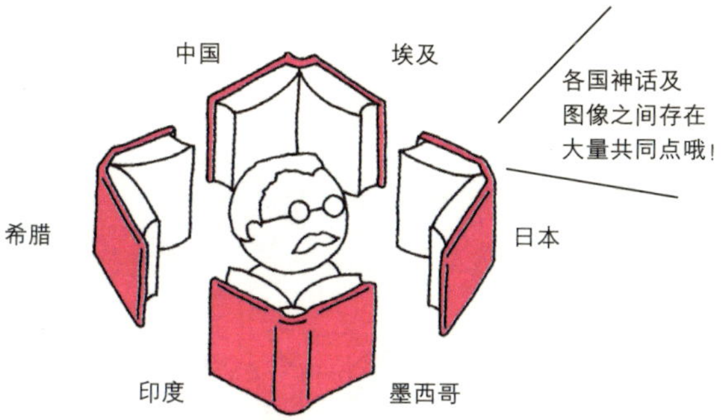

于是**荣格**思考，在个人经验铸就的**潜意识**（P220）的更深层，是否存在着一种全人类共同的**集体潜意识**呢？

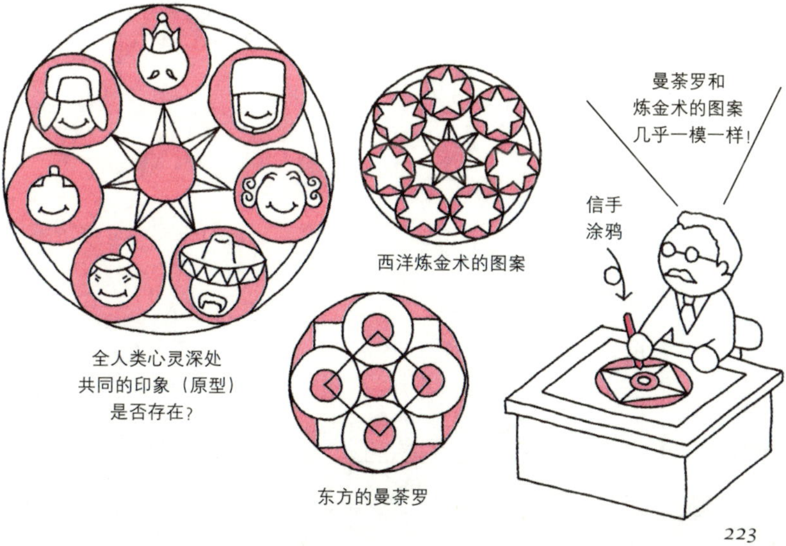

现代

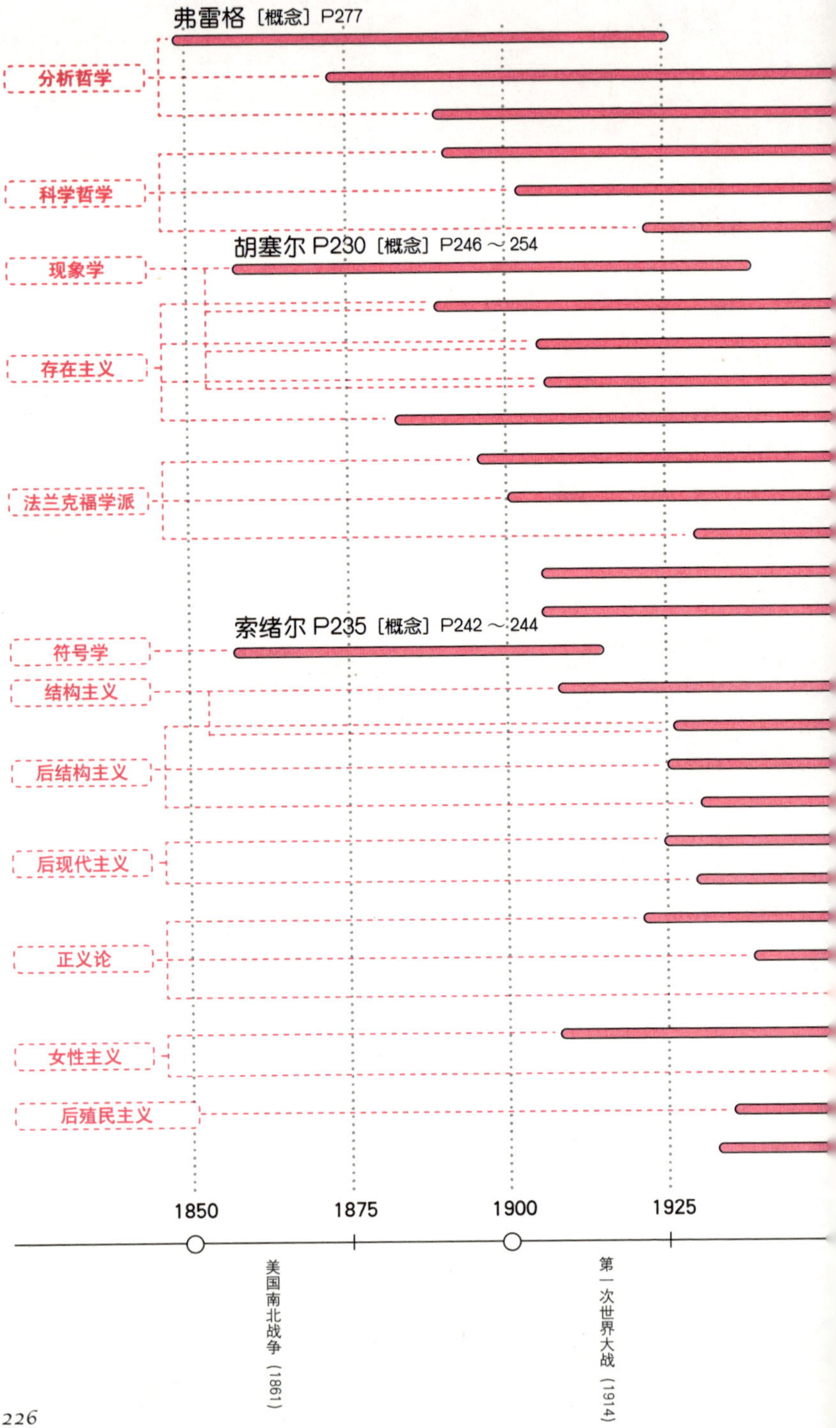

弗雷格［概念］P277
分析哲学
科学哲学
胡塞尔 P230［概念］P246～254
现象学
存在主义
法兰克福学派
索绪尔 P235［概念］P242～244
符号学
结构主义
后结构主义
后现代主义
正义论
女性主义
后殖民主义
1850
1875
1900
1925
美国南北战争（1861）
第一次世界大战（1914）

现代的哲学家

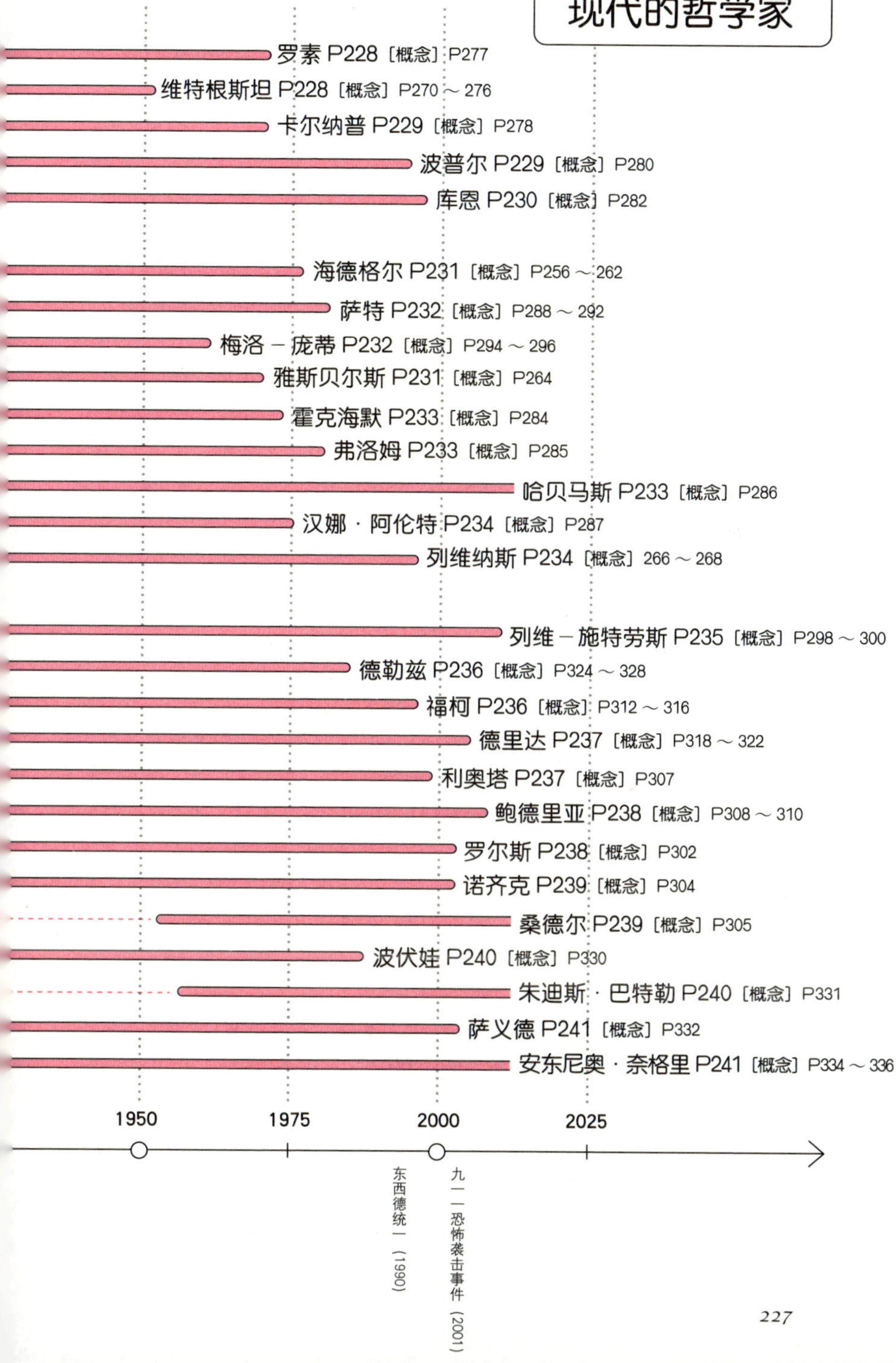
罗素 P228 〔概念〕P277
维特根斯坦 P228 〔概念〕P270～276
卡尔纳普 P229 〔概念〕P278
波普尔 P229 〔概念〕P280
库恩 P230 〔概念〕P282
海德格尔 P231 〔概念〕P256～262
萨特 P232 〔概念〕P288～292
梅洛－庞蒂 P232 〔概念〕P294～296
雅斯贝尔斯 P231 〔概念〕P264
霍克海默 P233 〔概念〕P284
弗洛姆 P233 〔概念〕P285
哈贝马斯 P233 〔概念〕P286
汉娜·阿伦特 P234 〔概念〕P287
列维纳斯 P234 〔概念〕266～268
列维－施特劳斯 P235 〔概念〕P298～300
德勒兹 P236 〔概念〕P324～328
福柯 P236 〔概念〕P312～316
德里达 P237 〔概念〕P318～322
利奥塔 P237 〔概念〕P307
鲍德里亚 P238 〔概念〕P308～310
罗尔斯 P238 〔概念〕P302
诺齐克 P239 〔概念〕P304
桑德尔 P239 〔概念〕P305
波伏娃 P240 〔概念〕P330
朱迪斯·巴特勒 P240 〔概念〕P331
萨义德 P241 〔概念〕P332
安东尼奥·奈格里 P241 〔概念〕P334～336
1950
1975
2000
2025
东西德统一（1990）
九一一恐怖袭击事件（2001）

著作

《社会改造原理》《西方哲学史》《人类有将来吗》

第二次世界大战后，积极参与禁止核武器及反对越南战争的社会运动。

被爱的人大抵也是爱人的人。

《婚姻与道德》《幸福之路》等有关人生的著作颇丰。

罗素

BERTRAND ARTHUR WILLIAM RUSSELL

▶P277

英国哲学家、数学家、逻辑学家。出身贵族家庭。第一次世界大战期间因参加反战活动而被剑桥大学革职甚至入狱。广泛参与宗教、社会思想、教育等领域的讨论。一九五〇年因其有关自由与和平的著作而获得诺贝尔文学奖。哲学方面，为以符号逻辑学和数学为基础的逻辑学奠定基础做出了贡献。

著作

《逻辑哲学论》

前期的主要著作《逻辑哲学论》中，认为"哲学问题已完全解决"。

对于不可言说之物，必须保持沉默。

前期的维特根斯坦认为，语言的界限就是世界的界限。

维特根斯坦

LUDWIG WITTGENSTEIN

▶P270～276

出生于奥地利的哲学家，对分析哲学和语言哲学的形成和发展有决定性影响。父亲是奥地利钢铁巨头。在柏林的工科大学学习航空工学，出于对数学和逻辑学的热爱，到剑桥大学拜罗素为师。兄弟四人中三人自杀。做过志愿兵，做过小学教员，一生命途多舛。

卡尔纳普将“能否被验证”视作科学的条件。

卡尔纳普认为，无法根据经验验证的命题是无意义的。

著作 《语言的逻辑句法》《意义和必然》

卡尔纳普

RUDOLF CARNAP

▶P278

出生于德国的哲学家。逻辑实证主义的代表人物之一。先后于弗莱堡大学、耶拿大学学习哲学、数学和物理学。一九二六年到一九三一年间在维也纳大学任教，加入提倡逻辑实证主义的维也纳学派。之后为了躲避纳粹的迫害，逃往美国，在芝加哥大学和加利福尼亚大学执教。

波普尔将“可证伪性”视作科学的条件。只要发现一只黑色天鹅，就可以推翻“天鹅是白色的”这一理论。

波普尔对马克思主义和法西斯提出的历史法则极度反感。

著作 《研究的逻辑》《开放社会及其敌人》《历史决定论的贫困》

波普尔

KARL RAIMUND POPPER

▶P280

出生于奥地利的英国哲学家。在当今科学哲学、政治哲学领域仍有巨大影响。出生于维也纳的犹太人家庭，在维也纳大学取得博士学位。之后为躲避纳粹的迫害，逃亡至新西兰。战后移居英国，任伦敦政经大学教授。

著作 《科学革命的结构》

库恩让扭转对事物看法的“范式”一词普及开来。

库恩将理论框架和思维方式的焕然一新称为科学革命。

库恩

THOMAS SAMUEL KUHN

▶P282

出生于美国俄亥俄州的一个德裔犹太人土木工程师家庭。于哈佛大学学习物理学并取得博士学位。先后在哈佛大学、加利福尼亚大学伯克利分校、普林斯顿大学任教，一九七九年就任麻省理工学院科学史、科学哲学教授。库恩倡导的范式的概念，在科学史以外的领域也被广泛使用。

著作 《现象学的观念》《欧洲科学的危机与超验现象学》《纯粹现象学和现象学哲学的观念》

胡塞尔有则轶闻，说他用小刀使劲削铅笔，削得太多结果把铅笔削没了。

排除先入为主的成见，探求事物出现在意识中的根据的态度。

胡塞尔

EDMUND HUSSERL

▶P246～254

德国哲学家，现象学之祖。出生于奥匈帝国（今属捷克）的犹太人家庭。就读维也纳大学时，从数学研究转为哲学研究。辞去弗莱堡大学职务时指名海德格尔为继任者。作为犹太人学者受纳粹政权迫害，被剥夺了教授资格，被禁止进入大学和发表著作，所幸大量手稿避开了纳粹的检查而保存下来。

海德格尔的主要著作《存在与时间》中，提出人类必须直视“向死而生”的问题。

海德格尔认为，人类在直面死亡时，才可以摆脱沉沦。

著作
《存在与时间》《关于人道主义的信》《技术的追问》

海德格尔

MARTIN HEIDEGGER

▶P256～262

德国哲学家。出生于德国梅斯希基的教会酒桶匠人家庭。在弗莱堡大学学习神学和哲学，继承胡塞尔的现象学，进而研究存在哲学。在马尔堡大学任教时，与学生汉娜·阿伦特保持着情人关系。一九三三年升任弗莱堡大学校长。因支持纳粹，战后一度被驱逐。

雅斯贝尔斯因妻子是犹太人而被纳粹要求离婚，但他拒绝，于是被解除教职。

雅斯贝尔斯在使人类相互交流成为可能这一点当中寻找哲学的意义。

著作
《哲学》《哲学入门》《普通精神病理学》

雅斯贝尔斯

KARL JASPERS

▶P264

德国精神科医生、哲学家。出生于富裕家庭，父亲是银行家。大学学习法律，后转攻医学。毕业后，作为精神科医生在海德堡精神病院工作。一九一四年成为海德堡大学心理学编外讲师之后，兴趣转向哲学，一九二一年成为海德堡大学哲学教授。纳粹政权建立后，被大学开除，战后任大学副校长。

著作 《存在与虚无》《存在主义是一种人道主义》

萨特的一位现象学家友人曾打趣说："现象学家从一杯鸡尾酒也能谈出哲学来。"结果让萨特觉醒了对哲学的向往。

一瞬一瞬的生存方式构建了自己的本质。

萨特

JEAN-PAUL SARTRE

▶P288～292

法国哲学家、文学家。在巴黎高等师范学院学习哲学。第二次世界大战期间，从德军集中营逃走，参加了抵抗运动。主要著作《存在与虚无》和小说《恶心》在法国掀起了存在主义热潮。在日本也曾备受追捧，但随着二十世纪六十年代结构主义开始风靡，影响力急剧下降。

著作 《行为的结构》《知觉现象学》

梅洛－庞蒂认为，身体并非单纯的"物质"，也非单纯的"意识"，而是两者并存。

握手是能动的同时也是被动的，是一种互逆性体验。

梅洛－庞蒂

MAURICE MERLEAU-PONTY

▶P294～296

法国哲学家。出生于法国的罗什福尔。在巴黎高等师范学院就读时，结识了萨特、波伏娃、列维－施特劳斯等人。同萨特一同编辑杂志《现代》，引领存在主义的发展，后因对待马克思主义观点的分歧而分道扬镳。哲学上受胡塞尔的强烈影响，构想出以"身体"为主题的现象学。

霍克海默主导的法兰克福学派，引领了德国的现代思想。

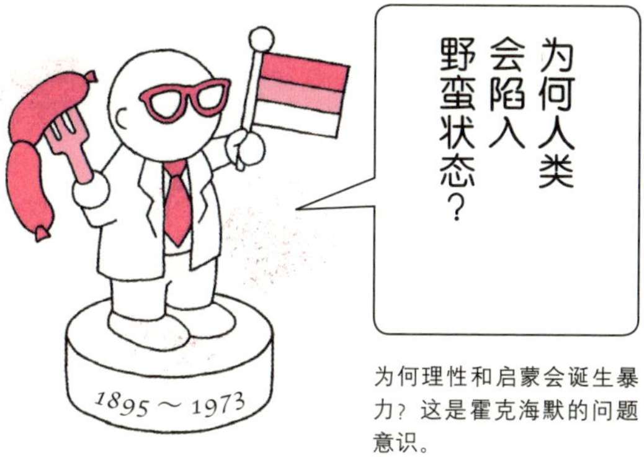

为何理性和启蒙会诞生暴力？这是霍克海默的问题意识。

霍克海默

MAX HORKHEIMER

▶P284

德国犹太裔哲学家、社会学家，法兰克福学派的领袖。出生于德国西南部的斯图加特市郊区。一九三一年就任法兰克福大学社会研究所第一任所长，后由于纳粹的迫害而被撤除公职，流亡美国。战争期间，在美国和阿多诺共同执笔《启蒙辩证法》。战后回到德国重建研究所。

主张"人与人通过不断对话达成意见一致，才是真理"的"真理合意论"。

哈贝马斯致力于在理性对话中寻求现代性的可能性。

哈贝马斯

JÜRGEN HABERMAS

▶P286

德国社会学家、哲学家。出生于德国的杜塞尔多夫，少年时曾参加希特勒青年团。一九五六年进入法兰克福大学社会研究所，由于思想激进而招致所长霍克海默的反感，一九五九年离开该研究所。一九六一年就任海德堡大学教授。他是法兰克福学派第二代的中坚人物，同国外的哲学家也有频繁的交流。

著作 《极权主义的起源》《人的条件》

在杂志《纽约客》连载对纳粹犹太人大屠杀的执行者艾希曼的审判实录。

平庸的恶。

犹太人大屠杀的发生，是因为执行者是盲从指令的平庸之辈。

汉娜·阿伦特

HANNAH ARENDT

▶P287

出生于德国哥尼斯堡的一个犹太人家庭。一九二四年在马尔堡大学结识海德格尔，发展为情人关系。为了逃避纳粹的迫害，于一九三三年流亡法国。法国战败后逃往美国。战后曾在美国的大学担任教授。一九五一年发表《极权主义的起源》，引起世界瞩目。

著作 《总体与无限：论外在性》《困难的自由》《从存在到存在者》

“脸”是列维纳斯最重要的概念，象征不可知的他者。

我对我所受到的迫害有责任。

他认为承担对于他者的责任是人性的基础。

列维纳斯

EMMANUEL LÉVINAS

▶P266～268

法国哲学家。出生于立陶宛的一个犹太人家庭。十八岁时赴法国学习哲学，之后前往德国的弗莱堡大学师从海德格尔。第二次世界大战中被德军俘虏，家人大多在集中营惨遭屠杀。战后曾在法国的大学担任教授，潜心研究犹太教经典《塔木德》。

声音（语言）和意义的结合没有必然的理由。索绪尔称之为“符号的任意性”。

语言不是名字的一览表。

索绪尔认为，由于语言而产生的差异，会表现出不同的世界。

著作《普通语言学教程》

索绪尔

FERDINAND DE SAUSSURE

▶P242～244

瑞士语言学家，被誉为“现代语言学之父”。出生于日内瓦望族，从小即展现出过人天分。十几岁发表语言学论文而备受瞩目，作为语言学家积累了许多成果，但后半生寂寂无闻。去世后，讲义《普通语言学教程》由他的学生整理出版，不仅对语言学，对后来的结构主义也产生了巨大影响。

列维－施特劳斯将图腾（某亲属集团所崇拜的动植物或自然现象）解读为符号体系。

世界始于没有人类的时代，也会结束于没有人类的时代。

著作《忧郁的热带》以这句话结尾。

著作《亲属关系的基本结构》《忧郁的热带》《野性的思维》

列维－施特劳斯

CLAUDE LÉVI-STRAUSS

▶P298～300

法国文化人类学家，结构主义的中心人物。出生于比利时的布鲁塞尔。大学时期专攻法学和哲学，后任巴西圣保罗大学社会学教授，并借此机会在亚马孙河流域进行田野调查。二十世纪六十年代开始，对思想界的英雄——萨特的哲学进行批判，确立了结构主义的时代。

著作
《反俄狄浦斯》《千高原》（与加塔里合著）《差异与重复》

德勒兹（和加塔里）崇尚游牧的生活方式，而非定居的生活方式。

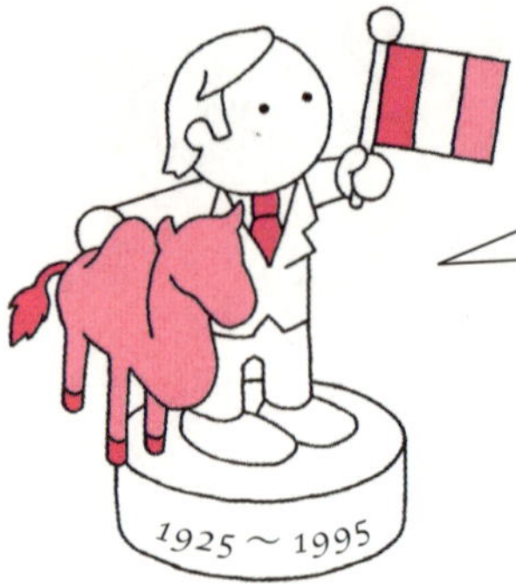

正如这句话所说，德勒兹创造了很多新的概念。

德勒兹

GILLES DELEUZE

▶P324～328

法国哲学家。出生于巴黎。于索邦大学学习哲学。一九四八年通过哲学系的教授资格考试。曾任高中教师，一九六九年就任巴黎第八大学教授。通过对休谟、斯宾诺莎、伯格森、尼采等人的研究和独特解读，构筑了“差异哲学”，对日本思想界产生了很大影响。一九九五年在巴黎的寓所跳楼自杀。

著作
《词与物》《知识考古学》《疯癫与文明》《规训与惩罚：监狱的诞生》

福柯借用边沁提出的监狱系统来说明现代的权力技术。

福柯在《词与物》的最后，宣告“人类的终焉”。

福柯

MICHEL FOUCAULT

▶P312～316

法国哲学家。出生于法国的普瓦捷。少年时曾目睹德军对巴黎的占领以及盟军解放巴黎。进入巴黎高等师范学院后，因苦恼自己的同性恋身份，于一九四八年自杀未遂。一九六六年出版的《词与物》成为畅销书，使他一跃成为构造主义的旗手而备受瞩目。一九八四年死于艾滋病。

德里达以“解构”的方法颠覆了欧洲哲学。

晚年的德里达最有象征意义的一句警言。民主主义作为一个目标，必须被摆在前方。

著作 《声音与现象》《写作与差异》《马克思的幽灵》《法律的力量》

德里达

JACQUES DERRIDA

▶P318～322

法国哲学家。出生于法属阿尔及利亚的一个犹太裔法国人家庭。就读巴黎高等师范学院。曾任该校的哲学教授，后任社会科学高等研究院教授。一九六七年出版了三本著作，在法国思想界华丽登场。二十世纪八十年代以后更多涉猎政治和法律问题，政治色彩浓重。

原本“后现代”是一个建筑领域的用语，主张恢复装饰性、多样性。

“大叙事”是指试图给社会全体制定目标的思想或意识形态。

著作 《后现代的状况》《给孩子们解释后现代》

利奥塔

JEAN-FRANCOIS LYOTARD

▶P307

法国哲学家。出生于凡尔赛。于索邦大学学习哲学。一九五〇年曾作为激进的马克思主义者活动，但于二十世纪六十年代末开始远离政治活动。之后曾任教于巴黎第八大学，担任国际哲学院的院长。其著作《后现代的状况》一书使“后现代”一词在哲学界广为流传。

著作 《物体系》《消费社会》《拟仿物与拟像》

鲍德里亚认为，购买名牌商品不单单是为了其功能，也是在消费“时尚”的符号。

如果将商品也视为符号，那么消费就是一种语言活动。

鲍德里亚

JEAN BAUDRILLARD

▶P308～310

法国社会学家、文艺评论家。就读于索邦大学，后任巴黎第十大学教授。提出独创的消费社会论，在经济学、设计论和文艺评论等领域皆有建树。在日本泡沫时代巅峰时期，作为解读消费社会的思想家备受关注。他的拟像理论对电影《黑客帝国》也有影响。

著作 《正义论》《作为公平的正义：正义新论》

罗尔斯假设自己与他人之间存在着一无所知的“无知之幕”，进行思考实验。

在众多因人而异的“善”的价值观中，“正义”应保持中立。

罗尔斯

JOHN BORDLEY RAWLS

▶P302

美国政治哲学家。出生于马里兰州。从普林斯顿大学毕业后，加入美国陆军，先后服役于新几内亚和菲律宾，后作为占领军的一员到达日本。战后在普林斯顿大学取得博士学位，一九五三年任康奈尔大学助教，后任哈佛大学教授。一九七一年发表的《正义论》引起巨大反响，被翻译成各种语言出版。

像诺齐克这样的自由至上主义者在美国富裕阶层中相当多。

最小国家。

提出了将国家的任务限定在保护公民人身和财产安全的“最小国家”的思想。

著作 《无政府、国家和乌托邦》《哲学解释》

诺齐克

ROBERT NOZICK

▶P304

美国哲学家。出生于纽约的布鲁克林，父亲是俄罗斯裔犹太移民。于哥伦比亚大学取得学士学位，通过富布莱特项目取得博士学位。一九六九年任哈佛大学哲学教授。第一部著作《无政府、国家和乌托邦》中，因站在自由至上主义的立场批判罗尔斯而受到瞩目。此外，在分析哲学方面也论著颇丰。

像桑德尔这样重视共同体的思想立场被称为“社群主义”。

无负荷的自我是不存在的。

桑德尔认为，一个人不可能在与共同体的价值割裂的状态下了解自我。

著作 《自由主义与正义的局限》《正义，怎样做才正确？》

桑德尔

MICHAEL J. SANDEL

▶P305

美国政治哲学家。出生于明尼阿波利斯。从布兰迪斯大学毕业后，在牛津大学取得博士学位。一九八〇年开始担任哈佛大学教授。作为知名的讲师，他开设的哈佛大学本科通识课程“公正”，创下了累计超过一万四千人选修的纪录。日本节目《哈佛白热教室》使其在日本也一时大受欢迎。

著作 《第二性》《衰老》

波伏娃主张，所谓“像一个女人样”不过是社会强加的约束。

“女性（劣于男性）”这种价值观是以男性为主体的文化所规定的。

波伏娃

SIMONE DE BEAUVOIR

▶ P330

法国文学家、哲学家。出身巴黎上流阶级，于索邦大学哲学系学习。毕业后执教于女子高中，开始写作。一九七〇年以后，积极参与法国的女性解放运动，做出了很大贡献。作为萨特一生的伴侣，同萨特一起积极投身反战和保护人权的言论活动。

著作 《性别麻烦》《讲述自我》《战争的框架》

如果性别的区分是因社会性造成的，那么能动地打破性别的规范也是可能的。

巴特勒认为“生物学的性别（生理性别）”也是由社会制造的。

朱迪斯·巴特勒

JUDITH P. BUTLER

▶ P331

美国哲学家、性别研究学者。加利福尼亚大学伯克利分校教授。出生于俄亥俄州克利夫兰。最早研究黑格尔，于耶鲁大学取得博士学位，博士论文研究的是黑格尔哲学与二十世纪法国思想的关系。公开自己的女同性恋身份，开展后结构主义的女性主义研究。

萨义德还是一名钢琴家，写过很多音乐评论。

流亡者是知识分子最好的原型。

萨义德将不向任何一种权力谄媚、秉持普世思想的人称为知识分子。

著作
《东方主义》《报道伊斯兰》《知识分子论》

萨义德

EDWARD WADIE SAID

▶P332

美国巴勒斯坦裔文学理论家、文学批评家。出生于英国委任统治下的巴勒斯坦的耶路撒冷。在普林斯顿大学取得学士学位，在哈佛大学取得博士学位。之后担任哥伦比亚大学教授比较文学。担任巴勒斯坦国民议会成员十四年之久，作为站在巴勒斯坦立场的批评家进行活动。

奈格里预言了诸众会作为推进全球民主主义的主体登场。

帝国是统治世界的主权。

奈格里所指的帝国，是超越国界的网络状的主权。

著作
《帝国》（与迈克尔·哈特共著）《未来派左翼》《野性的异常》

安东尼奥·奈格里

ANTONIO NEGRI

▶P334～336

意大利社会学家、政治哲学家、活动家。出生于意大利威尼托大区。在德国耶拿大学取得博士学位。曾任帕多瓦大学教授。二十世纪七十年代末，因身为劳动者自治运动的理论指导者被指控参与恐怖袭击而入狱。流亡法国后，于一九九七年归国自首。二〇〇三年重获自由后，笔耕不辍。

语言 | 言语

文　献 ---------------------------- 索绪尔《普通语言学教程》

备　注 ---------------------------- “语言”的英文为“langue”，“言语”的英文为“parole”

索绪尔将**语言现象**分为**语言**和**言语**两个方面来考察。**语言**是指某种语言的规则或语法；**言语**是指个别的说话行为。二者合起来构成语言活动的整体，称为**言语活动**。索绪尔的语言学将分析的重点放在了**语言**上。

“言语活动”有三重含义

言语
个别的说话行为

语言
某种语言的规则
或语法体系

能指 | 所指

文　献 ------------------------ 索绪尔《普通语言学教程》
备　注 ------------------------ “能指”的英文为“signifier”，“所指”的英文为“signified”

索绪尔将文字和声音称为**能指**，将其产生的形象称为**所指**，二者合一称为**符号**。通过这样的重新定义，我们将会看到一个迥异于以往理解的世界（语言的任意性 P244）。

索绪尔认为词语是符号

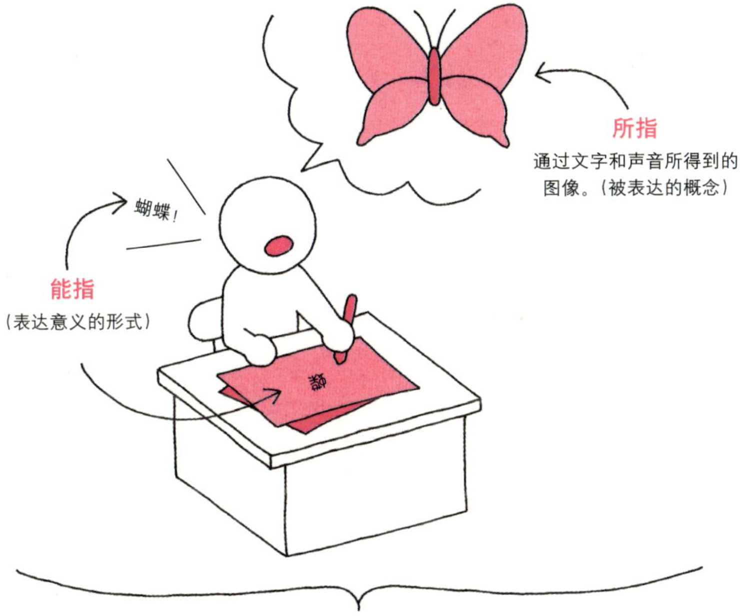

符号
能指和所指合起来
（符号）

像这样将词语看作符号来重新审视，
就会看见一个新世界。
↓
下面我们来看看语言的任意性（P244）

语言的任意性

含　义 ------------事物和词语（声音）之间的联系不是必然的
文　献 ------------------------ 索绪尔《普通语言学教程》
备　注 ----------------------------用索绪尔的话来说，就是能指和所指的联系具有随意性

法语当中，蝴蝶和飞蛾都是“papillon”。对于法国人而言，“飞蛾”（或者蝴蝶）这样的词语是不存在的。因此我们可以知道，这个世界上所存在的“飞蛾”并不是全都被称为“飞蛾”。这就是事物和语言之间没有必然联系的**语言的任意性**。

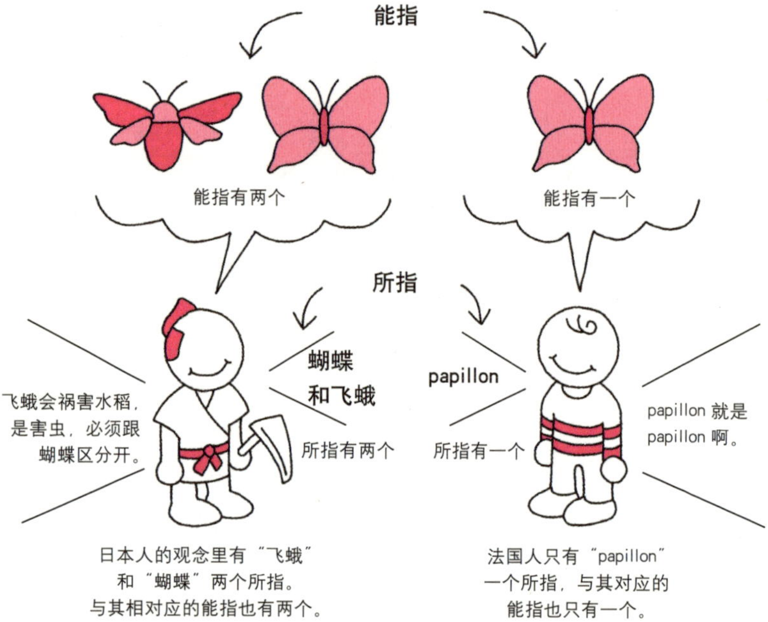

其他的例子还有很多。

并不是首先存在一个一个的要素，我们再为之分配名称，而是我们用语言将世界切分成一个一个的要素。我们在这个语言世界范围内思考。语言不仅是传达思考的手段，还是决定思考的原因。

普遍的世界观 **索绪尔的世界观**

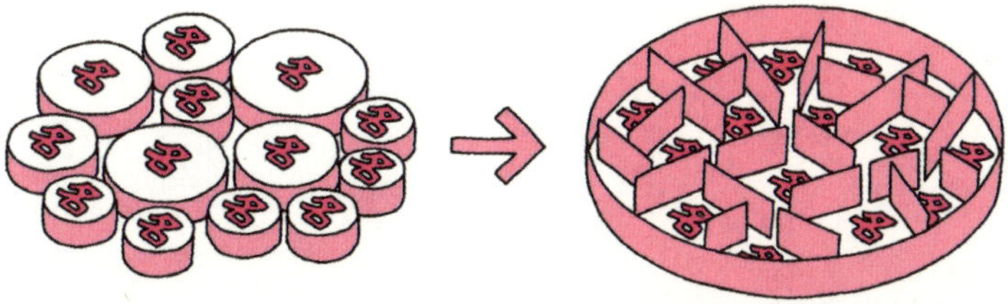

世界由一个一个的要素集合而成。

世界如同“左·右”一般，是由不同语言间的差异构成的。

现象学

文 献 ---------------------------胡塞尔《现象学的观念》《纯粹现象学和现象学哲学的观念》《笛卡尔式的沉思》

相 关 ---- 现象学的还原（P248）、悬置（P250）、意向性（P252）、意向作用｜意向对象（P253）、交互主体性（P254）

苹果就摆在眼前，所以一般我们不会对它的存在产生怀疑。然而**胡塞尔**发现，仔细想想，在这种情况下可以确定的，应该只是我们看到苹果（苹果浮现于我们的意识当中）。

看到苹果，我们认为苹果是存在的。

然而实际上……
只是苹果浮现于我们的意识当中。

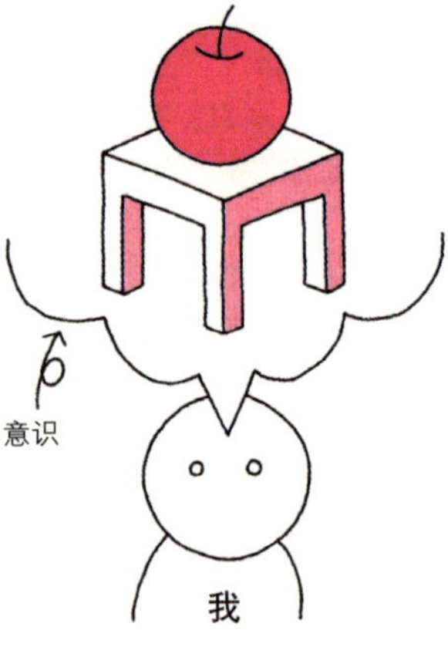

苹果在自己的**主观**之外，我们却依然看到（感知到）苹果。因此我们确信是苹果进入了我们的意识。

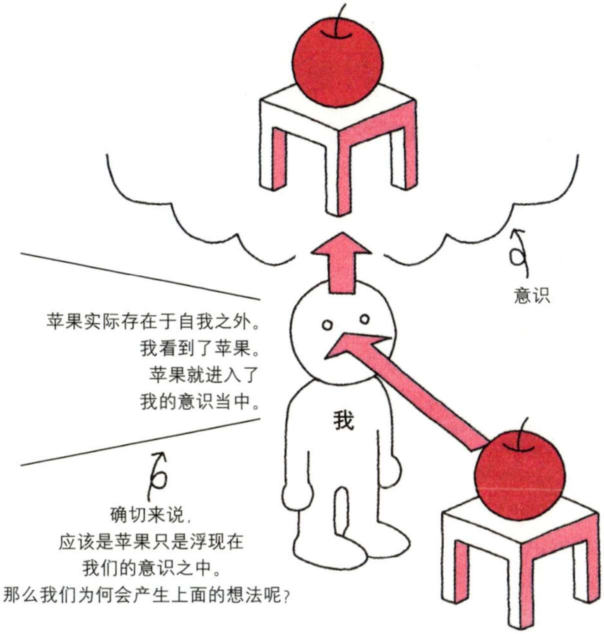

不仅是苹果，他人也好，自己的身体也好，过去的记忆也好，都存在于自己的意识之中，意识之外应该什么也没有。世界仅存在于自我的主观当中，主观以外什么都没有。然而我们总是理所当然地相信，世界**存在**于自我之外。为此，我们不会试图从悬崖上一跃而下。

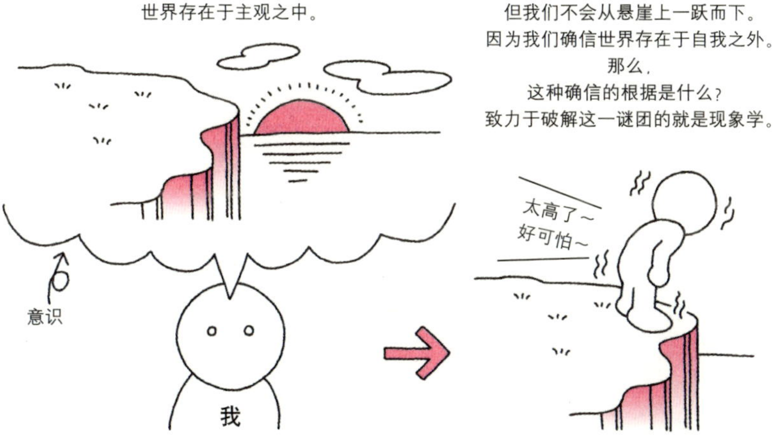

我们为什么**确信**世界真的存在？这种确信的根据是什么？破解这一谜团的就是**现象学**。

现象学的还原

文　献 ---------------------------- 胡塞尔《现象学的观念》《纯粹现象学和现象学哲学的观念》《笛卡尔式的沉思》

备　注 ---------------------------- 客观世界并不“存在”，当作“现象”来思考才是关键

“或许这世间的一切只是一场梦。世界真的实际存在吗？”我们无法证明“眼见之物正如眼见一般真实存在”。因为我们不可能跳出自己的**主观**，同时观察自己和世界，来确认两者是否一致。

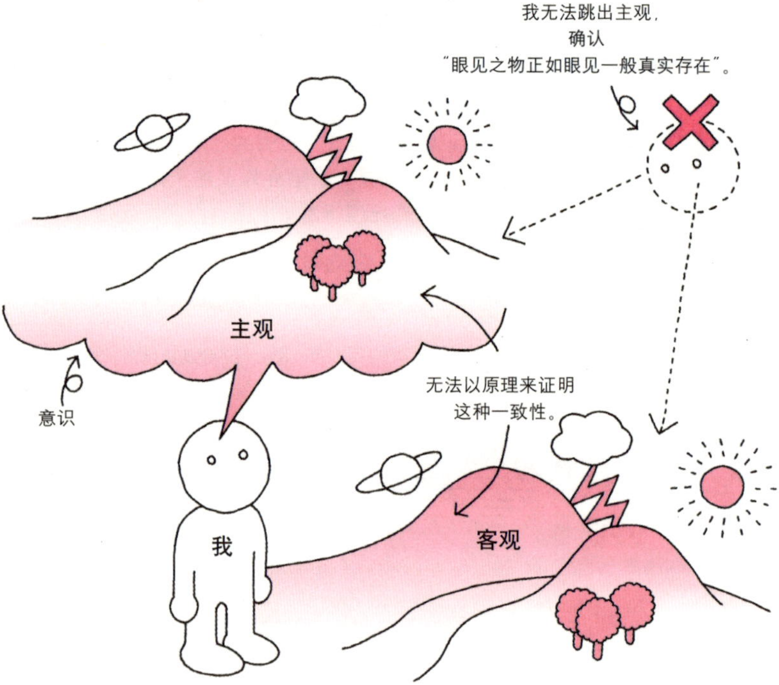

因此，**胡塞尔**认为，不要试图证明我这种**主观**与世界这种**客观**是否一致，更重要的是去探寻我们对主客观一致（确信世界确实存在）**确信**不疑的根据。对这一根据的探究就是**现象学的还原**。

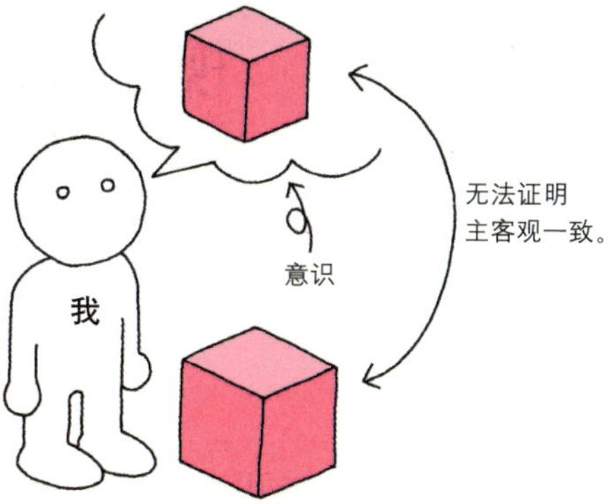

“世界真实存在吗？”“眼见之物是否正如眼见一般真实存在”
这个问题无法以原理来证明。

那么最重要的是……

弄清楚为何我们会对
“眼见之物正如眼见一般真实存在”
确信不疑。

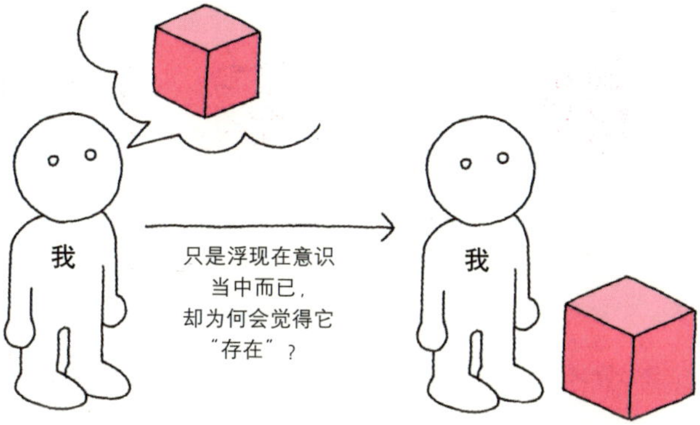

眼前的苹果的**存在**，可能只是一种主观的判断。**胡塞尔**认为，通过悬置（P250）的方法进行**现象学的还原**，可以找到这种主观判断的根源。

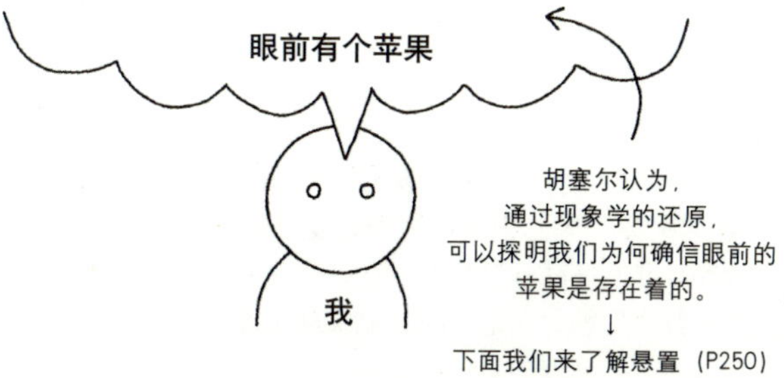

悬置

含　义--------------------在希腊语中是“中止判断”的意思

文　献-----------胡塞尔《纯粹现象学和现象学哲学的观念》等

备　注--------------------胡塞尔提出的悬置方法是对笛卡尔“方法论的怀疑”的应用

胡塞尔为了进行**现象学的还原**（P248），提出了**悬置**的方法。所谓悬置，就是将**确信**理所当然存在的事物放入括号中加以怀疑。眼前有个苹果，我们确信苹果是存在的。为了弄明白我们为何确信，我们首先要彻底地质疑苹果的存在，也就是将之**悬置**。

悬置

将“有”这个词放入括号中，尝试去怀疑它的存在。

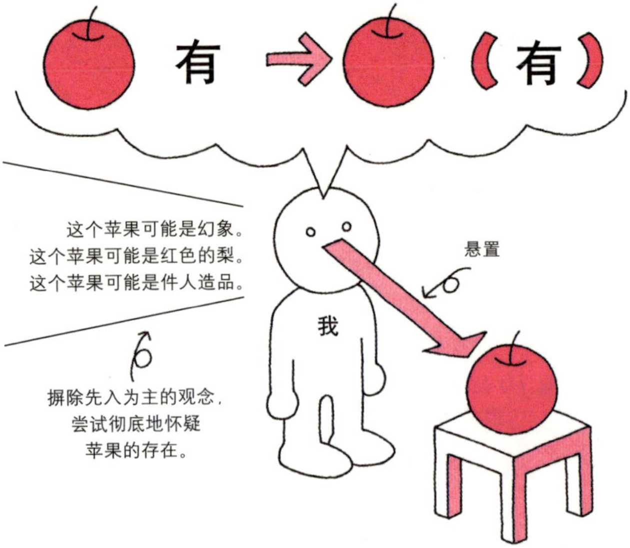

于是，我们会怀疑或许眼前的苹果只是个幻象。但我们可以确定的是，“红色”“圆形”“有香气”这些**感观所产生的感觉（知觉直观）**和“看起来好吃”“看起来硬”等**知识所产生的感觉（本质直观）**确实在我们的意识当中存在。我们可以怀疑苹果是否存在，但这些感觉本身是不容置疑的。应该不会有人认为“我感觉它是红的，但实际可能是白的”。

浮现于意识当中的“红色”“圆形”“好吃”等感觉，都只是苹果的一部分而并非全部。但我们仅凭这些直观感觉就对苹果的存在确信不疑。

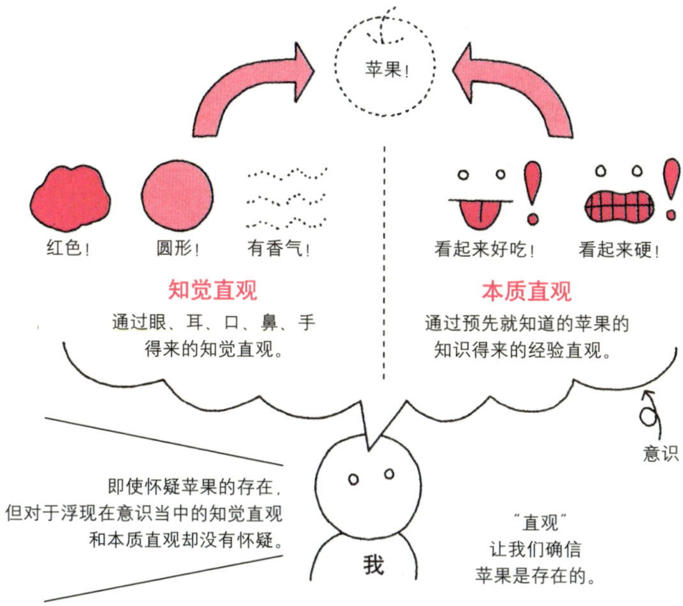

通过对苹果的悬置来探究确信的根据。不仅仅对苹果，“道德”或“法律”也是同样的道理。胡塞尔认为，通过悬置以从根本来重新捕捉事物是非常重要的。

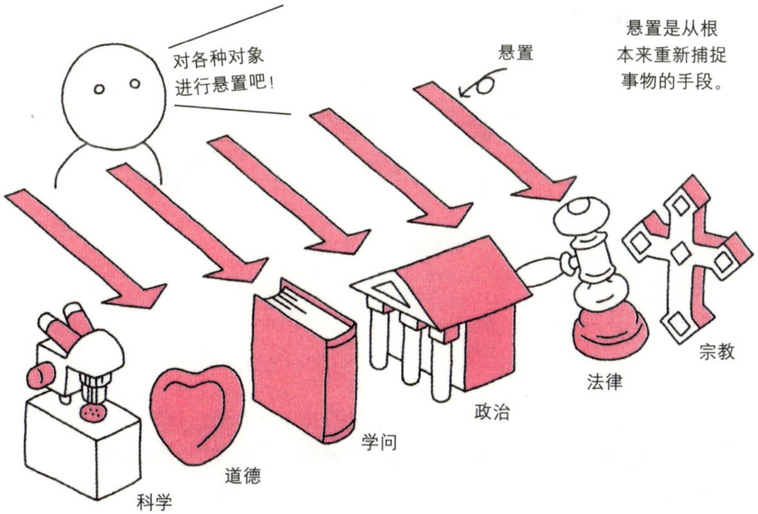

意向性

文　献 --------------胡塞尔《逻辑研究》《笛卡尔式的沉思》等
相　关 -----现象学的还原（P248）、意向作用｜意向对象（P253）
备　注 -------- 胡塞尔从恩师布伦坦诺继承了"意向性"的思想

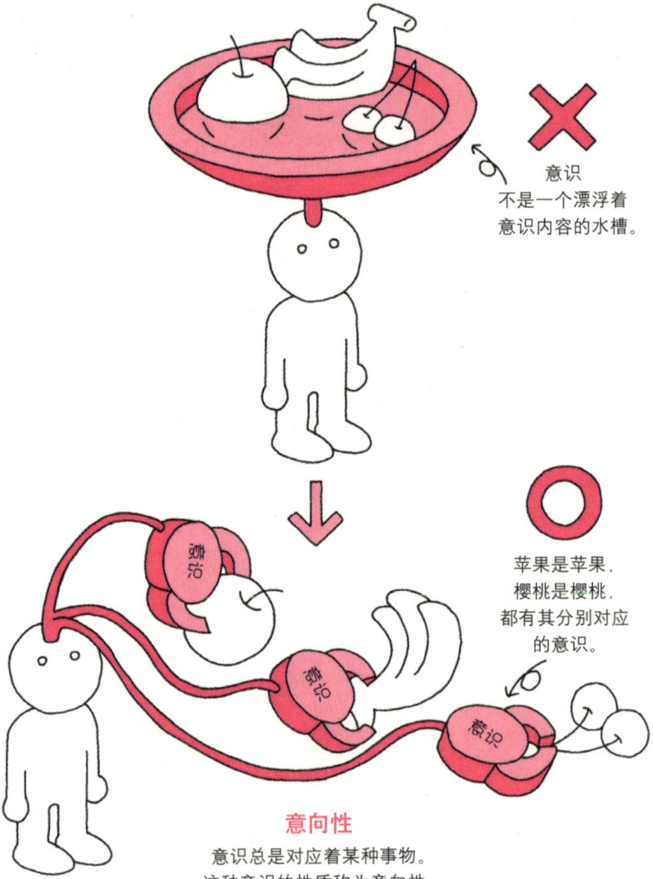

意向性
意识总是对应着某种事物。
这种意识的性质称为意向性。

胡塞尔说，意识并不是一个漂浮着各种各样意识内容的水槽。苹果、香蕉都有其各自对应的意识，意识总是指向某物，这种性质被**胡塞尔**称为**意向性**。

意向作用 | 意向对象

含　义------------------------------意向作用 = 意识的作用
意向对象 = 意识的内容

文　献--------------胡塞尔《纯粹现象学和现象学哲学的观念》

相　关------------------------------------ 意向性（P252）

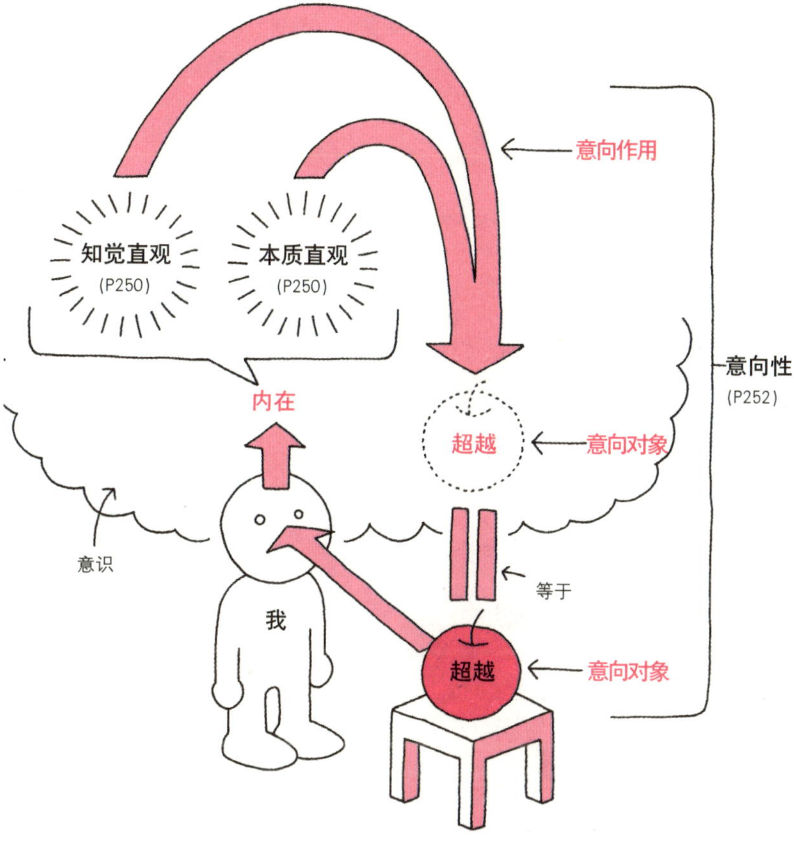

意向性（P252）有**意向作用**和**意向对象**两个侧面。以**知觉直观**（P250）和**本质直观**（P250）（两者相合称为**内在**）为基本，以苹果等对象形成意识的行为称为**意向作用**，被形成意识的事物即被意识的对象（苹果），称为**意向对象**。此外，**内在**具有不容置疑的性质，由**内在**构成的苹果等对象则经常保留被质疑的空间（悬置 P250）。胡塞尔将这种对象的性质称为**超越**。

交互主体性

含　义 ---------------- 我和他者都确信“同一个世界成立”时，我才能确信

文　献 ---------------------------- 胡塞尔《笛卡尔式的沉思》

相　关 ------------------- 现象学的还原（P248）、悬置（P250）

谁都不能保证世界在主观之外是**存在**的，但我们都**确信**世界是存在的。这是为什么呢？让我们看一看**胡塞尔**描绘的我们确信世界实际存在的过程。

客观世界形成 其一

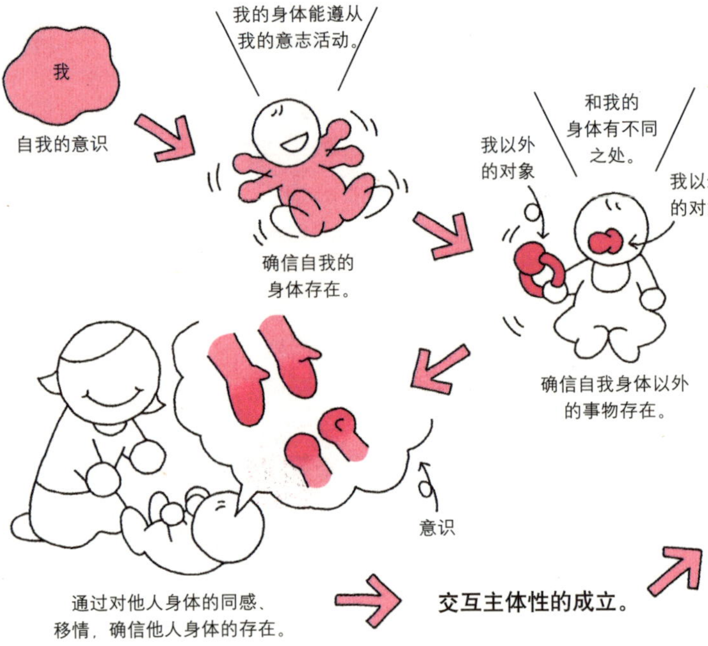

首先有**自我意识**，然后凭借自我意识能够活动**身体**，确信“我的身体”存在。接下来获得非自我身体的感觉，这一阶段的**对象**并非客观世界，而是像外在刺激一样的事物。进一步地，向与我们一样拥有自我身体的他人身上移入感情，从而确信不是自我的他人的自我，即**他我**的存在。

胡塞尔将对他我的确信称为**交互主体性**。**交互主体性**就是确信自我构造的世界与他我构造的世界是相同的，从而产生了**客观世界**。

接上一页

客观世界形成　其二

客观世界的确信

客观世界的确信，对确信之人而言，和存在是相同的。**胡塞尔**认为，**交互主体性**为世界存在奠定了基础。

存在论

含　义 ------------ 研究“存在是怎么一回事”的哲学领域之一

备　份 ------------ 亚里士多德将探求存在根本原理的学问称为“第一哲学”，置于学问的最高位

海德格尔将世界分为**存在者**与**存在**。他认为哲学最根本的目的不是思考**存在者**，而是思考**存在**。

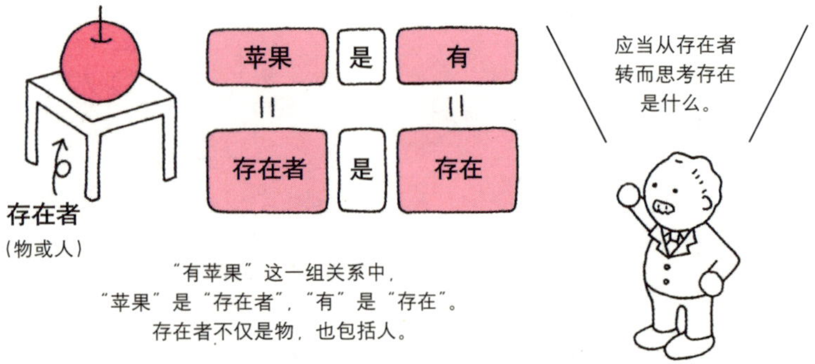

不研究个别事物的性质，而是着眼于思考某物**存在**到底是怎么回事的学问，称为**存在论**。**存在论**早在古希腊的**巴门尼德**（P019）时期就有了，但因**认识论**（P133）成为主流而衰微。**海德格尔**宣告了**存在论**的复兴。

自古以来存在论就成为探讨的课题

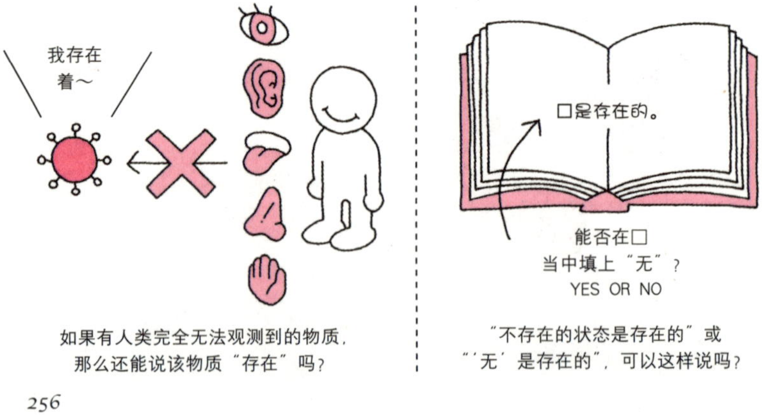

将来 | 曾在

▶231

文 献 ------------------------------ 海德格尔《存在与时间》
相 关 ------------------ 被抛状态（P261）、向死存在（P262）
备 注 ------------------------ 以存在的时间概念来说明“将来”“当下”“曾在”

海德格尔称未来为**将来**，过去为**曾在**，来解释**时间**。所谓**将来**，就是指向应有的自我的可能性；所谓**曾在**，是一直以来自己接受或承担的一切。他否认时间是在我们之外、与我们无关而独自流淌的。

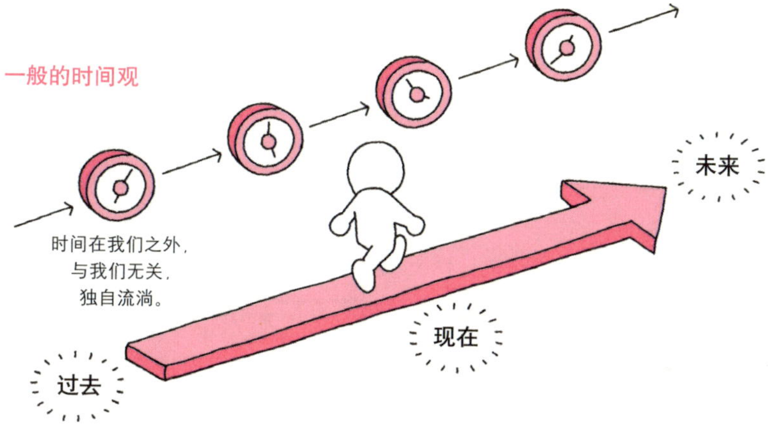

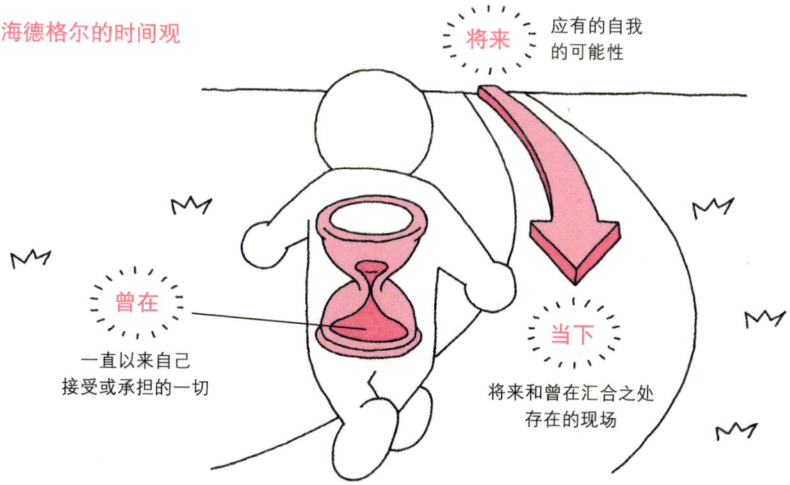

此在

文　献 -------------------------- 海德格尔《存在与时间》
相　关 ----------------- 存在主义（P185）、在世存有（P259）
备　注 ----------------- 此在（人类）是审视自己的生存方式，试图去了解而生存的方式，海德格尔称之为“存在”

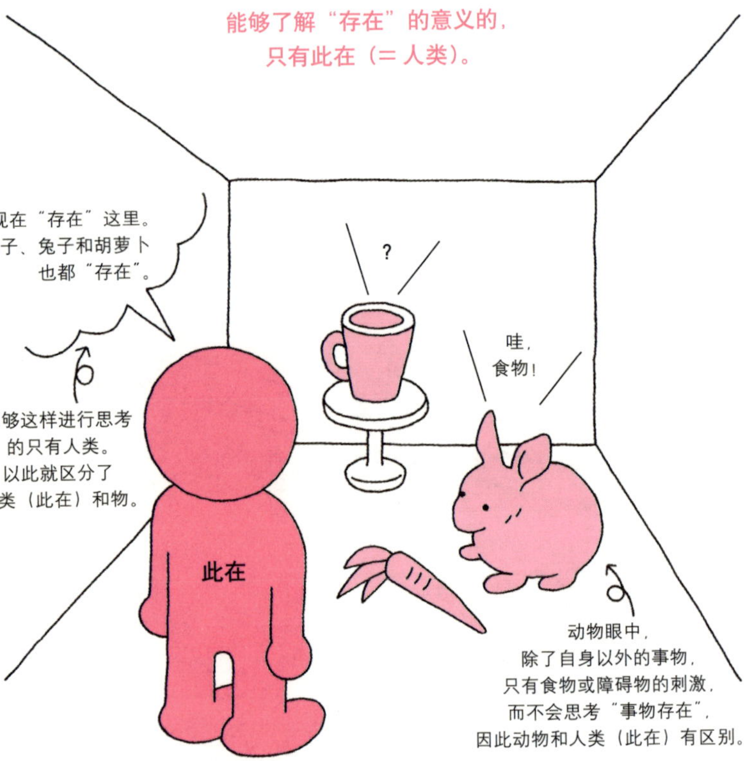

人类和物体或动物有何区别？人类、物体和动物都是**存在者**（P256），但只有人类能够思考自己及物体“是存在的”。对照单纯存在的物体，**海德格尔**把能够理解“存在”这一概念的人类称为此在。（“此在”在德语中写作“Dasein”。“da”是英语中的“there”，“sein”的意思是“存在”。人类是能够意识到“there”的存在，因而被称为此在。）

在世存有

文　献 ------------------------- 海德格尔《存在与时间》
相　关 ------------------------------------ 此在（P258）
备　注 ---------- 将“在世存有”以此在（人类）的条件来思考，会比较容易理解

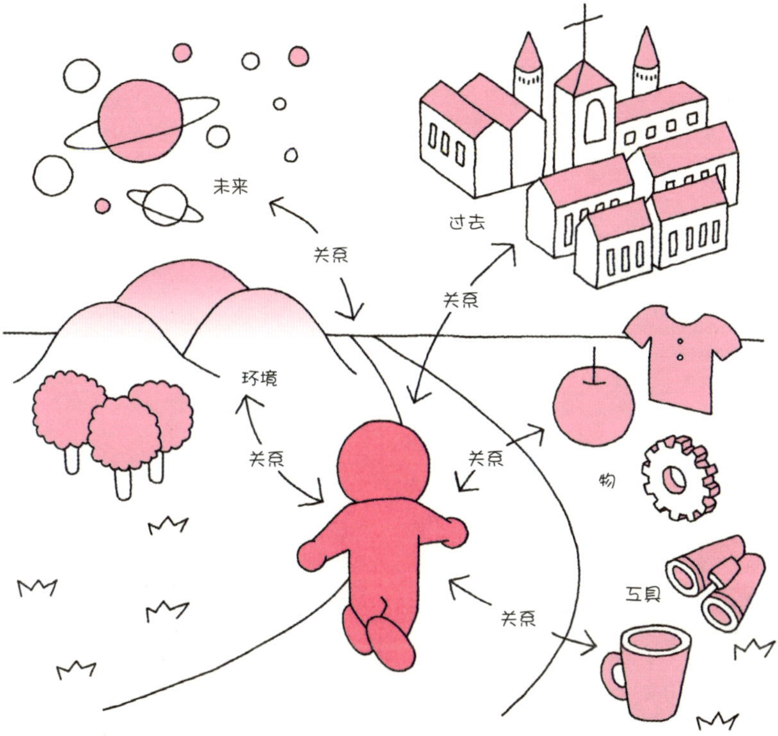

在世存有

人从懂事的时候开始，
就在解释世界（工具、环境、时间等），
并与世界产生关联而存在着。
这种人类独有的存在方式被海德格尔称为“在世存有”。

海德格尔认为，“存在”的概念是人类所独有的（此在 P258）。世界就是在这些概念下成立的。只有人类才会去解释世界。人类总是在解释世界的过程中活下去。这种人类独有的存在方式被称为**在世存有**。

常人

文　献 ---------------------------- 海德格尔《存在与时间》

备　注 ----- 海德格尔将埋没于日常琐碎的生活方式称为“沉沦”，以这种方式生活的人称为“常人”

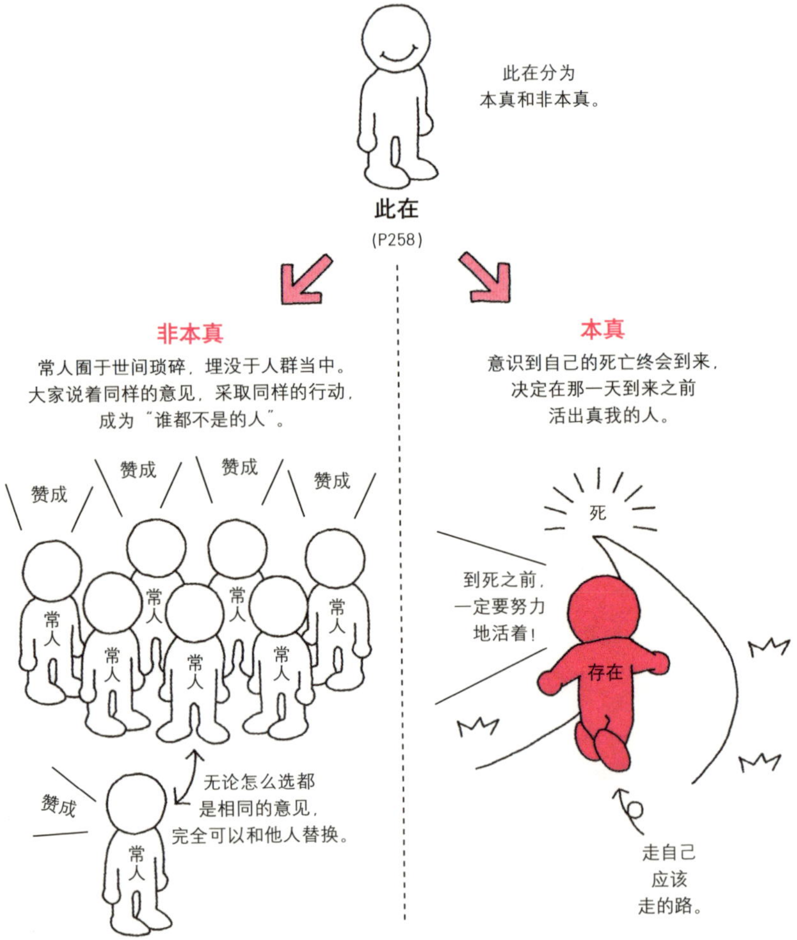

海德格尔将**此在**（p258）分为**本真**和**非本真**。在此基础上，将**非本真**状态中生活的人称为**常人**。常人受旁人的意见所左右，是泯然众人、埋没于世间的人。

被抛状态

含　义 ------------------------ 被投入自己存在的状况之中

文　献 ------------------------ 海德格尔《存在与时间》

备　注 ------------------------ 人无法控制自己的心情时，就会意识到“被抛状态”

人从懂事的时候起就已存在了，无法自行开始**存在**。**海德格尔**将这种所有人共通的状态称为**被抛状态**。有朝一日，人终于自觉死亡总会到来，就决定在从生到死的有限时间内走自己的路（**决断**）。根据**决断**，将自己投到自己的可能性之中，**海德格尔**称之为**筹划**。

向死存在

文　献 ---------------------------- 海德格尔《存在与时间》

备　注 ------------------------ 海德格尔提出死亡的特征为：不可代理性、确实性、不确定的可能性（何时造访无从可知）、属我性（同他者无关）、超越不了的可能性

人类难逃一死，并且，只有人类知道自己的死终会到来。虽然死亡会让人感到前所未有的恐惧，但由于通常我们埋首于日常琐碎，因而没有去正视死亡的不安。

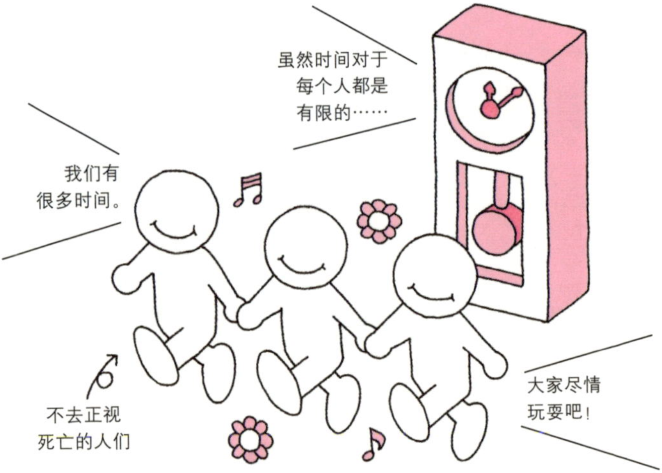

海德格尔认为，当人能够真诚面对自己的死亡的时候，就会确信自己的使命，并决意为之前进。

在这一阶段，人察觉了**存在**（P185）的本质。**海德格尔**认为，**存在**就是自觉自己所剩时间的有限性，即**向死存在**。

存在＝向死存在

常常反省自己去日无多，
并在自己的道路上前进。

海德格尔常怀有对自己死亡的思考，他认为从眼下一直到死亡的过程是一个**全体**。在这种思考下，自我存在的本身也成了全体的一部分。**海德格尔**曾短暂加入纳粹党（一年后退党），或许他的思考在某种程度上和纳粹的**极权主义**（P287）有相通之处。

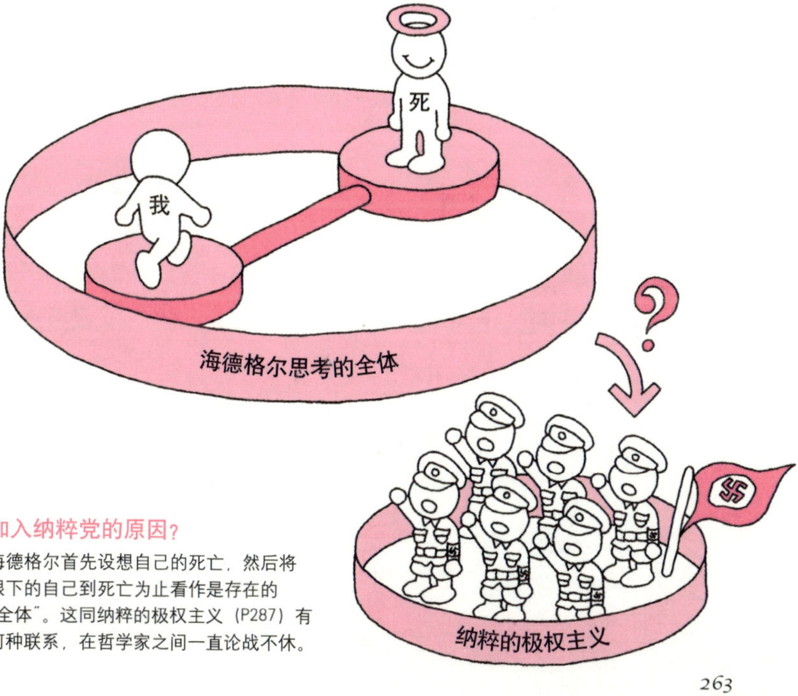

加入纳粹党的原因？

海德格尔首先设想自己的死亡，然后将眼下的自己到死亡为止看作是存在的“全体”。这同纳粹的极权主义（P287）有何种联系，在哲学家之间一直论战不休。

界限处境

文　献 ----------------------------雅斯贝尔斯《哲学入门》

相　关 --------------------------------- 存在主义（P185）

备　注 ------ 雅斯贝尔斯认为遇到超越者——神才会让存在觉醒，这一哲学被称为有神论的存在主义

人类与物不同，并非只是**存在**，而是以**存在**（P185）而活着。**雅斯贝尔斯**认为，人在成为真正**存在**着的人（成为自己）的瞬间，就是立足于**界限处境**的瞬间。所谓**界限处境**，是指**死亡**、**罪孽**、**战争**、**事故**等科学无法解释、技术无法解决的人生壁障。

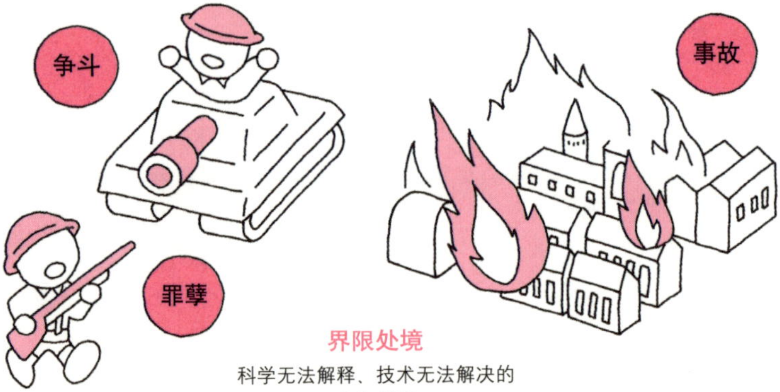

界限处境

科学无法解释、技术无法解决的人生壁障。

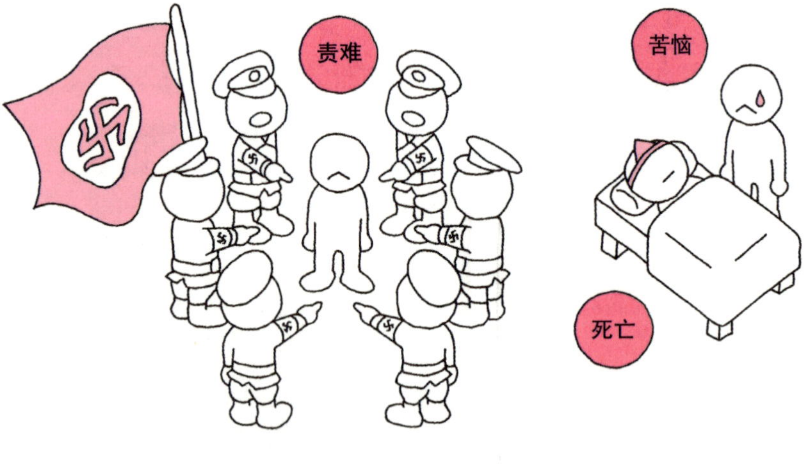

界限处境让人意识到自己的有限性。

但人在经历了**界限处境**所带来的真正挫折时，可以遇见包容一切的神一般的存在——**超越者**。这样的相遇会让人对真实的**存在**觉醒。

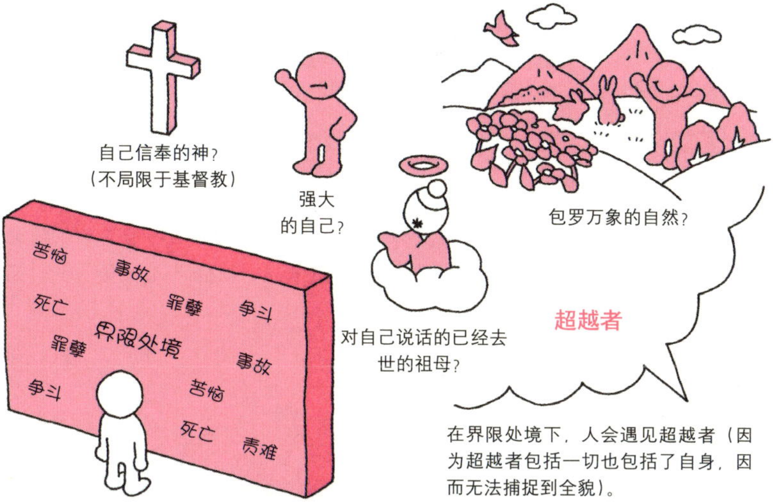

但仅仅是遇见超越者，并不能翻越**界限处境**的壁障。**雅斯贝尔斯**认为，与同样陷入**界限处境**的孤独的他者彼此交换意见，进行**存在的交流（爱的搏斗）**是非常必要的。

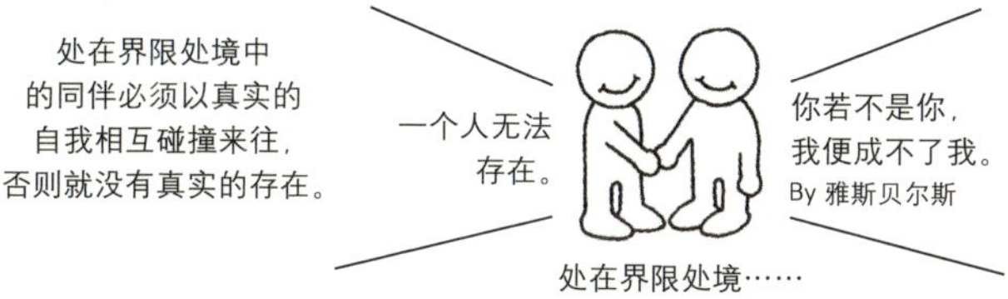

雅斯贝尔斯因妻子是犹太人而被剥夺了教授资格。之后，面对解送集中营的命运，夫妻二人困在家中。在被迫选择自杀的关口，战争迎来了胜利。**雅斯贝尔斯**和妻子二人因**存在的交流**而翻越**界限处境**。

存有

文　献 ----列维纳斯《从存在到存在者》《总体与无限：论外在性》

备　注 ---------胡塞尔的“交互主体性”忽视了他者的他者性。列维纳斯的他者论超越了这个课题

列维纳斯生长在一个犹太人家庭，家人、亲戚和友人几乎全部遭纳粹屠戮。只有**列维纳斯**自己幸运地从集中营里归来，但他已一无所有。即便如此，世界仍如一切都不曾失去般**存在**着。

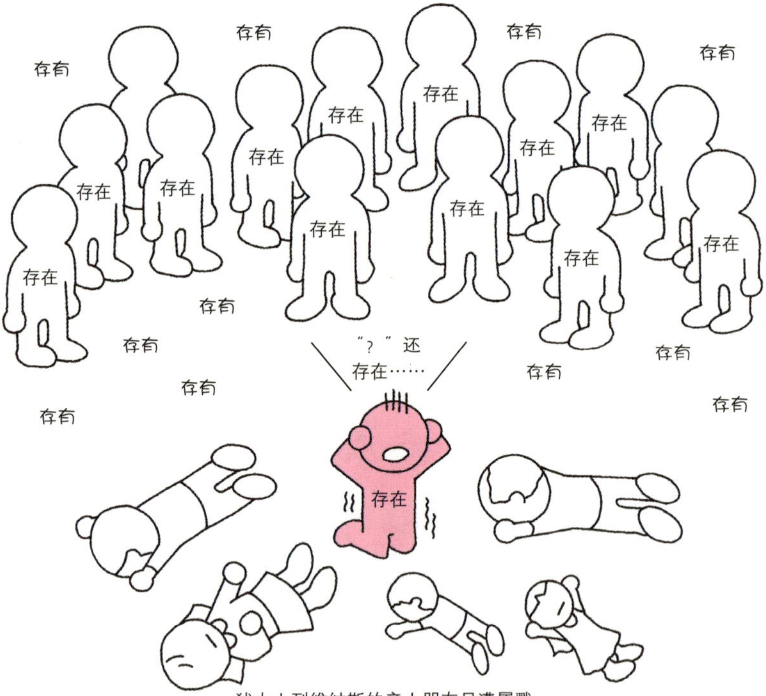

犹太人列维纳斯的亲人朋友尽遭屠戮，
世界仍如一切都不曾失去般存在着。
列维纳斯认为，包括自己在内依旧存在的这个世界，
太不可思议了。

一切都失去了，但还是**存在**着……到底是什么**存在**着？**列维纳斯**把这种没有**主语**的**存在**称为存有。

如果创造出自我中心的世界，可以逃离**存有**的孤独吗？

答案是否定的。即使创造出自我中心的世界，也无法逃离**存有**的孤独。因为到头来，他只能在自己的理解范围内构筑世界。

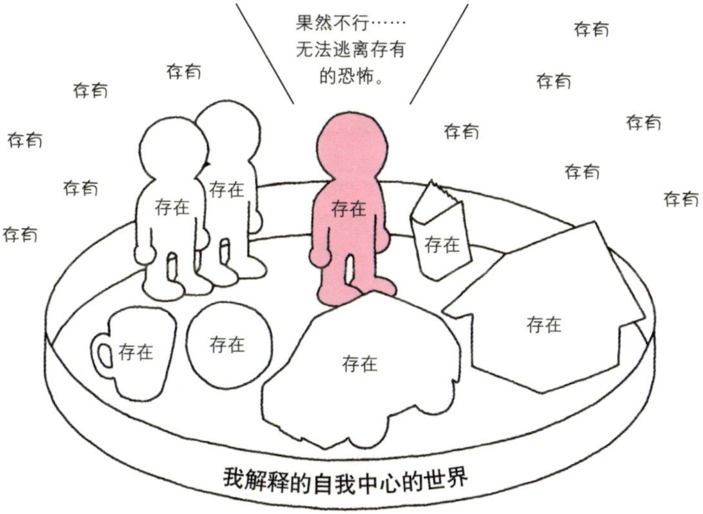

那么，真的就无法逃离恐怖的**存有**吗？**列维纳斯**在**他者之脸**（P268）当中找到了出路。

脸

文　献 --------列维纳斯《困难的自由》《总体与无限：论外在性》
相　关 -- 存有（P266）
备　注 ------------------列维纳斯所指的“脸”并非实体的脸，而是对他者的他者性之比喻

用自己的解释收进一切，来构筑自我中心的世界，并不能让人逃离**存有**（P266）的恐惧。

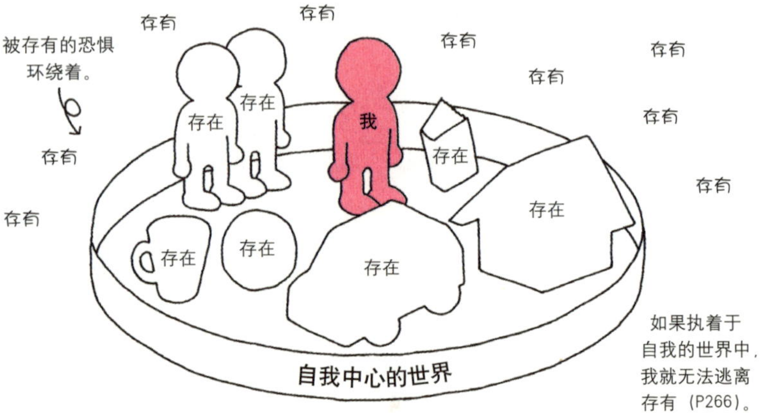

列维纳斯认为，逃离**存有**的关键在于**他者**之**脸**。如果**他者**之**脸**说**“不可杀人”**，由于人无法**自律**（P169），并不能出于**理性**逃离，而是无条件地背负起对**他者**的伦理的**责任**。

他者不从属于我们构建的世界，而是处在外围的**无限**存有。列维纳斯认为，在同**他者之脸**产生关联时，换言之就是要为**“脸”**担负**责任**时，人就会从充满**存有**恐惧的自我中心世界中飞跃超脱，走向**无限**的彼岸。

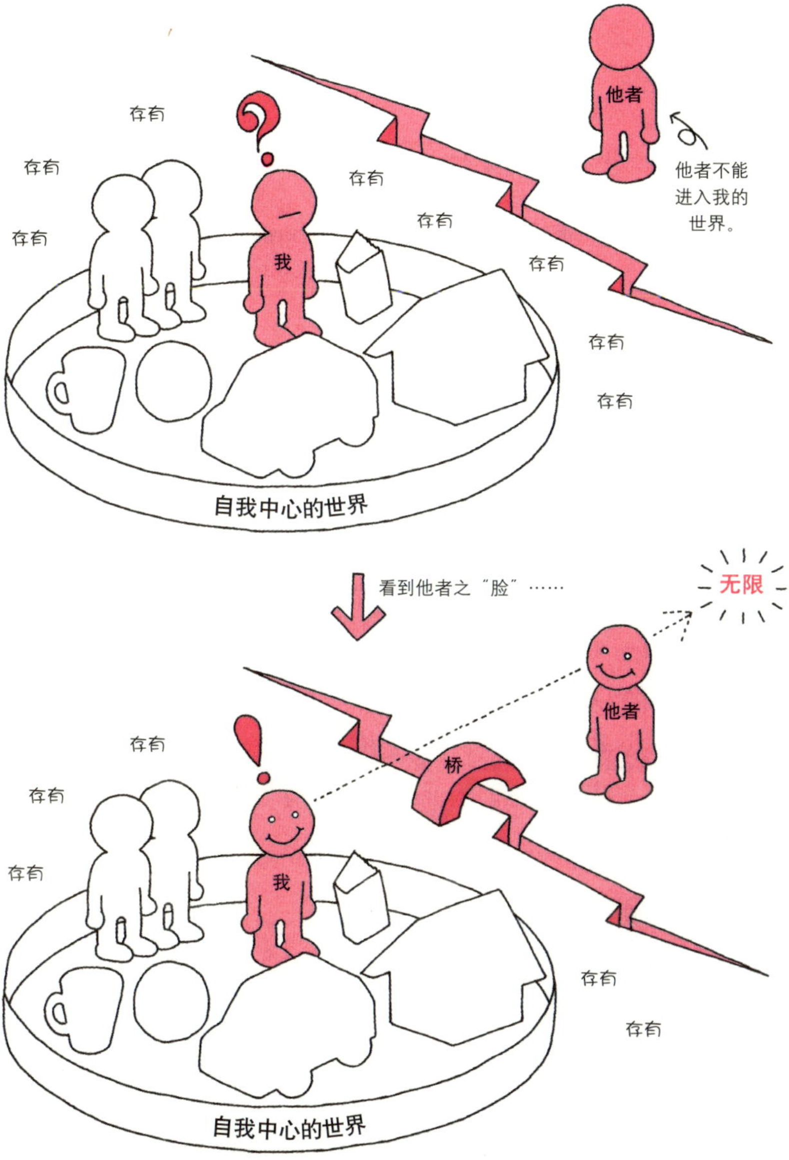

他者是不属于自我世界的无限存在。在为他者之“脸”担负责任时，
我就会从充满存有恐惧的自我中心世界中飞跃超脱，走向无限的彼岸。

图像论

含　义 ------------------------认为语言描绘着世界的思想
文　献 ------------------------维特根斯坦《逻辑哲学论》
相　关 -----语言游戏（P272）、分析哲学（P276）、逻辑实证主义（P278）
备　注 ------------------------前期维特根斯坦哲学的特征

维特根斯坦认为，**现实世界**由一个一个**事实**集合而成。另一方面，**语言**是**科学的语句**之集合。**科学的语句**，就是像“鸟停在树上”这样描述一个**事实**。**科学的语句**与**事实**是一一对应的，二者的数量相同。这种理论被称为**图像论**。

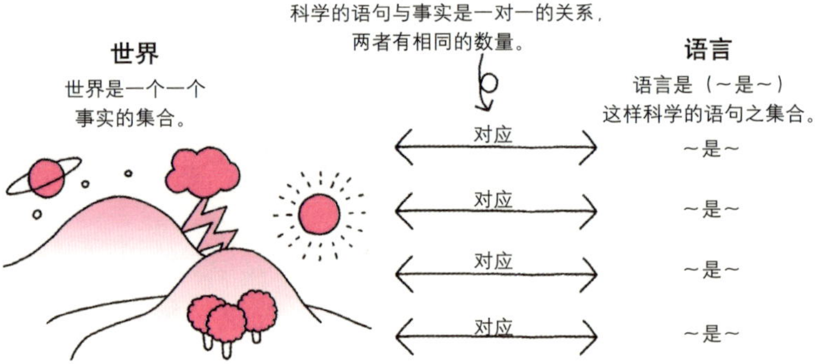

由于**科学的语句**描绘着现实世界，因此如果对**科学的语句**进行分析，就可以分析这世间万物。然后只需要确证每个**科学的语句**是否正确即可。

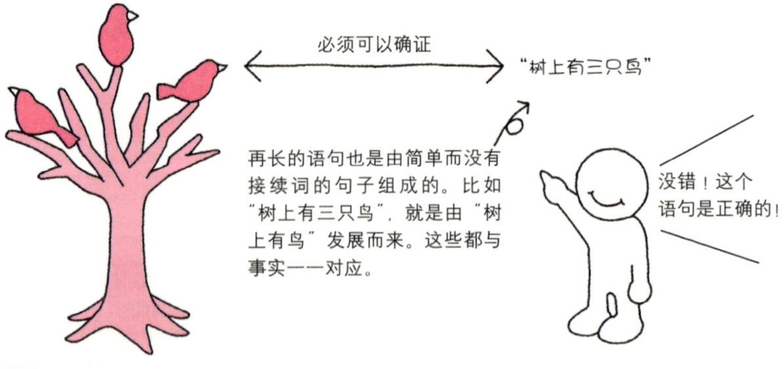

相反地，理论上无法确证的语句，是超出了与事实的对应，这并非正确与否的问题，而是语言的误用。比如哲学里讲的“上帝已死”或“德性即知识”这种无法确证的**命题（语句）**，就称不上正确的语言用法。

与事实不对应的事情就不能用语言表述。维特根斯坦认为，以往的哲学简直就是由语言的误用所构成的学问。

维特根斯坦认为，哲学的真正作用是确定可说与不可说的界线。他曾说，对于不可说的命题，我们必须保持**沉默**。

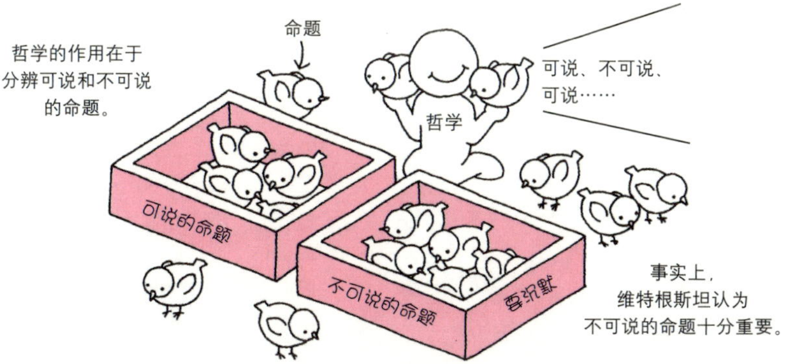

语言游戏

文　献 ------------------------- 维特根斯坦《哲学研究》

相　关 ------------------- 图像论（P270）、家族相似性（P274）

备　注 -------------------- 后期维特根斯坦哲学的中心概念，是基于对图像论的反省而提出的

早期的**维特根斯坦**认为，只要分析与事实一一对应的**科学语言**，就可以分析世界（图像论 P270）。但他随后否定了自己的观点。因为他注意到，并非**科学语言**在先，然后运用于**日常语言**；而是**日常语言**在先，然后才有**科学语言**的体系化。想要理解世界，就必须分析原始的**日常语言**。

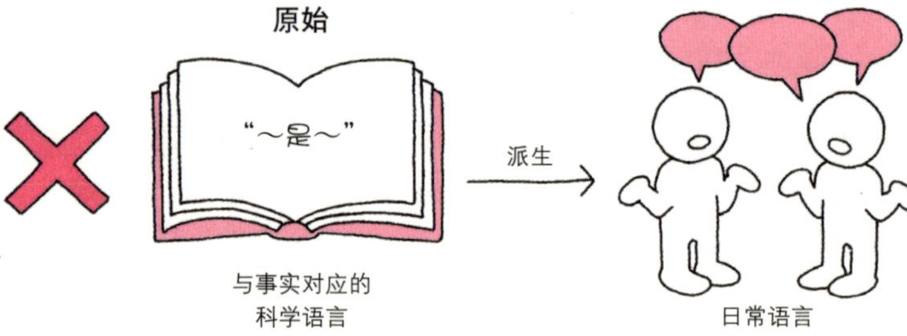

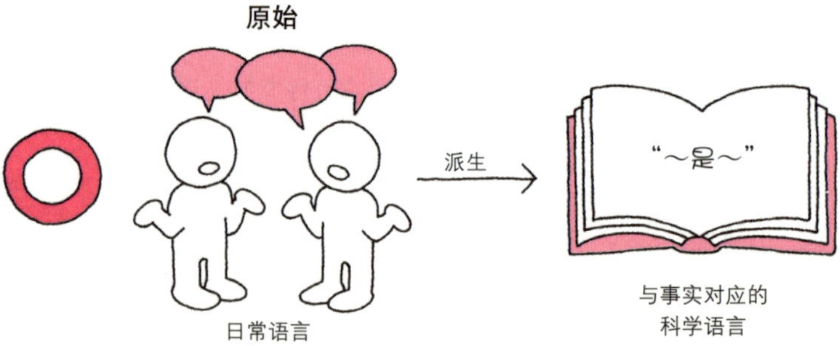

不是科学语言派生出日常语言，而是日常语言派生了科学语言。

对科学语言的分析是徒劳的，应该分析最原始的日常语言！

并且，**日常语言**也不像**科学语言**那样与事实一一对应。“今天天气真好”这句话在不同的时间和场合会有多重含义。我们如果不了解这种会话的规则，便无法使用**日常语言**。**维特根斯坦**将会话的这种特征称为**语言游戏**。**语言游戏**的规则只能在日常生活中学到。

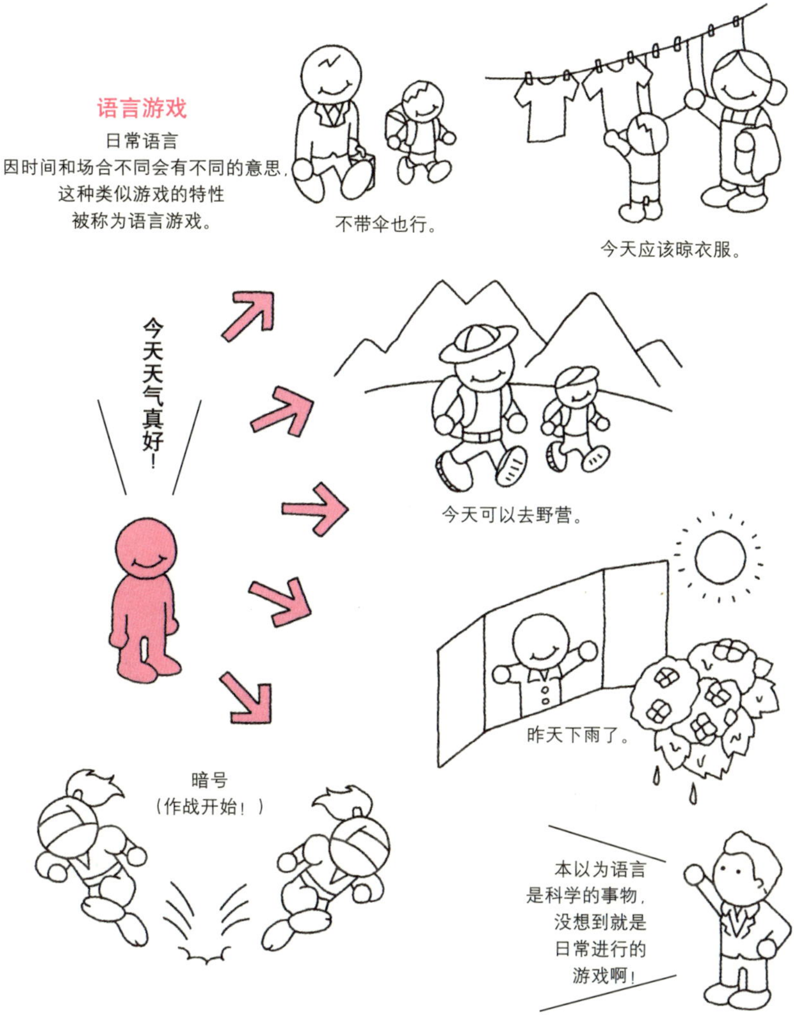

“今天天气真好”这样的**日常语言**，将它从会话当中抽离出来单独分析，就会产生误会。为了了解它的含义，就必须在日常生活中参加这种**语言游戏**。但遗憾的是，无论怎么对**日常语言**进行分析，由于进行分析的自身也处在这个结构当中，所以无法窥得全貌。

家族相似性

文　献 ------------------------------ 维特根斯坦《哲学研究》
相　关 ------------------------------ 语言游戏（P272）
备　注 ------------------------------ 家族相似性这一观念颠覆了以往的逻辑学

维特根斯坦虽然将**日常语言**比作**语言游戏**（P273），但对于“游戏”这个词语本身，他直言无法明确定义。

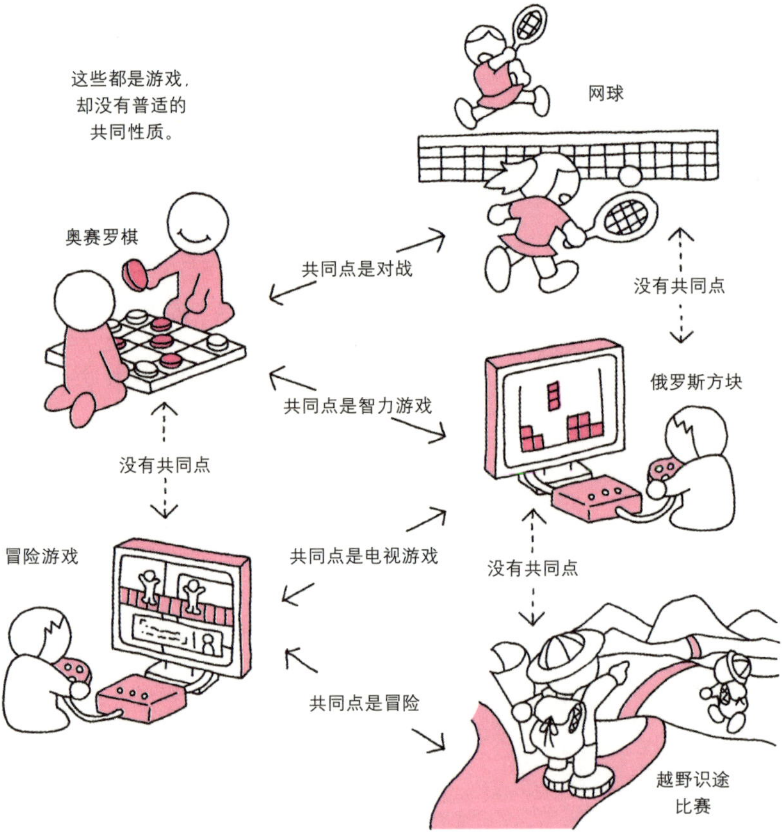

“游戏”这个**词语**是一个非常宽泛的总括。一个家族当中，尽管一家人的脸没有一个共同的特征，但父亲和哥哥耳朵像，哥哥和母亲眼睛像，母亲和妹妹鼻子像，放在一起就总会觉得一家人都有点像。如此一来，我们可以用**家庭照**来比喻。

像这样，相互之间关系松散且总括的集合体，称为家族相似性。

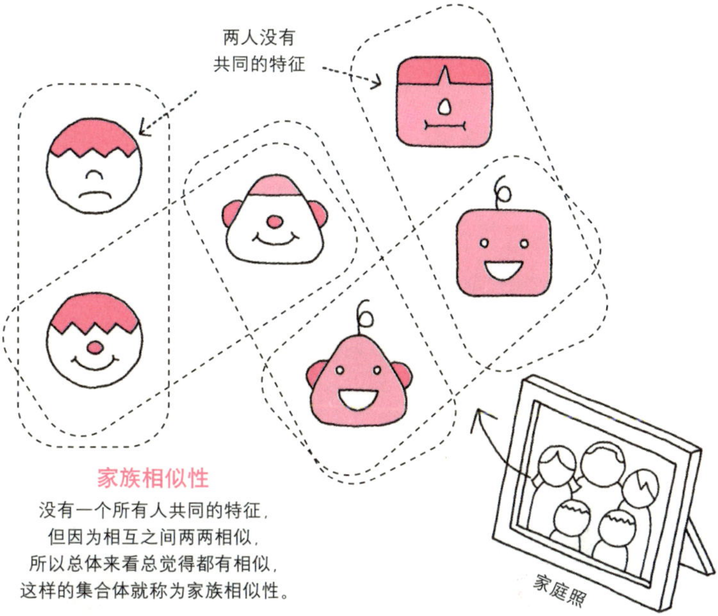

家族相似性
没有一个所有人共同的特征，
但因为相互之间两两相似，
所以总体来看总觉得都有相似，
这样的集合体就称为家族相似性。

家族相似性的观点告诉我们：一个集合体并不一定要有一个共同的性质。例如，这世间有无数种正义，却并没有一个共同的性质。这就否定了**柏拉图**的**理型**（P046）**论**。

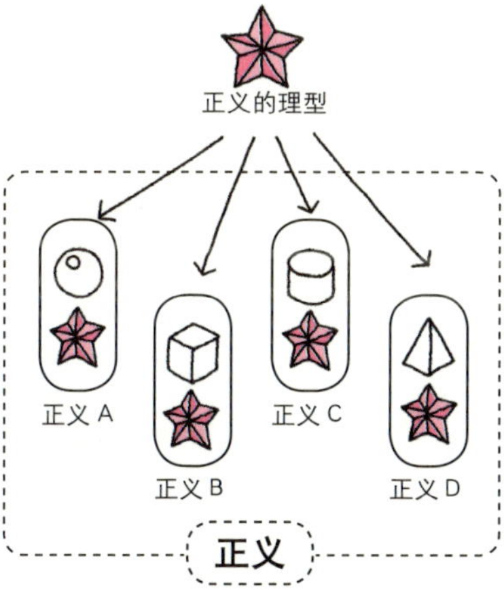

理型论（P046）
正义 A～D 具有
共同的性质。

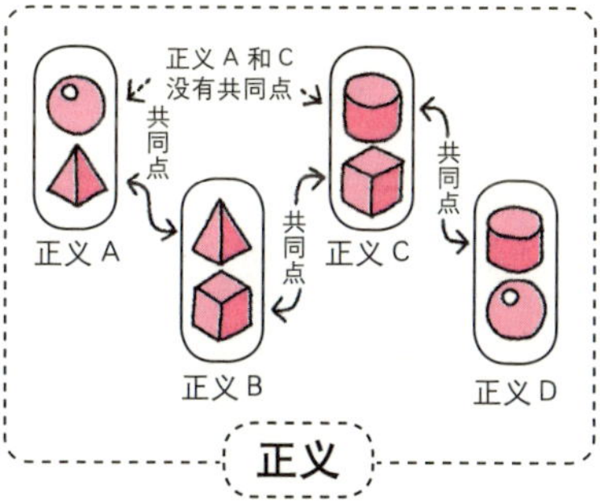

家族相似性
正义 A 和 C 没有任何共同点，
但正义 A 和 B、B 和 C 各有共同点，
所以 A 和 C 都适用于“正义”这个词语。

分析哲学

示　例 -------------------- 维特根斯坦、卡尔纳普、奥斯丁

相　关 ---- 图像论（P270）、语言游戏（P272）、逻辑实证主义（P278）

备　注 --------- 分析哲学是从符号逻辑学的研究中发展而来的。现代英美哲学中，分析哲学是主流

自古以来，哲学都把“真理”“正义”“神”等视为探讨的问题。但这些**词语**本身都是人类创造出来的。

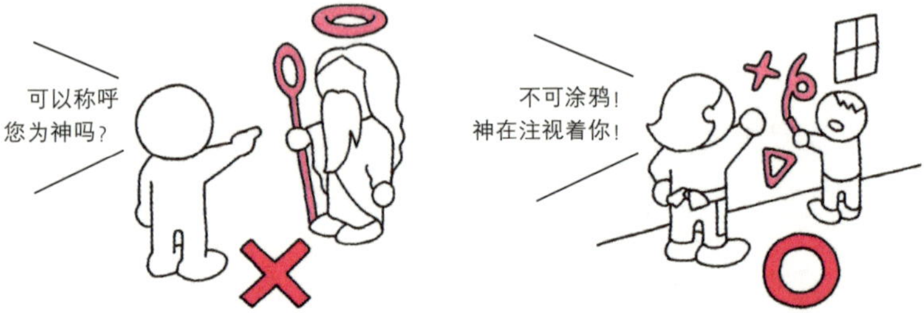

不是将神命名为神，
神是从我们日常语言活动中产生的。

如果是分析“神”这一词语是以什么样的意义被使用，而不是思考什么是“神”，就可以解决“神”的问题。哲学的作用不是思考“是什么”，而是分析语言的意义，因此称为**（语言）分析哲学**。

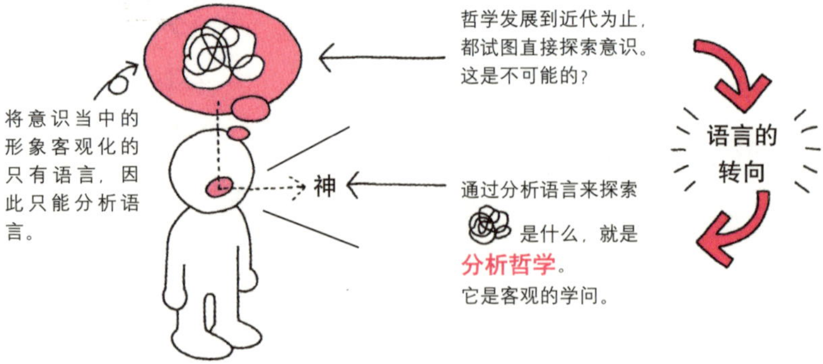

分析哲学将武断的、主观的哲学转向客观的语言问题，这称为**语言的转向**。

分析哲学源起于**摩尔**、**弗雷格**、**罗素**，经由**维特根斯坦**，成为现代英美哲学的主流。

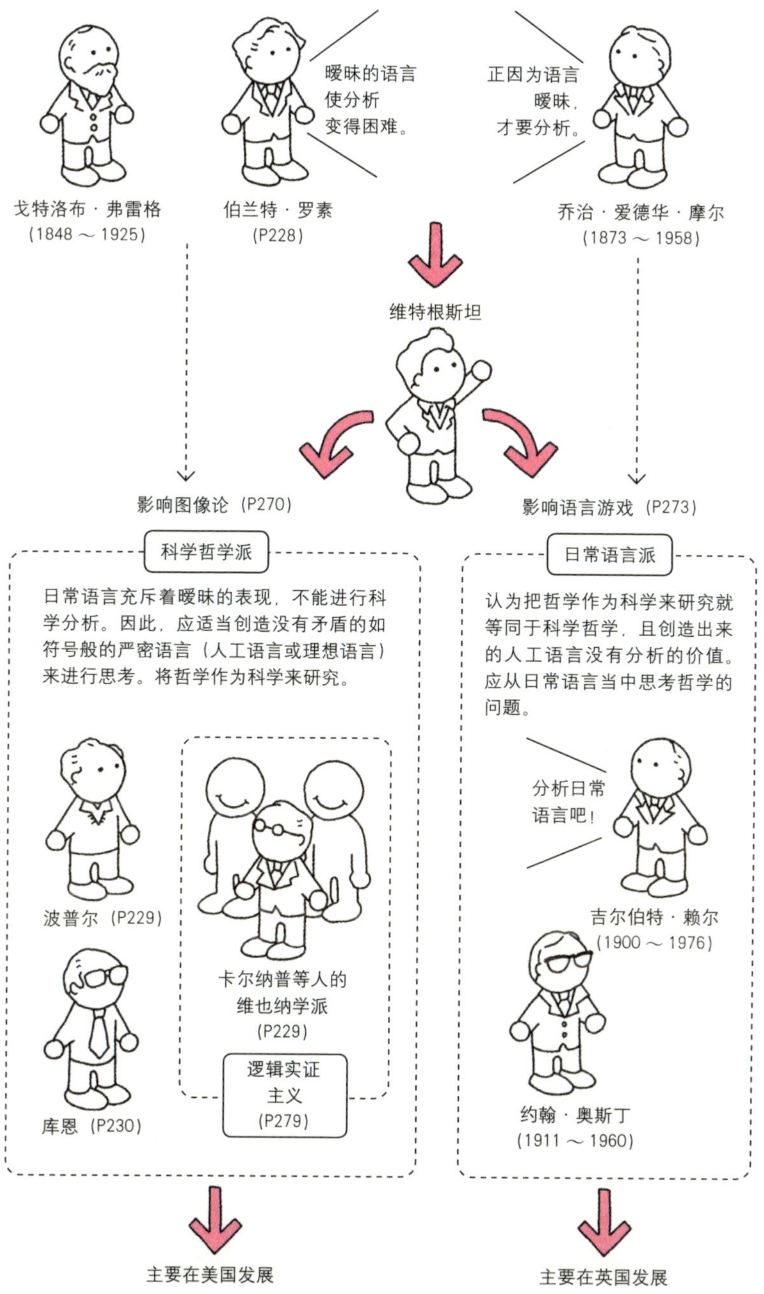

逻辑实证主义

示　例 ---------------------------------石里克、卡尔纳普

备　注 ---------------二十世纪二十年代末期，由维也纳大学的哲学家和科学家组成的维也纳学派推动的哲学革新运动。从第二次世界大战起，活动中心开始移至英美

二十世纪伊始，在相对论和量子力学的影响下，自然科学取得了显著发展。这期间，**马克思**的**唯物史观**（P203）、**弗洛伊德**的**潜意识**（P220）等没有确切根据的理论，也得到了科学化的阐述。

卡尔纳普等物理学家和数学家结成的**维也纳学派**对此产生了危机感，因此他们制定了统一规则：可以通过观察和实验得到**验证**的逻辑是科学的，无法验证的则是非科学的。

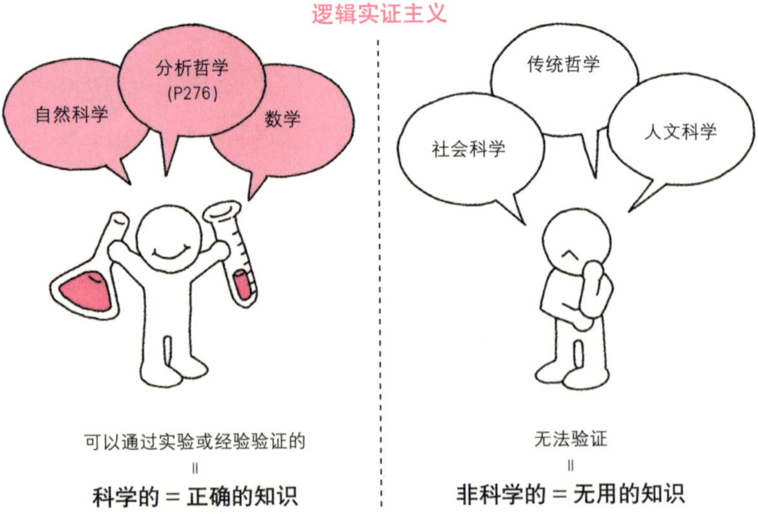

他们认为，传统哲学所探讨的“真理是～”等问题无法**实证**，因此是非科学的逻辑，只是无用的知识。如**维也纳学派**所批评的那样，它们仅仅是语言的误用（图像论 P270）。**维也纳学派**提倡只有可以实证的“科学事实”才是正确知识的逻辑实证主义，认为哲学的作用不是用语言说明世界，而是**分析**（分析哲学 P276）语言本身。

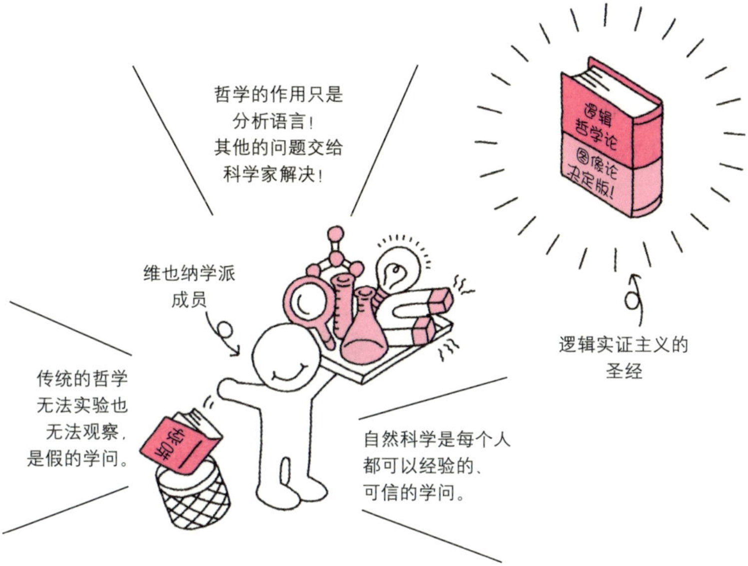

但将实证作为科学思维的条件也有不合理之处。因为经过实证的“科学事实”随时可能被新发现的事实推翻。事实上，几乎所有“科学事实”都已经被更新了。

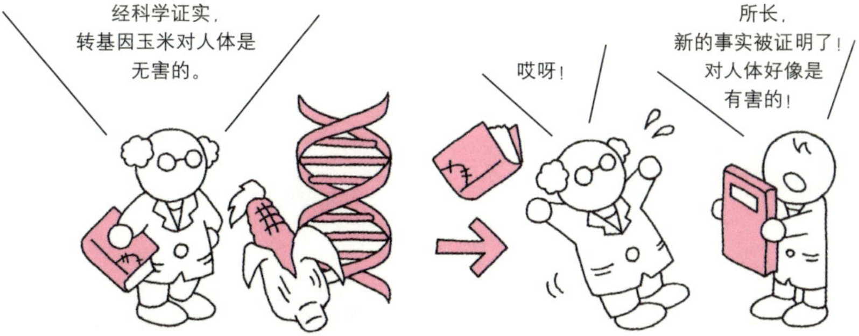

“科学事实”只是到现在为止明晰的事实。

“科学事实”面临随时被推翻的可能。

可证伪性

文　献 ---------------------- 波普尔《科学发现的逻辑》
相　关 ------------------------ 逻辑实证主义（P278）
备　注 ------------------------------- 可证伪性的理论
对归纳主义和逻辑实证主义提出了批判

逻辑实证主义（P279）主张只有可以**验证**的理论才是科学的。这种思想中存在重大的缺陷：无论多么完美的理论，都随时可能因为一次例外而被颠覆。人不可能通过验证来证明**科学理论**。

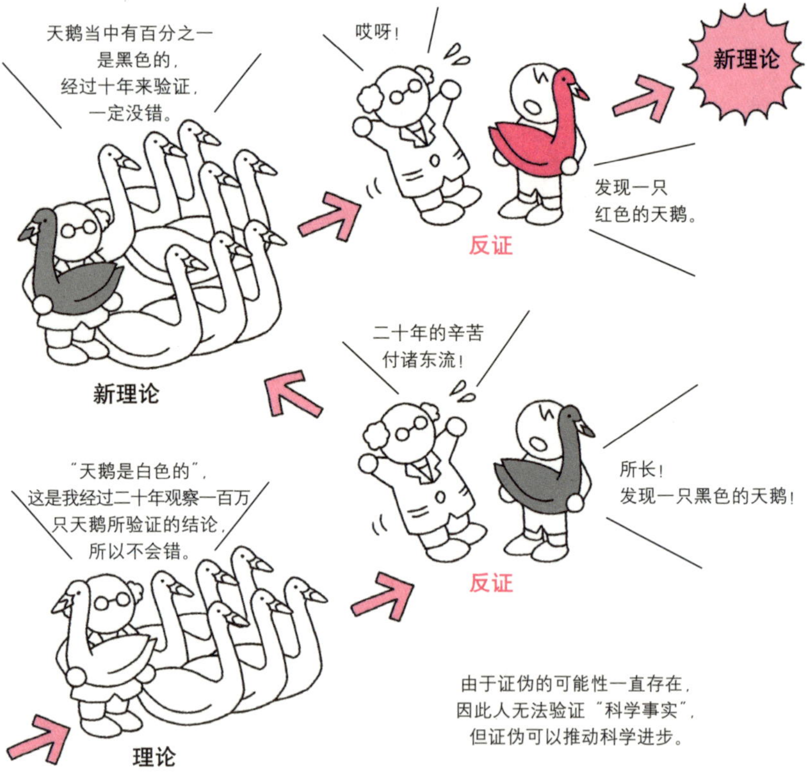

为此，**波普尔**提出，科学与非科学的区别不在于**卡尔纳普**（P229）认为的能否验证，而是能否**证伪**。**可证伪性**是科学思维的条件，不断被证伪推动了科学的发展。

卡尔纳普区别科学与非科学的方法

如果以能否验证来区别科学与非科学，那么属于科学的理论就没有了。

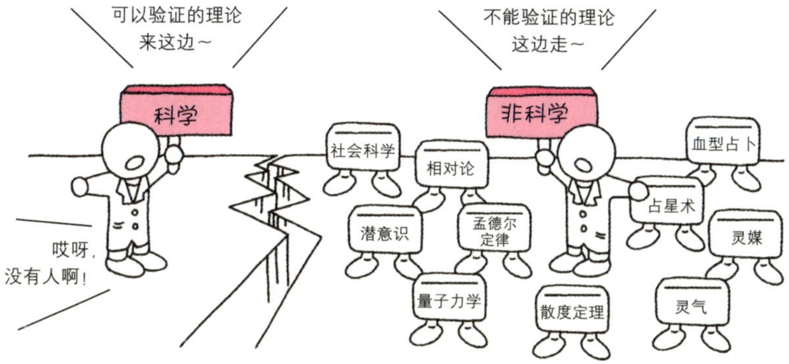

波普尔区别科学与非科学的方法

理论体系中是否具有可证伪性是区别科学与非科学的方法。

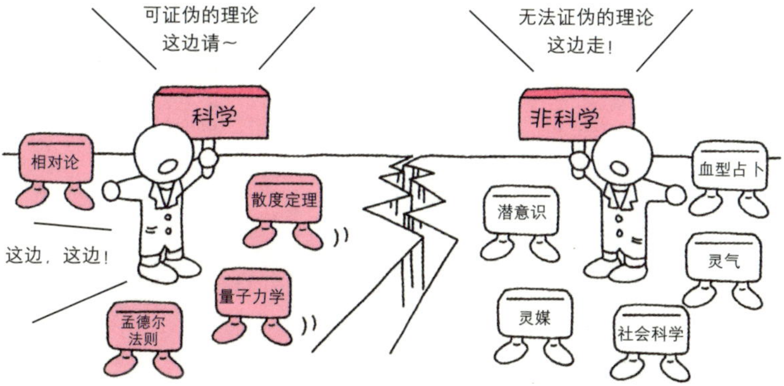

波普尔认为，所谓“科学理论”，也可以说是“迄今尚未被证伪的理论”。相对地，伪科学以直觉和感性为基础，无法反证。

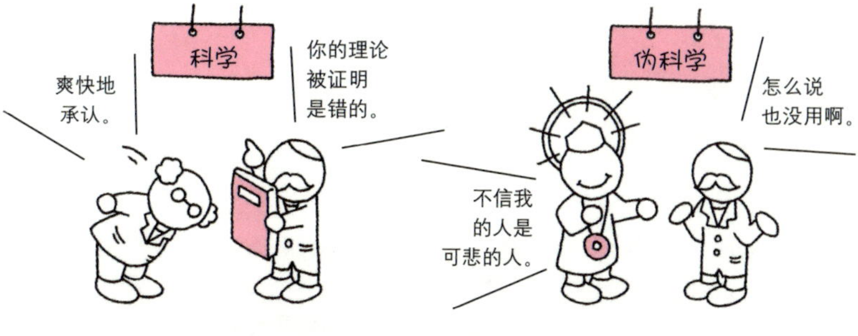

科学家率直地承认错误，伪科学者则有条条退路？

范式

含　义 ------------------ 在某一时代或领域起支配作用的理论

文　献 -------------------------- 库恩《科学革命的结构》

备　注 -------- 狭义上，是指某个科学共同体所共有的理论框架

以往认为，科学知识是通过观察和实验层层累积，从而一步一步迫近真实。但**库恩**注意到，科学知识并非连续性而是**断续性**变化的。

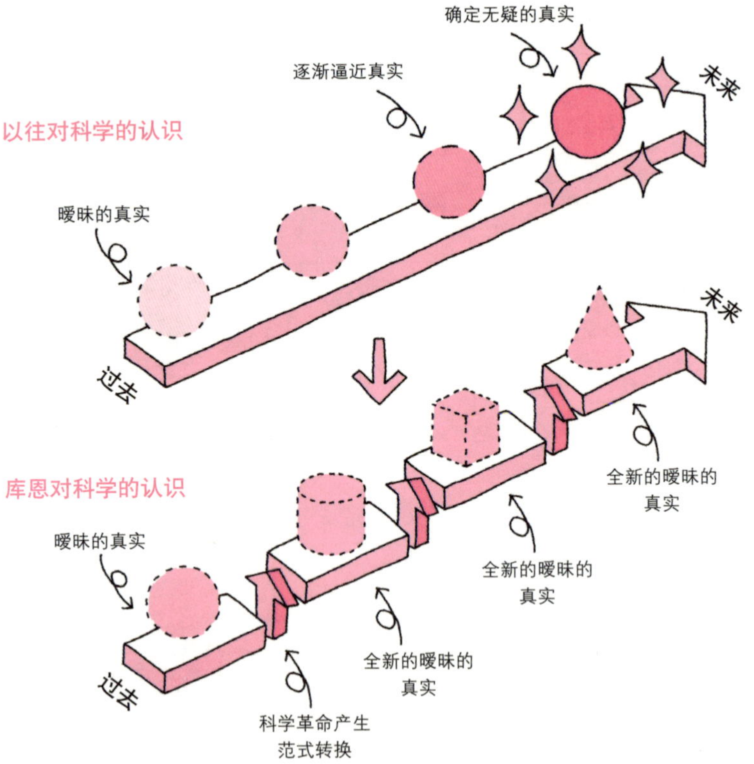

比如说，当以往被奉为真理的地心说或牛顿经典力学难以解释的事实开始接连被发现时，科学家们开始拥护日心说和相对论等新学说。随后，这些新学说变成了知识的标准。**库恩**将每一个时代的**思考框架**称为**范式**，**范式**的变化称为**范式转换**。

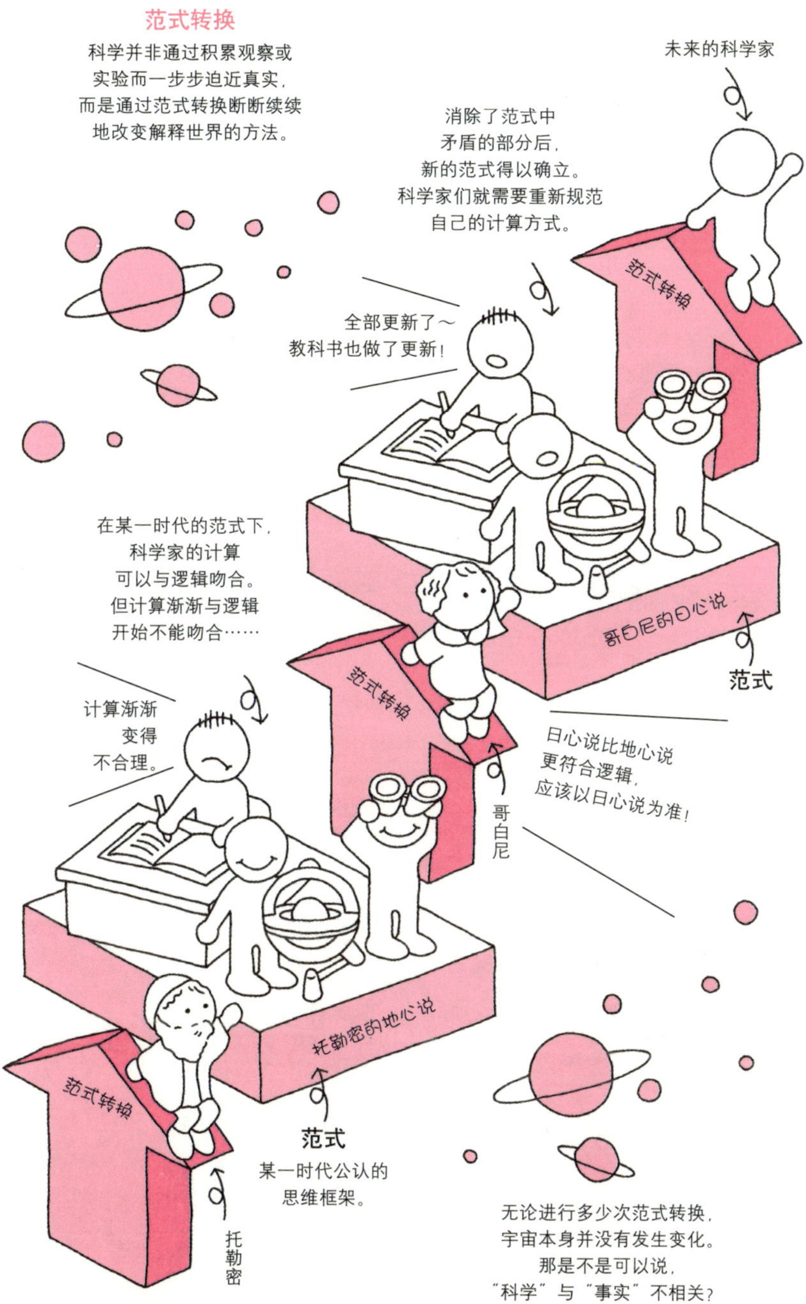

现在，**范式转换**一词不仅在科学领域，在社会学和商业活动当中也被广泛使用。

工具理性

含　义 ------------------ 为了实现某种目的而作为手段的理性
文　献 --------------------霍克海默、阿多诺《启蒙辩证法》
相　关 ----------------------------------沟通理性（P286）
备　注 -------------------工具理性不仅支配自然，也支配人类

法兰克福学派成员**霍克海默**和**阿多诺**在纳粹的法西斯主义和犹太人大屠杀当中，看到了近代以后被奉为圭臬的**理性万能主义**的局限性。

他们指出，近代所倡导的理性原本就是作为“为了达成支配自然目的的工具”发展起来的（知识就是力量 P100）。

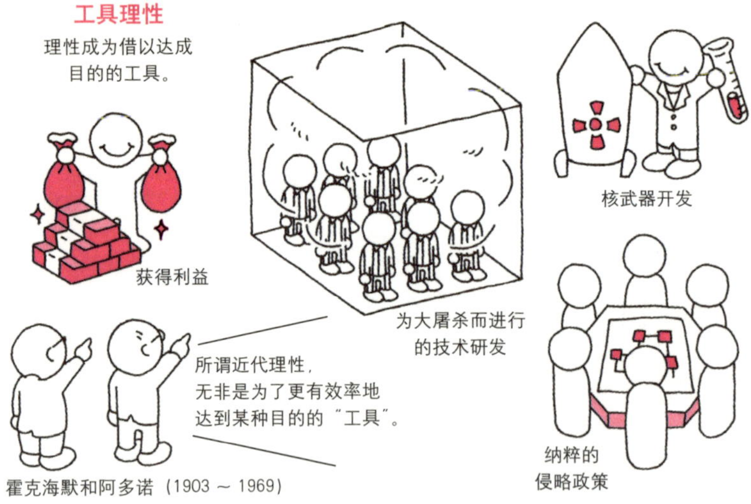

法兰克福学派认为，为了达成某个目的的**工具理性**，与追求利益相结合，就变成了法西斯主义的政治政策及战争武器研发的工具。

而且，由于只重视实证的**科学万能主义**仅分析部分现实，法兰克福学派批判其有未能抱持更宽广视角的局限。

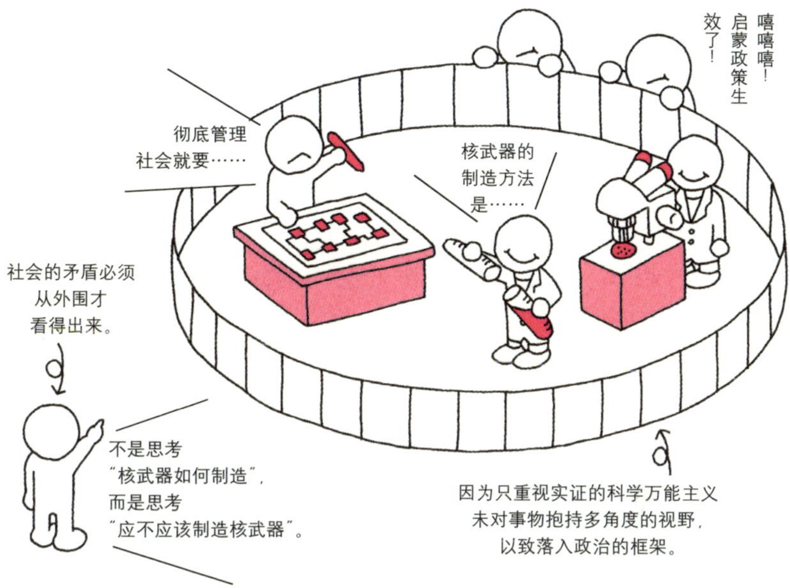

此外，法兰克福学派的心理学家**弗洛姆**还考察了获得自由的近代人。他们因不堪自由之孤独，产生了自发顺从纳粹权力的心理。

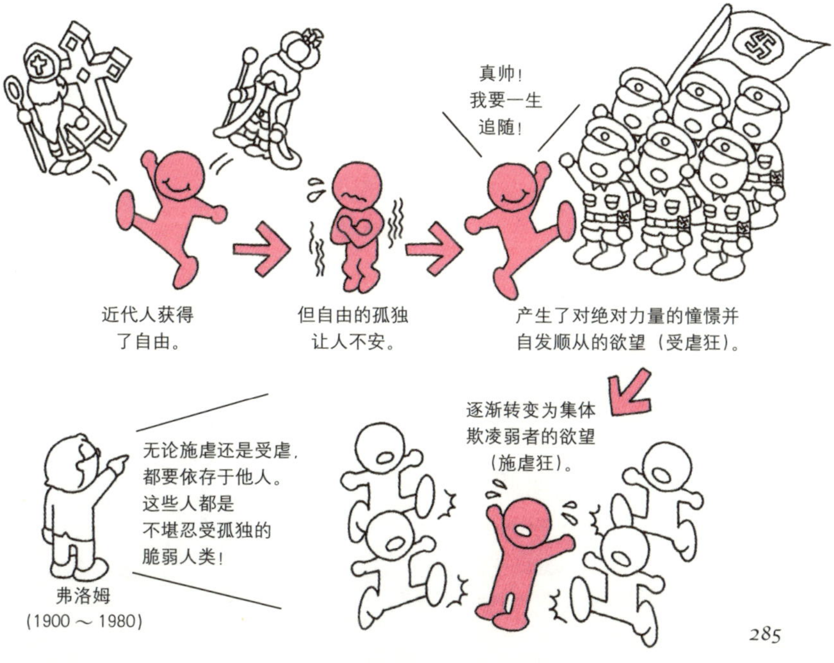

沟通理性

文　献 ----------------------哈贝马斯《现代性的哲学话语》
相　关 ----------------------------------工具理性（P284）
备　注 ----------哈贝马斯继承了霍克海默和阿多诺的近代批判问题意识，对理性进行了积极的解释

创始初期的法兰克福学派认为，**理性**只是用以支配自然和人类的工具（工具理性 P284）。第二代法兰克福学派的旗手**哈贝马斯**则主张理性也有**沟通理性**。

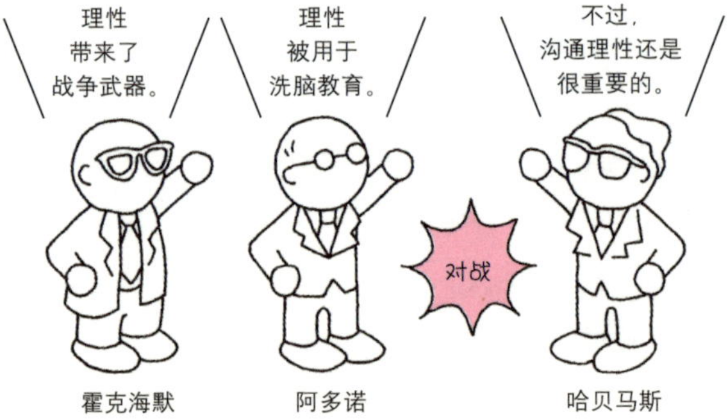

哈贝马斯认为，理性不是强迫对方接受自己的理论的工具，而应根据**对话**，运用理性修正自己的思考。但对话必须是在双方能充分交流意见的条件下进行。

人类具有沟通的理性。
但沟通必须在什么都谈得来的平等条件下进行。

极权主义

文　献 ------------------------- 阿伦特《极权主义的起源》

备　注 ------------------ 阿伦特的《极权主义的起源》全书由反犹主义、帝国主义、极权主义三部分构成

国家、民族、人种等**集体**优先于**个人**的思想，称为**极权主义**。以单一政党强制推行集体优先的思想是其特征。具体的例子有德国的纳粹主义、苏联时期的斯大林主义。

极权主义

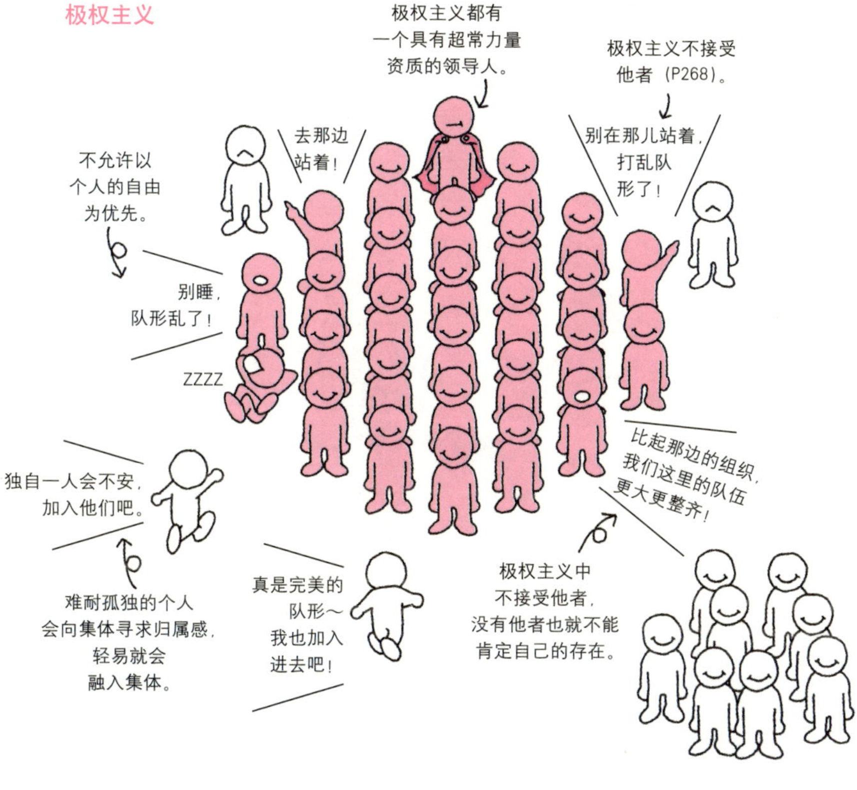

阿伦特主张，**集权主义**是阶级社会崩溃后，大众为了克服孤独的不安和空虚而寻求归属感和整体感，以思想而群集联结的结果。无意识的行动会让人轻易地被吸收进以民族和人种为基础的思想集团当中。

存在先于本质

含　义 ------------------ 自己的本质并不是预先就被设定的，而是由自己具体的生存方式决定的

出　处 -------------------- 萨特《存在主义是一种人道主义》

相　关 --------- 存在主义（P185）、人类被处以自由之刑（P289）

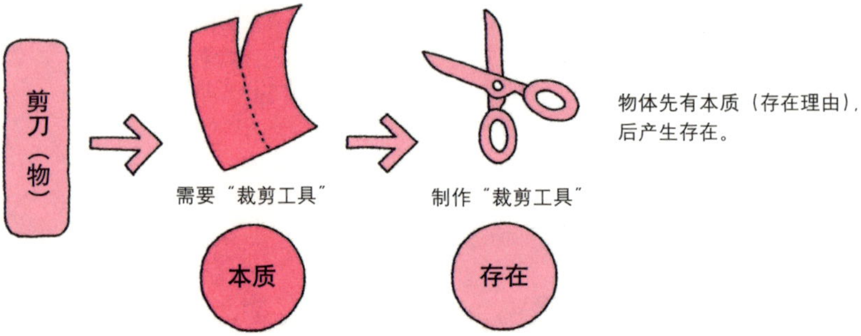

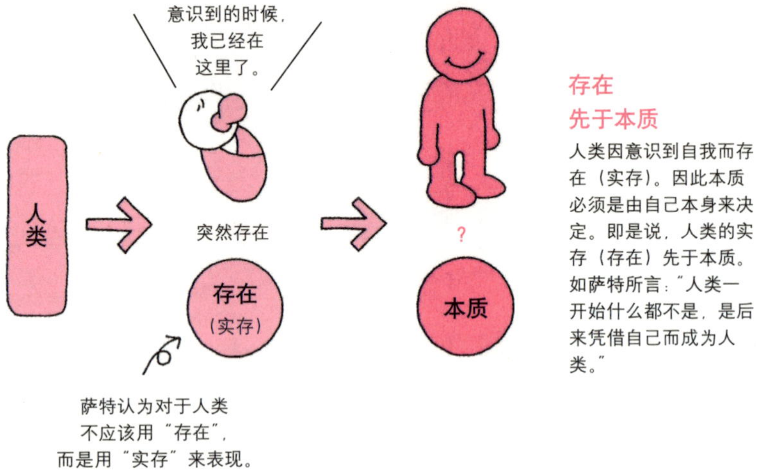

萨特将**存在主义**（P185）表现为“存在先于本质”。这里的**存在**是指**人类的存在**，**本质**是指此物之所以是此物的必要条件。比如说，剪刀的**本质**是“裁剪工具”，如果离开这个条件，剪刀就没有存在理由。事物先有**本质**，而后存在。人类在意识到以前就已经**存在**了，随后再自行创造自我的**本质**。

人类被处以自由之刑

出 处 ------------------- 萨特《存在主义是一种人道主义》

相 关 ---------------- 萨特这种重视人类"主体性"的思想，在结构主义兴起之后逐渐失去了影响力

因为物体必须先有**存在理由**（P288），因此是不自由的。但人类可以自由地创造自己的**存在理由**。去做什么或成为什么都是个人的自由。但绝对自由会带来不安与责任，有时也会成为人类的重荷。**萨特**将此表现为**"人类被处以自由之刑"**。

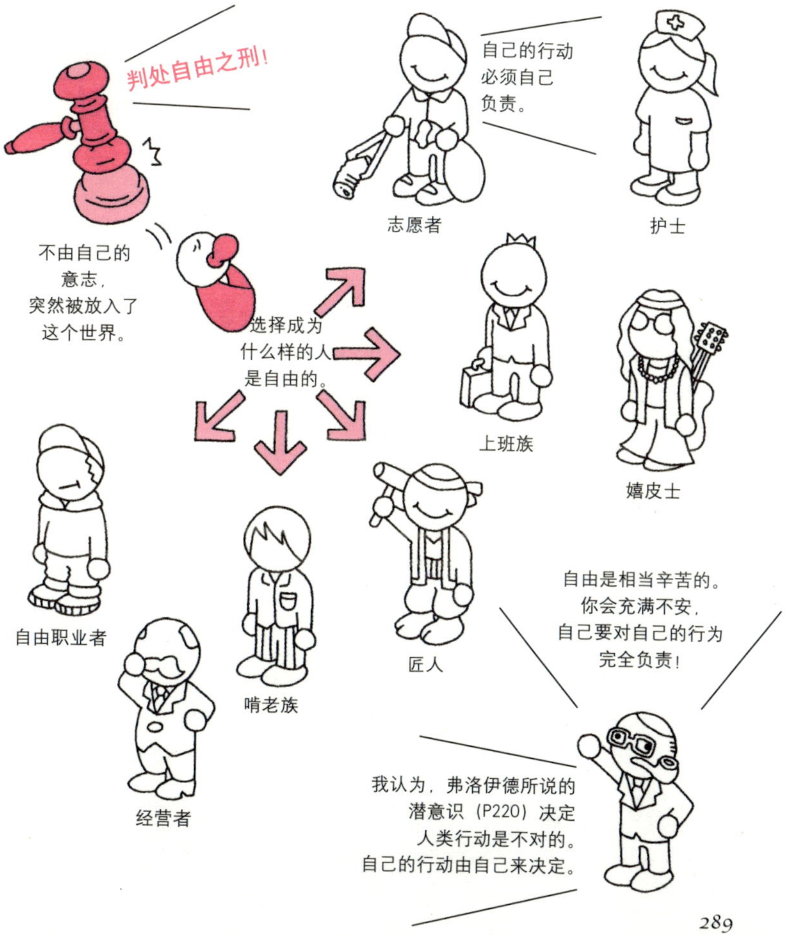

自在存在｜自为存在

文　献 --------------------------------- 萨特《存在与虚无》
相　关 ----- 辩证法（P174）、存在先于本质（P288）、介入（P292）
备　注 ---------- "自在" 和 "自为" 是黑格尔辩证法的基本概念，萨特为其赋予了新的含义

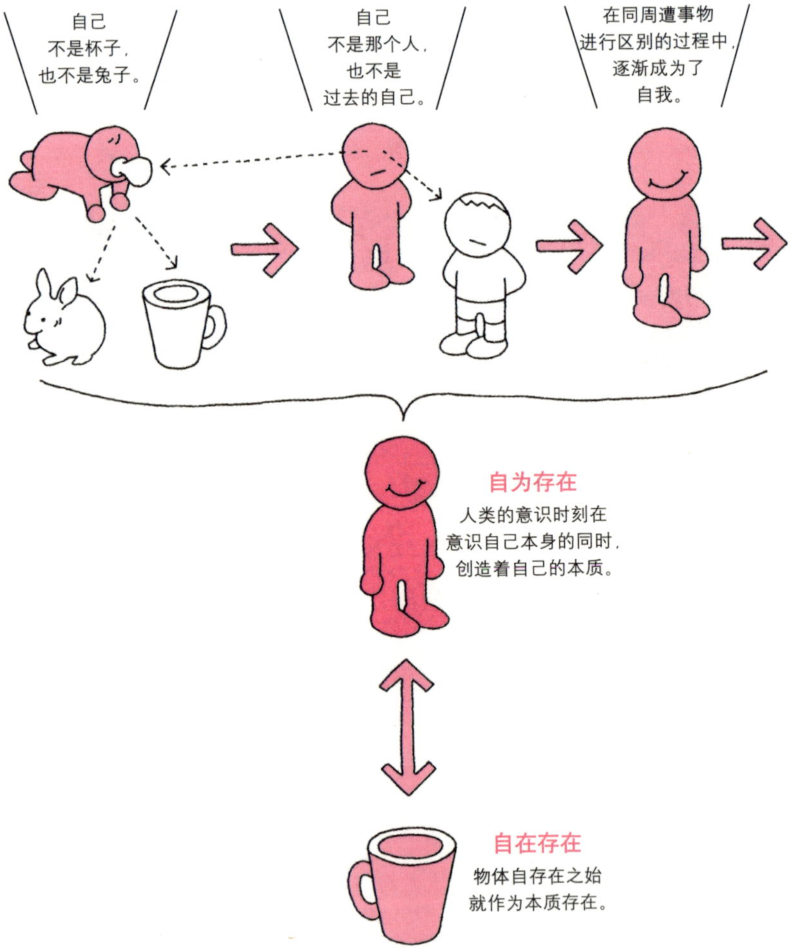

萨特认为，**"我"** 在一开始也是不存在的。一开始存在的只有**意识**。意识在对自己和杯子、过去的自己、他人进行区别的过程中，逐渐创造出 **"我"**。

像这样，在不断意识自我的过程中创造出“**我**”的本质（存在先于本质 P288），**萨特**称为**自为存在**。反之，物体一般最初就作为固定的本质而存在，称为**自在存在**。

人类（自为存在）并不是原本就有，而是没有。

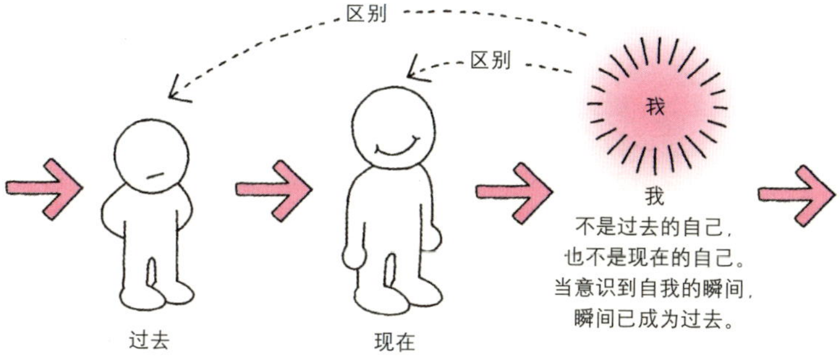

自为存在不是过去的自己，也不是现在的自己。因为意识到“**我**”的瞬间，瞬间已经成为过去。自我的可能性永远在前，人类“**不在于已有**（过去到现在），**而在于未曾有**（未来）”。但这种无限性也使人不安。**萨特**认为，人会通过扮演他人赋予的角色来逃避这种不安。

逃避自己的可能性，扮演他人赋予的角色——咖啡馆的侍者来固化自己，就等于自为存在。让别人这样看自己的同时，自己也被别人的伪装所迷惑。

介入

含　义 ------------------------------ 社会参与、自我约束

文　献 ------------------------------ 萨特《情境》

相　关 ------------------------------ 存在先于本质（P288）

备　注 ------------------------------ 英语多译为"commitment"

黑格尔认为，**历史**（P176）正向着理想的方向前行。**马克思**则预言，会有新的历史登场代替资本主义。当真是这样吗？**萨特**倡导要积极参与社会，用自己的双手去实现上述设想。他认为参与社会的同时也会被社会约束，但能够改变社会的也是自己。他将这种社会参与称为**介入**，并身体力行付诸实践。**萨特**的活动对日本的全共斗运动等世界各国的社会运动都产生了很大的影响。

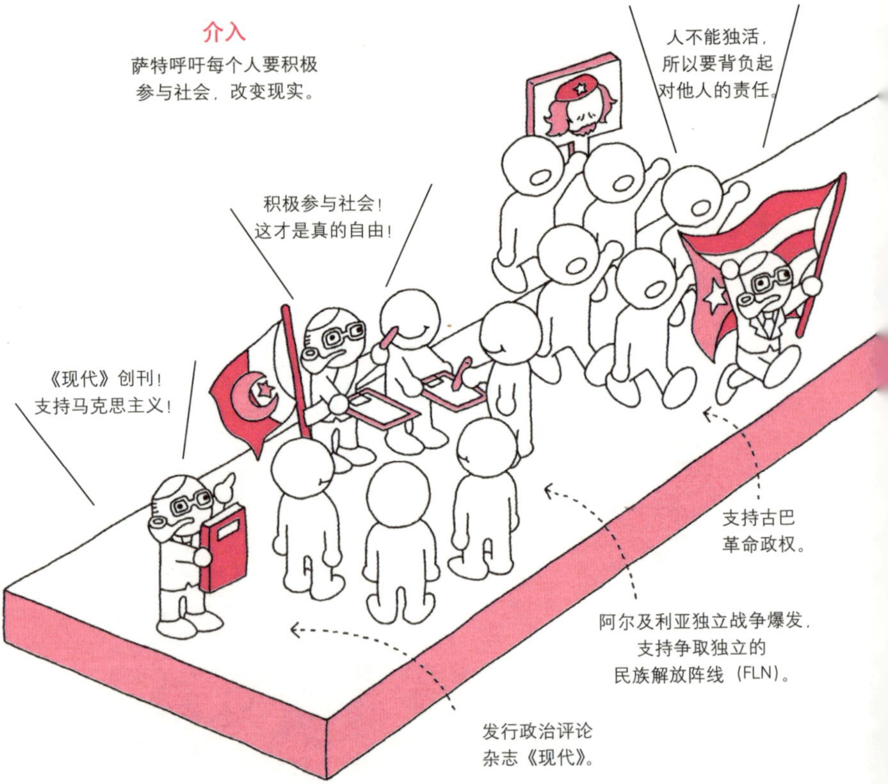

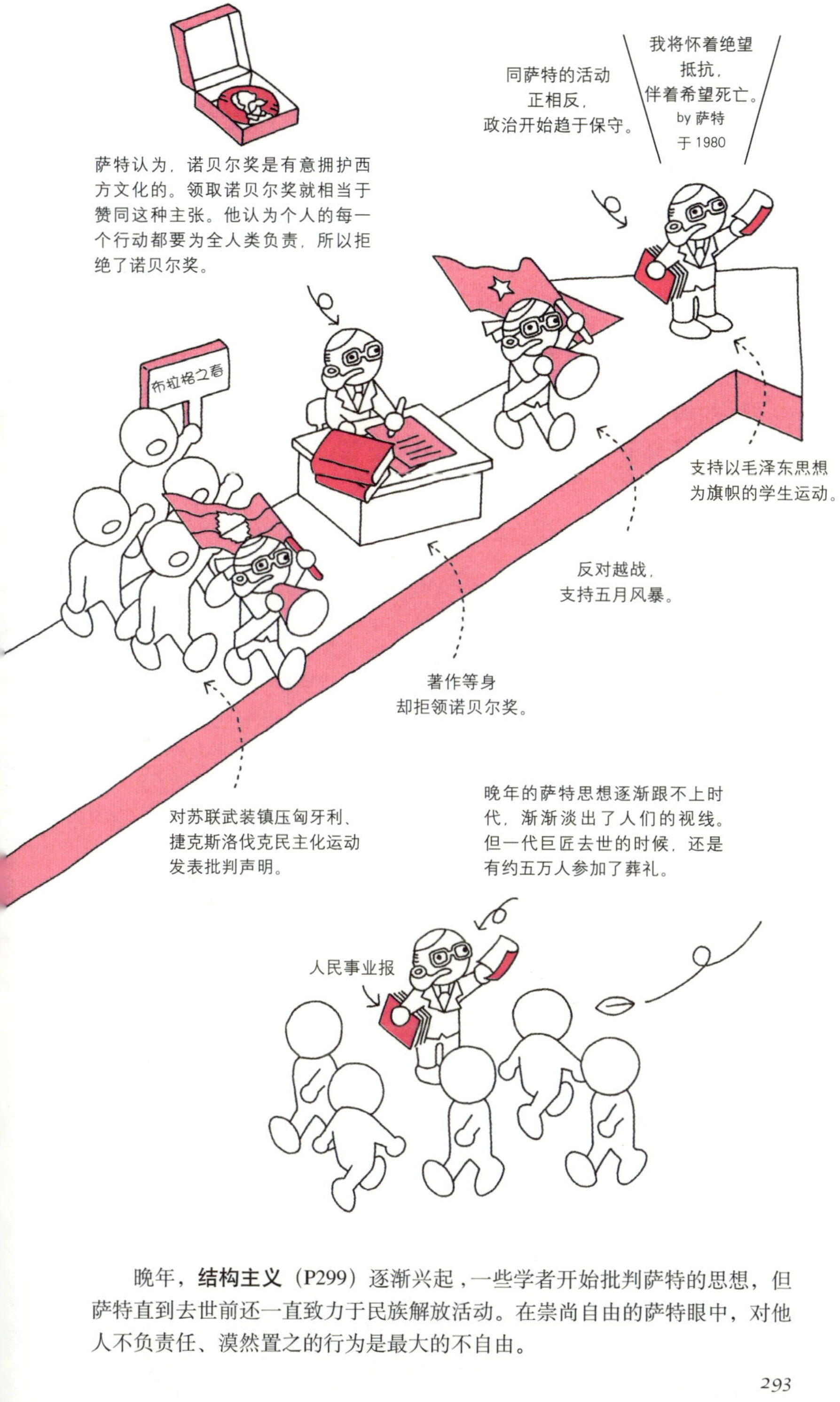

晚年，**结构主义**（P299）逐渐兴起，一些学者开始批判萨特的思想，但萨特直到去世前还一直致力于民族解放活动。在崇尚自由的萨特眼中，对他人不负责任、漠然置之的行为是最大的不自由。

身体图式

含　义 ----------------------指身体对于各种状况变化的应对
文　献 ----------------------------梅洛－庞蒂《知觉现象学》
备　注 ------ 梅洛－庞蒂的身体论受到胡塞尔现象学的极大影响

在骑自行车的时候，紧握车把的双手和蹬在踏板上的双脚，可以在人无意当中应对上坡或障碍物。**梅洛－庞蒂**认为，人之所以可以做到如此，是因为手脚等身体器官都具有不同于意识的**独立意识**，彼此相互联络，为了行动而构造了一个图式，这个图式称为**身体图式**。

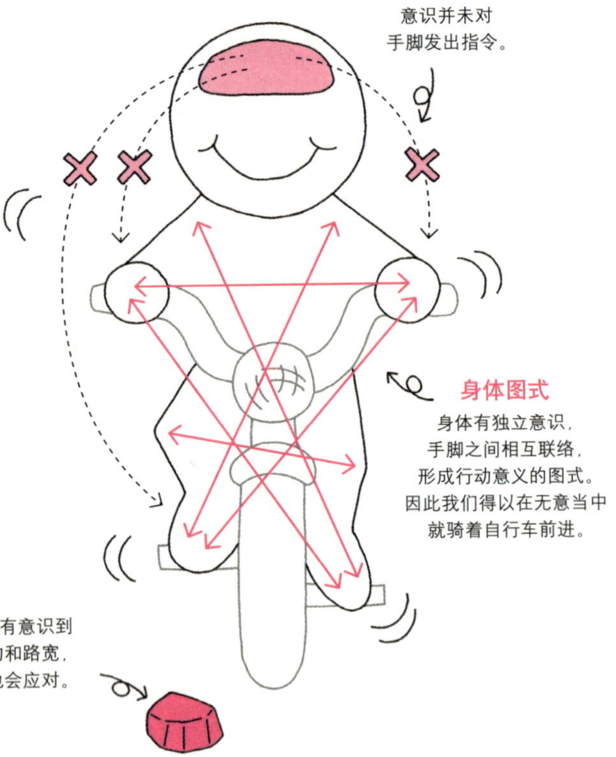

如果没有**身体图示**，就无法进行电脑录入时的盲打，不能演奏乐器，连走路也不能。

因事故而失去脚的人，会在无意之中还想要使用早该意识到不存在的那只脚。**梅洛－庞蒂**认为，这是**身体图式**尚未来得及更新的缘故。最终人适应了拐杖，身体制作新的身体图式，就可以顺利行走了。

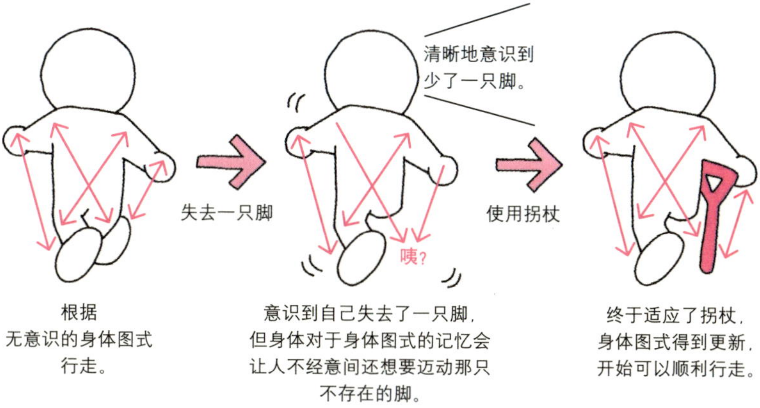

因此我们知道，**身体图式**不仅存在于我们自己的身体之内，也可以在拐杖等周遭事物之间形成。**梅洛－庞蒂**认为，正因为是自己的**身体**，所以能够将自己与物品或世界，甚至自己与他人联系起来。

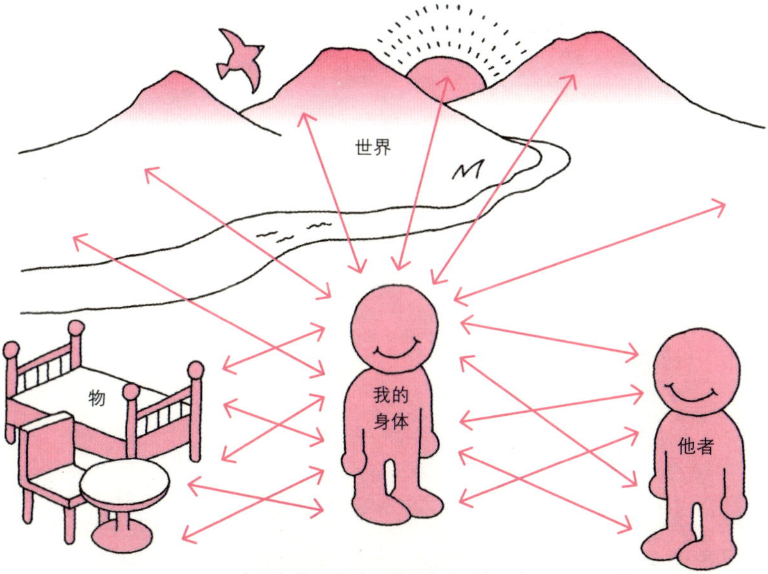

自己与世界通过身体图式联系在一起。
如果失去了重要的人或事物，
更新既往存在的复杂而强力的身体图式会需要一段时间。

肉身

文　献 ----------------------梅洛－庞蒂《可见与不可见》
相　关 ------------------------------身体图式（P294）
备　注 ---------------- 梅洛－庞蒂后期哲学中的重要概念，常以“从身体到肉体”这样的警句来说明

我是指我的**意识**，而我的**身体**不是我，只是同身外世界一样都是**客体**（P113）。**笛卡尔**以后的近代哲学家大都持有这种观点（身心二元论 P144）。

笛卡尔的身心二元论

但意识在身体之中，绝非飘浮在空中。没有身体，意识就不存在。因此**梅洛－庞蒂**认为，身体既是客体也是**主体**，具有两义性。

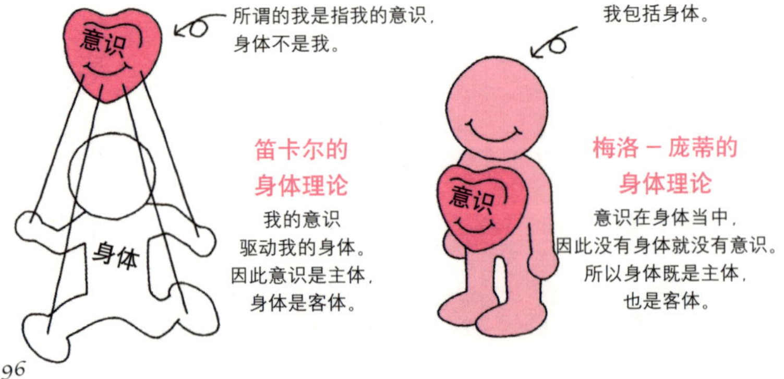

他还认为，当我们在看到苹果、摸到苹果的时候，苹果对我们而言是客体。但看到苹果的眼睛（眼睛是身体的一部分）和触碰到苹果的手不是客体而是主体。进一步来说，当眼睛看到他者的同时，也会被他者看到。握手的时候，握着他者的手的同时也被他者握着。

身体存在的时间点上，既是主体又是客体。

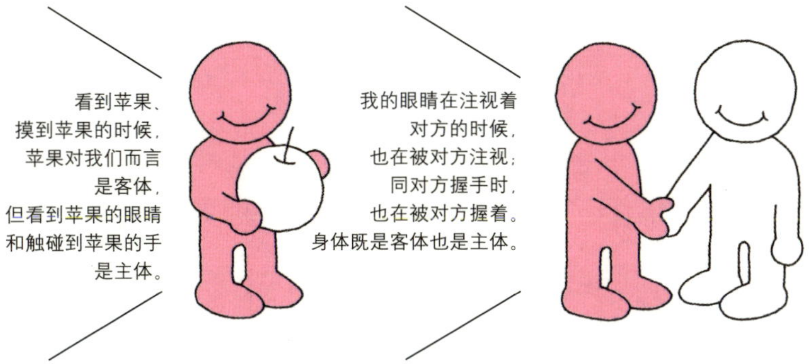

梅洛－庞蒂形容身体是“**有主体的感觉，但也有客体的感觉**”。因为有了身体，我们才能触碰世界，世界也才得以被我们触碰。我们的意识通过身体与世界联系。**梅洛－庞蒂**将身体和世界接触的部分称为世界的“**肉身**”。

因为身体存在，我得以触摸到世界的“肉身”。

结构主义

含　义 -------------------- 认为人类的言行由这个人所属的社会和文化的结构决定

示　例 --------------- 列维－施特劳斯、福柯、罗兰·巴特等

萨特认为人是绝对自由的，重视人的自主性行动。但**施特劳斯**并不赞同。

因为**列维－施特劳斯**认为，人类的思考和行动都是由其根源所在的社会、文化**结构**所支配。他将**索绪尔**的**语言学**（语言的任意性 P244）应用到人类社会，得出了上述思考。

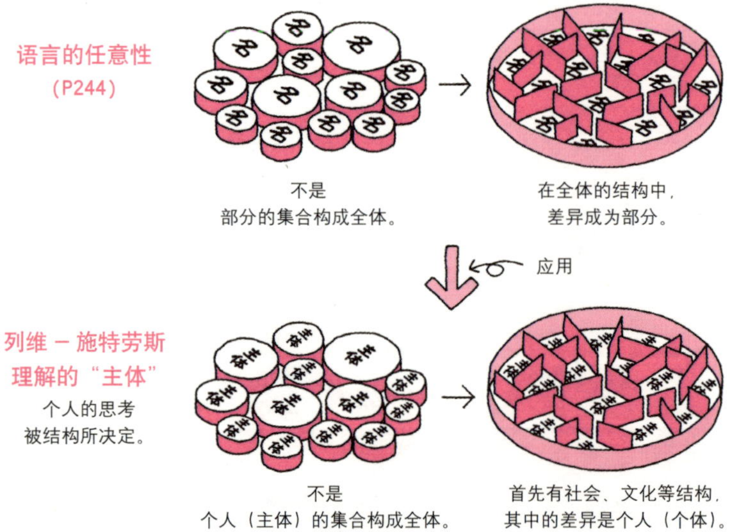

这样一来，人类的主体性就由**结构**所决定。**列维－施特劳斯**批判**萨特**强调主体性，是西方哲学独特的人本位主义思想。

作为文化人类学家的**列维－施特劳斯**曾进入数个原始部落，与那里的人们一起生活，来调查决定人类行动的**结构**。他认为，例如两个原始部落间交换女性的风俗背后，是人类社会**禁止近亲结婚**的共通**结构**。

此外，两个原始部落的成员对于部落间交换女性的风俗的真正意义一无所知。行为的意义仅在一个方面观察是理解不了的。**列维－施特劳斯**主张，对事物往往要以**二元对立**（P318）为轴心来认识。现象的意义并非来自它本身，要从与其相关的社会和文化**结构**去解读。这种思想称为**结构主义**。

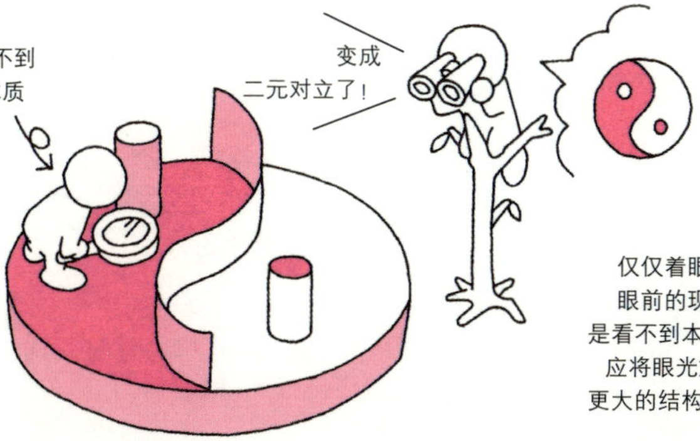

野性的思维

含　义 ---------------------无文字社会中未被意识到存在的逻辑
文　献 -------------------- 列维－施特劳斯《野性的思维》
相　关 ---------------------------------结构主义（P298）
对应词 ------------- 被栽培的思维、文明的思维、科学的思维

萨特主张积极参与社会推动历史进步（介入 P292）。**列维－施特劳斯**对此表示强烈反对。

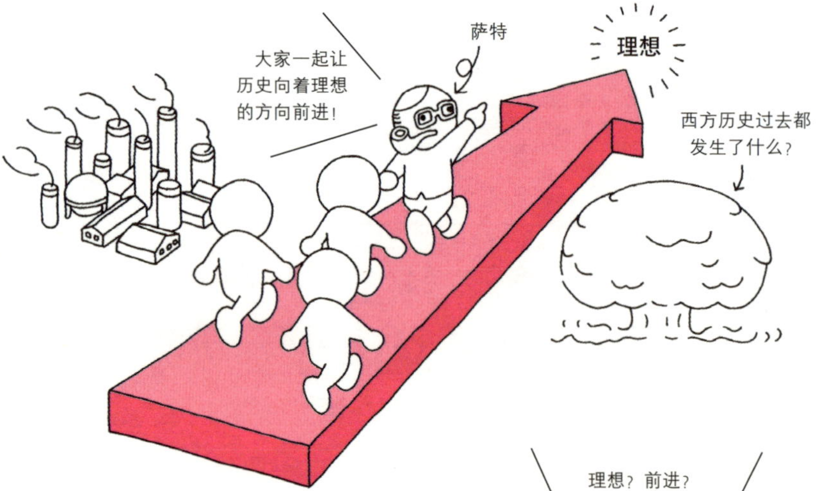

对于没有历史的部落而言，
历史的变化是没有必要的。
在列维－施特劳斯看来，
萨特的想法就是
将人本位主义的西方思想强加于人。

列维－施特劳斯曾与没有历史的波洛洛族和卡列拉族一同生活过一段时间。在他看来，**萨特**所谓的“人使历史走向正确的方向”，根本就是强加于人的人本位主义的西方思想。

西方人以设计图为基础，有计划地组装事物，与此相对地，原始部落的人使用手边现有的工具和材料**拼装**事物。拼装绝非幼稚的狂想，而是为了地球环境和社会安定采取的富有逻辑性的合理手段。**列维－施特劳斯**将这样的思考同西方所谓**文明的思维（科学的思维）**相对，称为**野性的思维**。

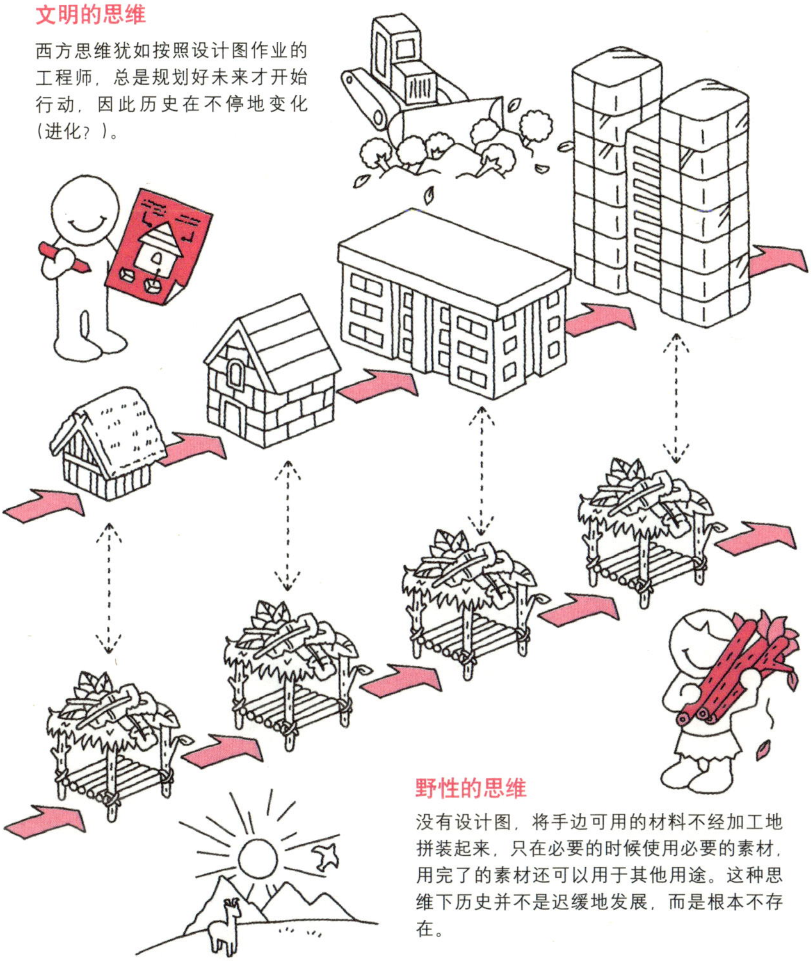

如今，**文明的思维**已经产生了严重的环境破坏和核武器，**野性的思维**则是以**拼装**想法在潜意识中将文明的进步（历史）拒之门外。**列维－施特劳斯**认为，如果对事物加以**结构性**（结构主义 P299）思考，而不是偏向一方来看，**野性的思维**和**文明的思维**二者之间应当是互补的。

自由主义

备　注 ------ 中文单纯译为"自由主义"容易招致歧义，须注意。现代美国出现的要求通过财富再分配来救济弱者、支持福利国家政策的立场，也被称为自由主义

功利主义（P191）主张，为了社会全体的幸福而牺牲个体是无可避免的。但对于主张**自由主义**的**罗尔斯**而言，则并不是**正义**的。**罗尔斯**为了克服**功利主义**的弱点，提出人们应当以"自己对自己所置身的立场一无所知"，即自己对于自身是男是女、白人黑人、健康或行动不便等一无所知的前提下，在彼此都笼罩在**无知之幕**下的状态里，去思考构建一个什么样的社会。

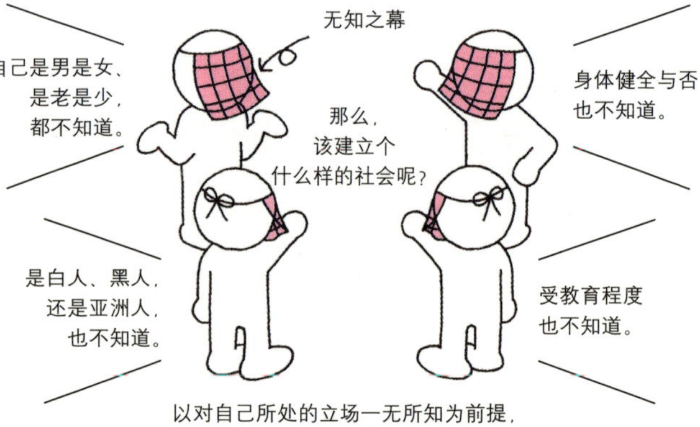

这样一来，**罗尔斯**导出了有关社会正义的三项原则。第一项是**基本自由原则**。原则上必须保障个人的自由。

❶基本自由原则

良心、思想、言论的自由必须得到保障。

第二项是**机会均等原则**。例如，即便产生了经济上的差别，也应得到公平竞争的机会。

❷机会均等原则

即使产生了差别，也要保障竞争的自由。

但是，在身体有缺陷或者被歧视等没有优势的状况下，如何参与自由竞争呢？**罗尔斯**认为，由自由竞争产生的差别，必须为了改善社会中处于最劣势的人们的生活而调整，最后提出**差异原则**。

❸差异原则

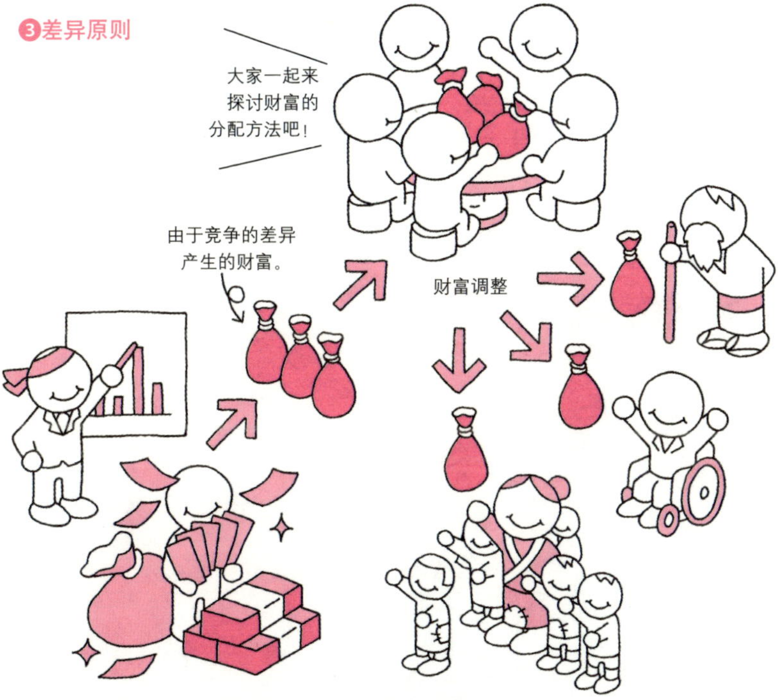

自由竞争产生的差异，
必须为了改善社会中处于最劣势的人们的生活
而调整。

自由意志主义

含　义 ------------------ 尊重个人精神和经济自由至上的立场
示　例 ------------------ 诺齐克、哈耶克、弗里德曼
备　注 ------------------ 和新自由主义重合的部分较多

诺齐克反对**罗尔斯**的**自由主义**（P302）。他认为通过税收进行财富再分配会导致国家权力过大，提出了将国家权力限制在对暴力、盗窃、欺诈等侵犯行为的预防上的**最小国家**的构想。由民间企业来执行福祉服务的社会是他的理想。这样的思想称为**自由意志主义**（**自由至上主义**）。

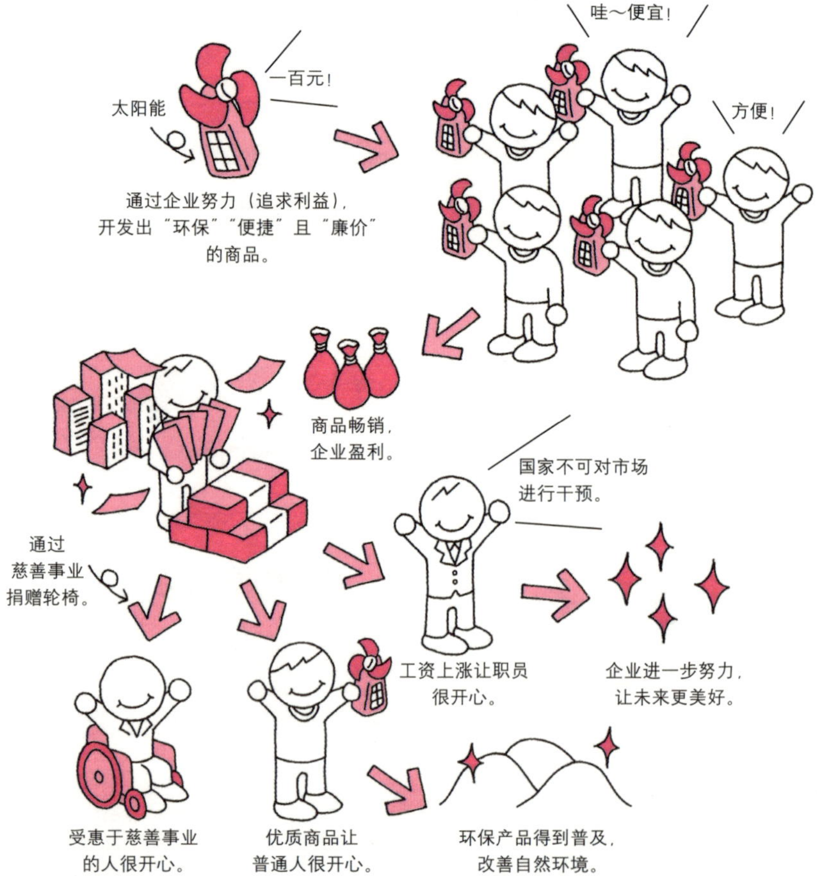

社群主义

含　义 ----------------------尊重社群的道德和价值的立场

示　例 -------------------------------麦金泰尔、桑德尔

备　注 ------- 社群主义对自由主义和自由意志主义都持批判态度

桑德尔等提出的社群主义要求重视社群的伦理和**习惯**（P066）。**桑德尔**对**自由主义**（P302）和**自由意志主义**（P304）都以不同的形式予以否定。人是在成长环境和周围伙伴的影响过程中养成个性的。**桑德尔**认为，**罗尔斯**无视个人背后的故事，试图以**无知之幕**（P302）来求取正义的原理，这种思想太过抽象。

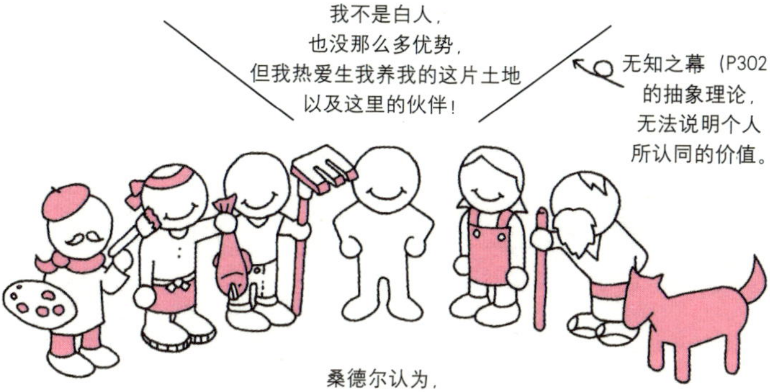

桑德尔认为，
应当重视自己所在的社群的伦理和习惯。
个人的身份是无法同成长环境和一起成长的伙伴
切割开来的。

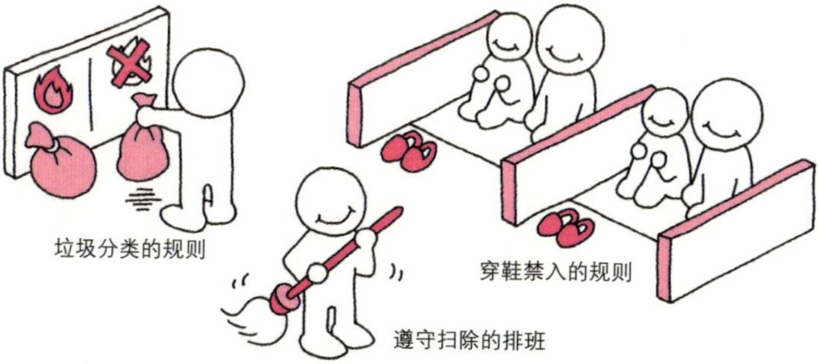

在东日本大地震的避难所里，大家都严格按照自己的社群规则行事。
桑德尔称他在避难所的人们身上看到了社群主义的精神。

后结构主义

含 义 ---------在以法国为中心的结构主义之后登场的思想潮流

示 例 --------------------- 德里达、德勒兹、后期的福柯

备 注 ----并没有哲学家或思想家主动标榜自己是“后结构主义者”

西方哲学从古希腊到**结构主义**（P298），都拘泥于“××是这样的”这种格式当中。后期的**福柯**、**德里达**、**德勒兹**等人反省了这种固定的认知方法，并摸索出新的哲学。他们的思想被称为**后结构主义**（意为“结构主义之后”）。

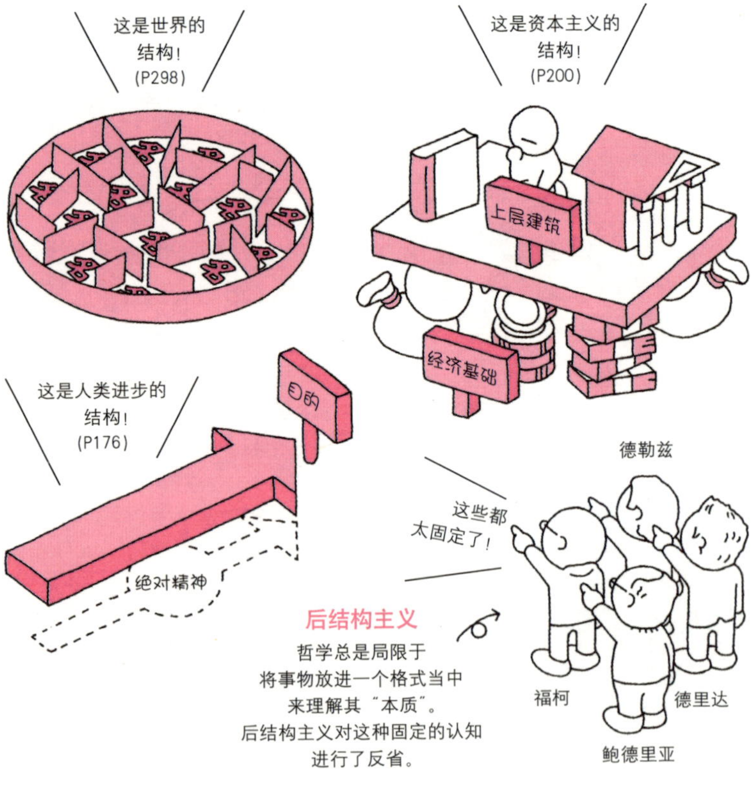

后结构主义思想虽然没有显著的共同特征，但在都会跨越固定认知这一点上，在某种程度上存在相似性。

后现代

文　献 ---------------------------- 利奥塔《后现代的状况》

备　注 ------------------后现代本来是从建筑领域衍生的概念。不同于追求合理性和功能性的现代主义，后现代主义主张恢复建筑的装饰性和多样性

近代思想都倾向于像**黑格尔**和**马克思**的思想（历史 P176、唯物史观 P203）一样，思考全人类的进步。**利奥塔**将之称为**大叙事**。

近代及以前的思想

近代思想倾向于思考
科学技术的发展让人类幸福
这样的“大叙事”。

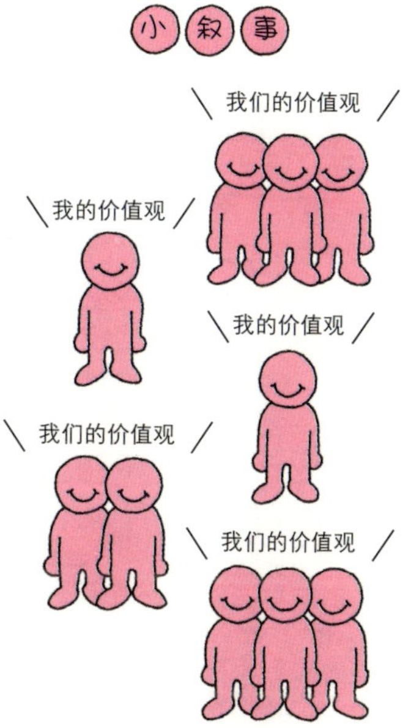

后现代的思想

现代没有“大叙事”，
应该认可多样性的价值观，
和谐共存。

然而，随着核武器的开发和大规模的环境破坏等，近代文明的过失已经明朗，**大叙事**的时代已经终结。现代是无数价值观相互认可、共谋发展的时代。**利奥塔**将这样的时代称为**后现代**（意为“现代之后”）。

差异原理

文　献 -------------------------- 鲍德里亚《消费社会》

相　关 -------------------- 后现代（P307）、拟像（P310）

备　注 ------------- 鲍德里亚的消费社会论在日本广受追捧，常被应用于市场营销领域

鲍德里亚指出，在实现经济成长的发达国家的消费社会中，人们选择商品（不仅是物品，也包括信息、文化、服务等）时，已不是基于功能，而是基于含有能和别人产生**差异**的**符号**（信息）。

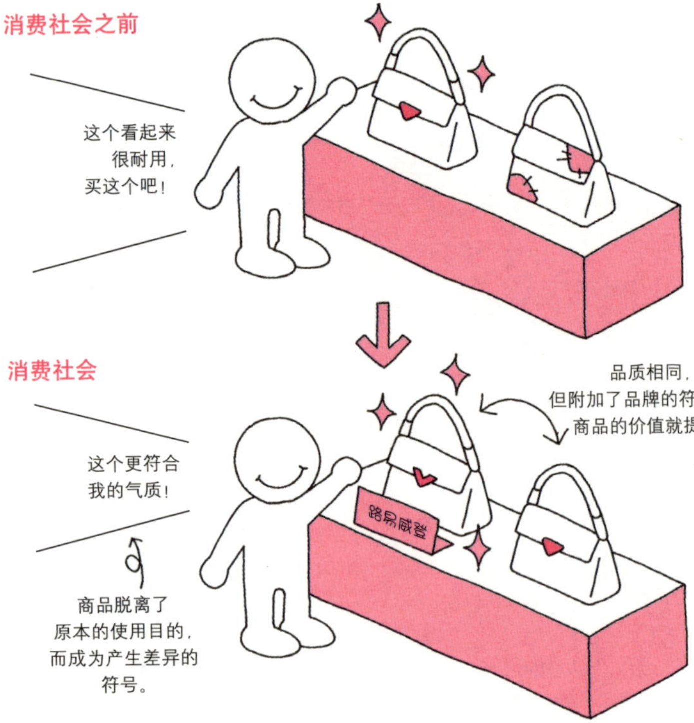

生活必需品得到普及之后，商品一样卖得出去。在紧随其后的消费社会当中，商品脱离其原本的使用目的，变成了标榜自己与众不同的符号。消费社会不断生产出仅有些微差别的商品，让消费欲望无限制地生长，进而人们进入到这种**结构**之中。**鲍德里亚**把这一原理称为**差异原理**。

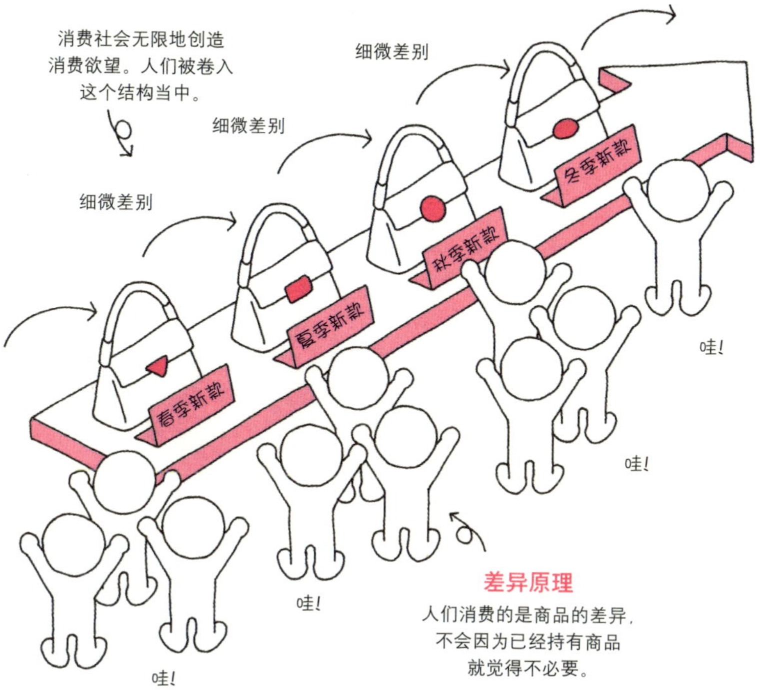

产生差异的符号当中，时尚大牌自不必说，还有“健康商品”“稀缺商品”“节能”“乐活”“明星同款”“年份”“会员制、少人数制”“商品沉淀历史和故事”等许多种类。消费社会中个人的**实体**（P132）就是对这些差异的**欲望**。

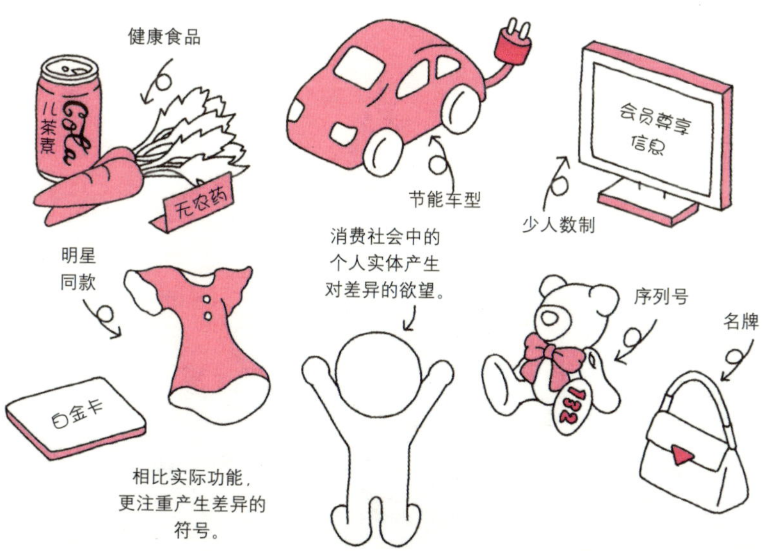

拟像

含 义 ------------------------ 原型与复制的区别消失
文 献 ------------------------ 鲍德里亚《拟仿物与拟像》
相 关 ------------------ 后现代（P307）、差异原理（P308）
备 注 ------------------ 法语有“伪造品”“仿制品”的含义

所谓**符号**，就是为了代替原型而**模仿**原型。但在消费社会当中，符号，也就是**模仿**，比原型更重要（差异原理 P308），模仿成了最初生产的目的。**鲍德里亚**预言最终所有现实都会被模仿取代。

没有原型的模仿

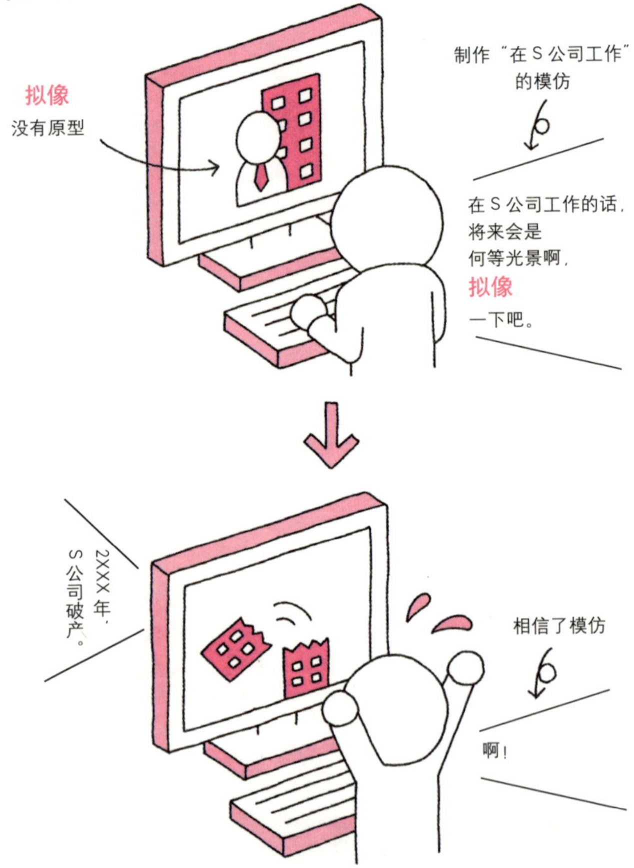

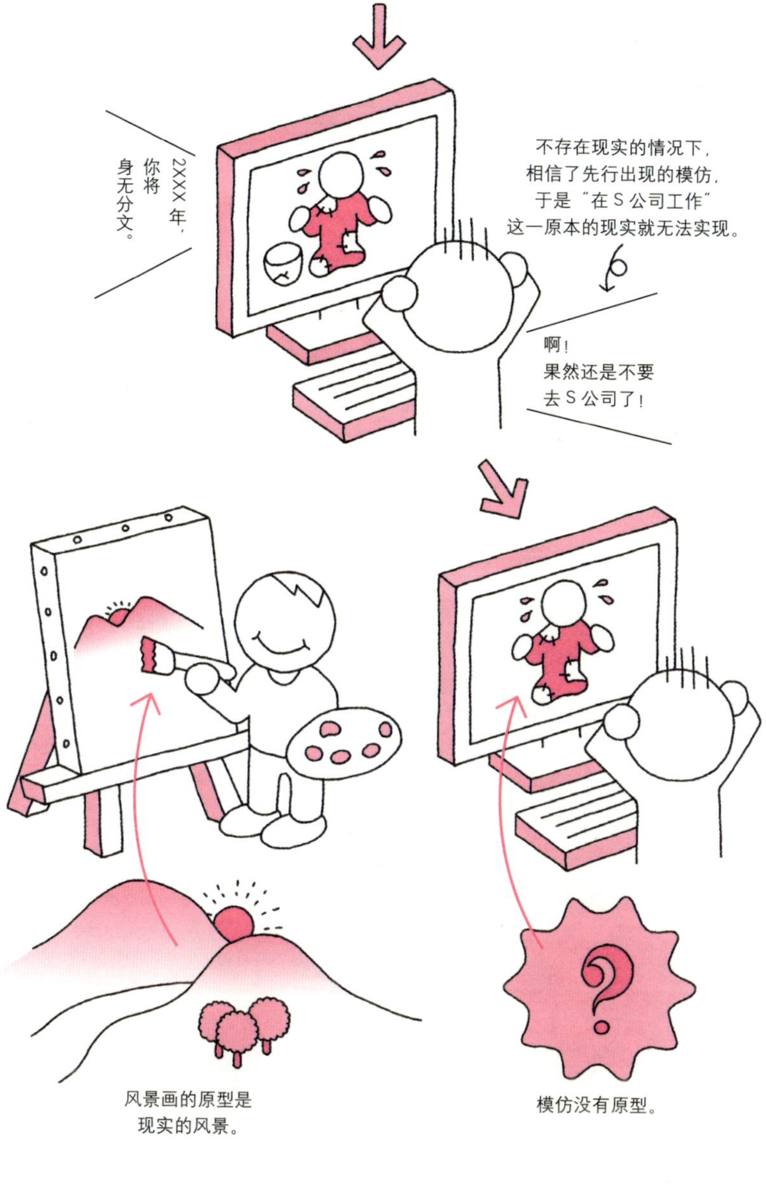

本来模仿也有原型。描绘校园的风景画的原型是现实的风景。然而，电脑上模拟的自己的未来却没有原型。**鲍德里亚**称这种没有原型的模仿为**拟像**，称**拟像**产生的过程为**拟真**。如果原型不存在，模仿就成了**实体**（P132）。**鲍德里亚**将现代这样难以区分原型（现实）和模仿（非现实）的状况称为**超真实**。

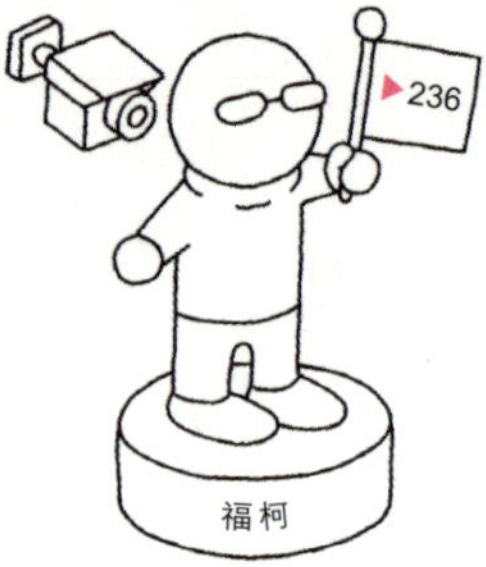

知识型

含 义 ------------------------ 每个时代独有的认知建构
文 献 ------------------------ 福柯《词与物》
相 关 ------------------------ 人之死（P314）
备 注 ------------------------ 古希腊语中“学术的知识”之意

福柯认为，人的思维并非从古至今连续不断地进步，而是每个时代都有其特有的思维。比如“疯癫”一词，人们在近代之前与之后的认识完全不同。

中世纪（至十六世纪）的“疯癫”

近代（十七世纪）以后的“疯癫”

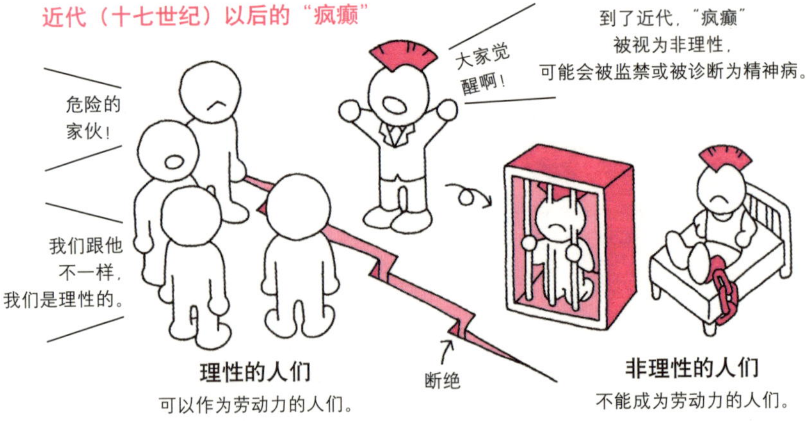

中世纪的“疯癫”被认为是阐述真理，被视为神圣的行为，能和人们共存。但在近代以后的社会结构中，无法成为劳动力的“疯癫”被彻底地隔绝开来。

福柯将这种每个时代所独有的人类思维称为**知识型**。他将西方社会分为十六世纪以前、十七至十八世纪、十九世纪以后三个时代，分别对其**知识型**进行了考察。

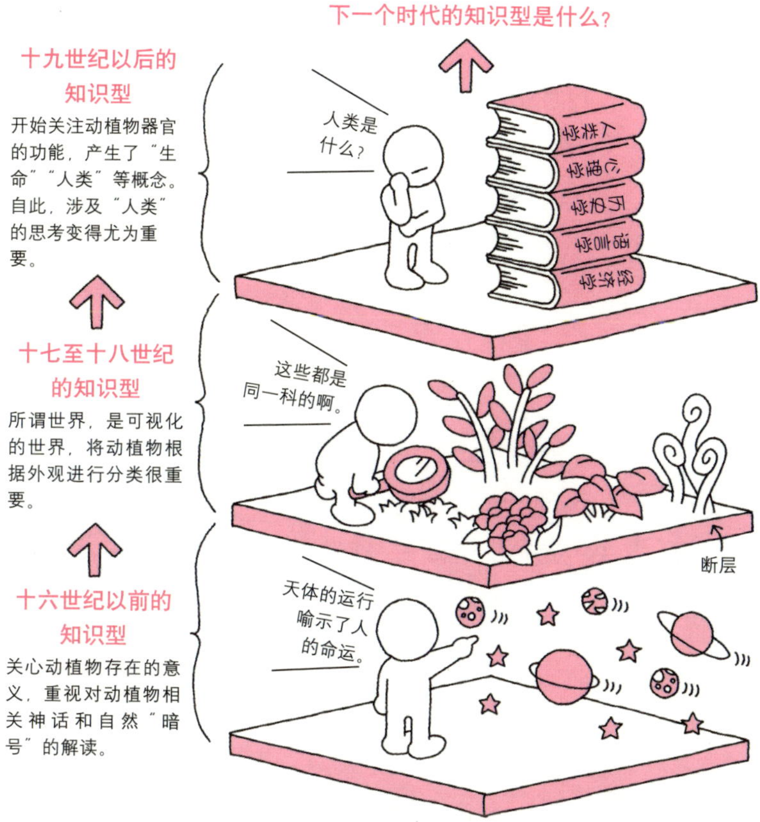

福柯曾说，他完全看不懂某种中国的百科全书中“动物”的条目。同样道理，**知识型**不同的未来人类在翻看二十一世纪科技读物的时候，可能也是一头雾水。

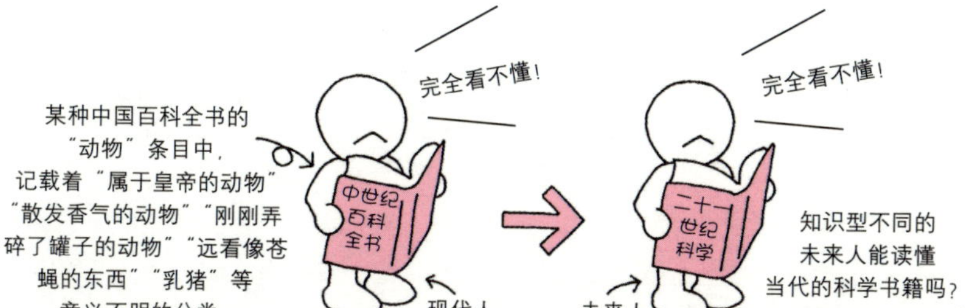

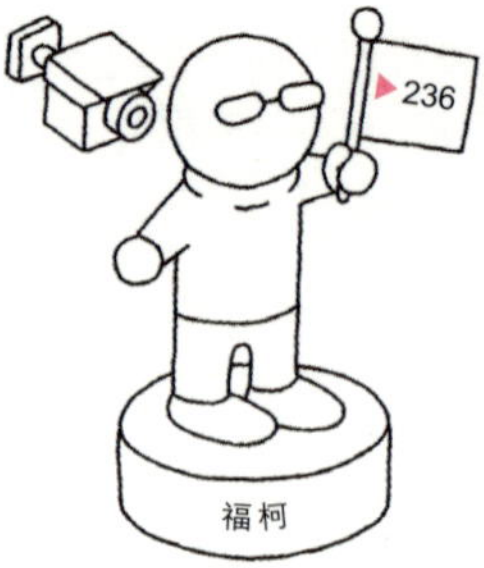

人之死

文　献 ---------------------------------- 福柯《词与物》
相　关 ---------------------------------- 知识型（P312）
备　注 ----------------"人"这一概念诞生于近代的知识型当中

福柯称，人们的思维和情感被各个时代的**知识型**（P313）所支配。而被认为最为普遍的"人"的价值，也不过是诞生于十九世纪的新发明而已。

"人"的概念出现的过程

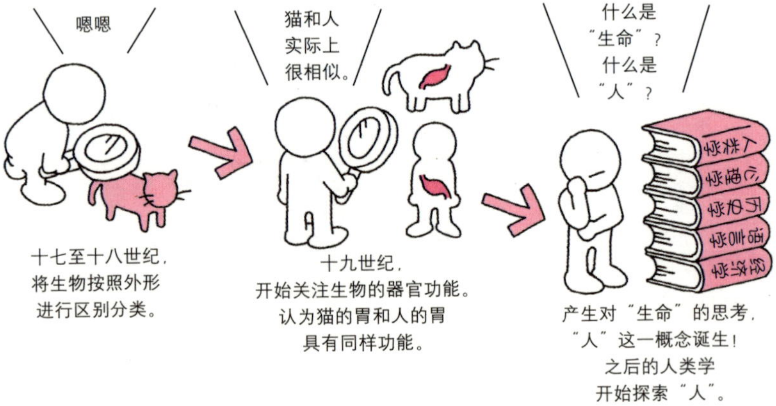

福柯认为，从十九世纪开始，研究的视线转向器官功能，而不仅仅停留在生物的外观上。在这之中产生了对"生命"的思考，从而开始研究"什么是人"。

「人」将被抹去，如同海边沙滩上的一张脸。
by 福柯

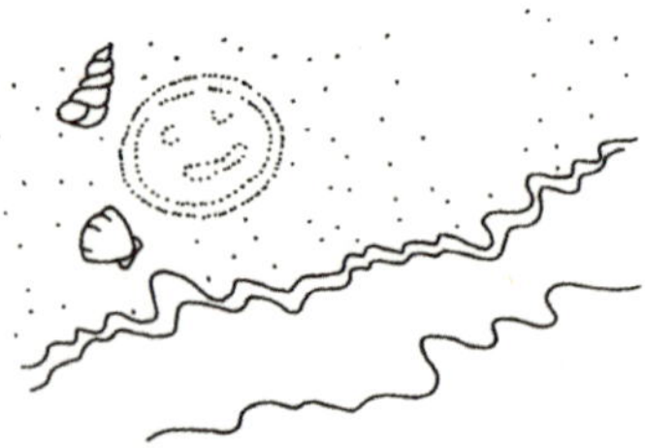

在基因工程学高度发达的今天，已经可以人工制造生命，正如福柯预言的那样，对"人"的概念需要重新思考。（P338）

但福柯断言了人之死。这是因为"人"受社会**结构**（结构主义 P299）的束缚而不能按照自己的意志自主行动。

生命权力

含　义 ------------------ 试图介入并管理人的生命的近代权力
文　献 ---------------- 福柯《规训与惩罚：监狱的诞生》《性史》
对应词 -- 死亡权力
相　关 ------------------------------ 全景监狱（P316）

福柯说，进入民主主义的时代后，虽然没有了国王那样绝对的权力，但取而代之的是民主国家中看不见的权力。过去的权力以对死刑的恐惧来进行统治，民主主义的权力则不是以恐惧管理。

十八世纪以前・死亡权力

拥有绝对权力的国王以对死刑的恐惧来支配民众。

十九世纪以后・生命权力

我们的欲望产生肉眼看不见的权力。那是为了让我们适合资本主义而进行的无休止的监视。我们既是监视者，也是被监视者。

通过军事训练，使人们从心理到生理都顺从于社会。

在学校、职场、医院，到处都暴露在别人的目光之下。

在工厂和公司，以早会或体操进行管理。

福柯把民主国家当中的这种权力称为**生命权力**。这种权力存在于学校、职场等各种场所，它无处不在，无时不在，对我们进行着心理和生理上的训练，让我们自发地与社会合拍（全景监狱效果 P317）。

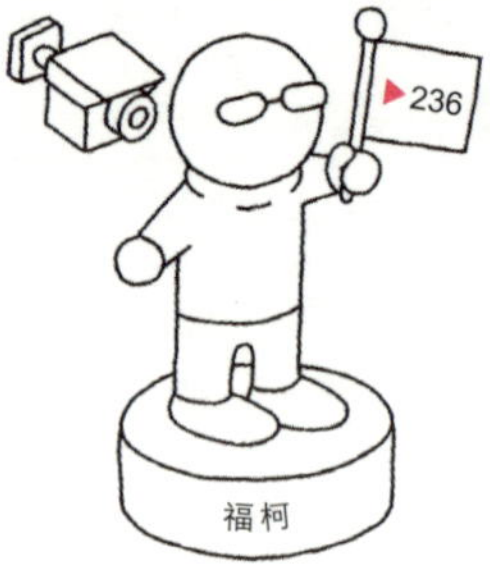

全景监狱

文　献 ------------------- 福柯《规训与惩罚：监狱的诞生》

相　关 ------------------------------ 生命权力（P315）

备　注 --------------- 全景监狱是由功利主义之父边沁提出的，福柯对其视为权力论来解读

福柯将民主主义创造的权力称为**生命权力**（P315），它制造了我们的一般常识。他将民主国家比喻成**全景监狱**。进入这个监狱的囚犯，最终无须他人强制就自发地顺从规范。

全景监狱

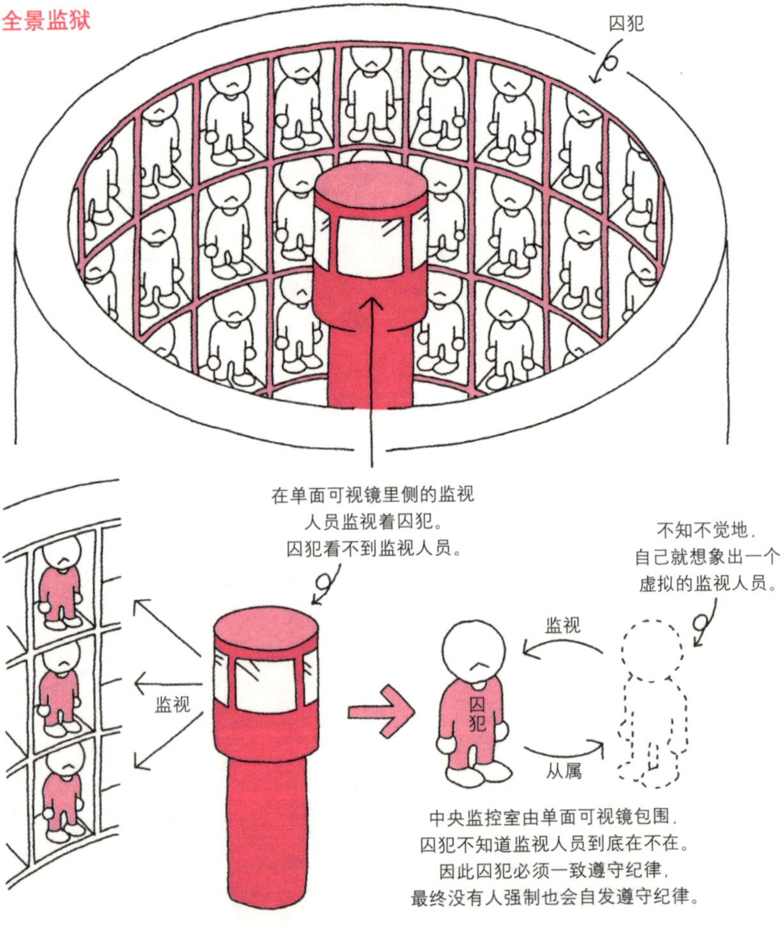

全景监狱的原理在学校、公司、医院和街道等日常场景中随处可见。二十四小时、三百六十五天全天候监视，让我们养成了下意识会顺从社会规范的习惯。

全景监狱效果

因为意识到一直在被监视，就会自发地顺从规范。

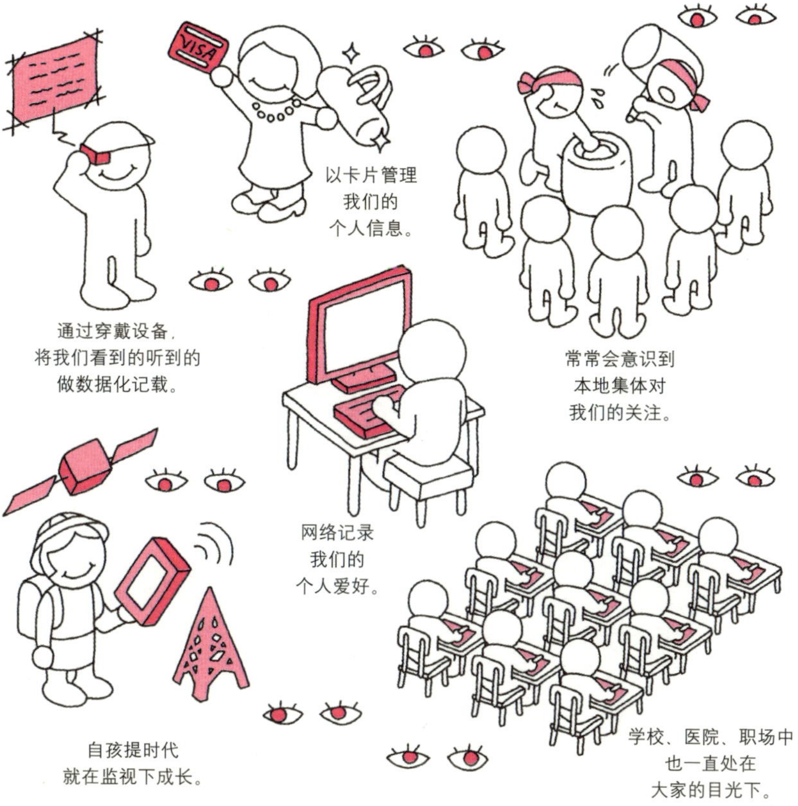

日常的**全景监狱效果**迟早会导致人对社会的矛盾不再抱持疑问，甚至把那些所谓偏离“常识”的人视作**疯子**，将其排除出去。

二元对立

文　献 --------德里达《写作与差异》《声音与现象》《论文字学》
示　例 ----------------“男／女”“西方／东方”“原型／模仿”
相　关 --------------------解构主义（P320）、延异（P322）

德里达指出，西方哲学由传统的二元对立观念建构而成，例如“善 / 恶”“真 / 伪”“主观 / 客观”“原型 / 模仿”“正常 / 异常”“内部 / 外部”，并且前项优先于后项。

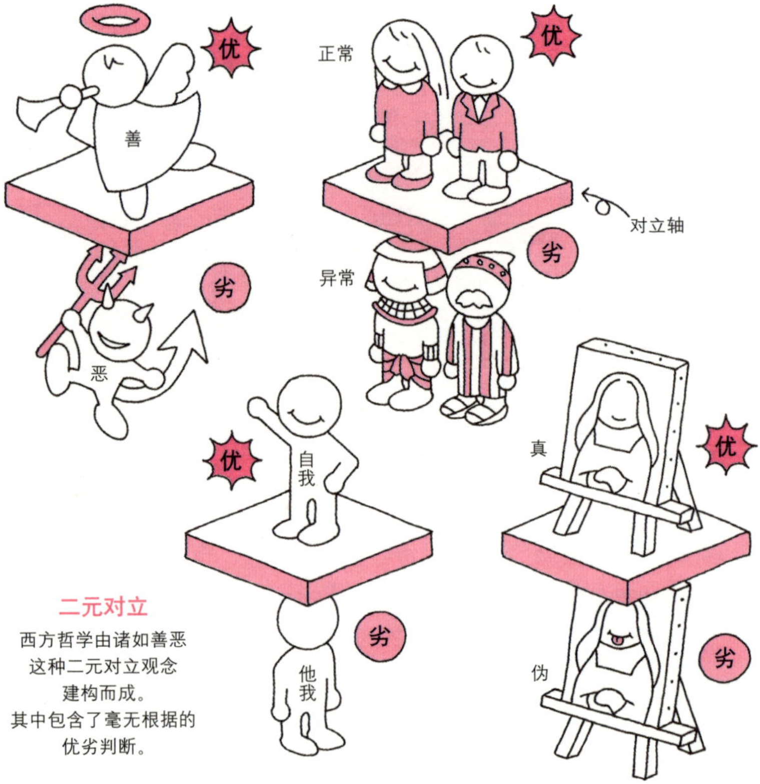

二元对立
西方哲学由诸如善恶这种二元对立观念建构而成。其中包含了毫无根据的优劣判断。

德里达还指出，这种寓于**二元对立**当中的优劣判断，是西方所独有的观念。例如“逻辑性事物优先于一切的思维”“相信眼前之物的思维”“男性和欧洲优先的思维”“世界是有目的地前进的思维”“声音优先于文字的思维”。

德里达认为，这些思维都没有根据。想定一个**二元对立**，在这个关系中找出优劣，实际上是对异质性的事物和弱者的排除。作为曾在纳粹政权下挣扎的犹太人，**德里达**认为纳粹暴行与“德国人 / 犹太人”的**二元对立**关系相重合。他试图使用**解构主义**（P320）的方法抽出其中的对立轴，来对二元对立的关系进行解构。

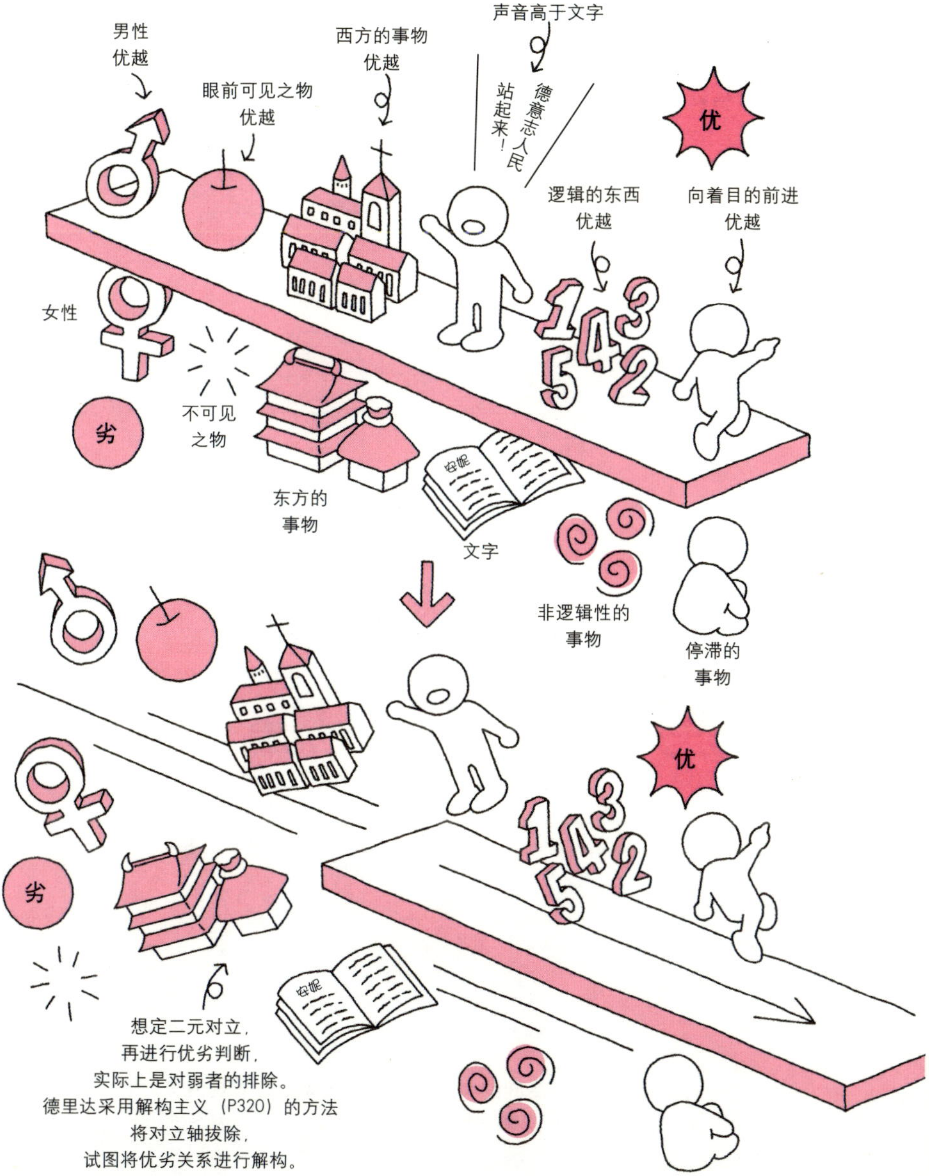

解构主义

文　献 --------德里达《声音与现象》《写作与差异》《论文字学》

备　注 --------------------解构主义在文学评论和女性主义等各个领域有广泛影响

德里达指出，西方哲学是由诸如"善 / 恶""主观 / 客观""原型 / 模仿""正常 / 异常""内部 / 外部"这样具有"优 / 劣"判断的**二元对立**（P318）关系建构而成的。他认为，以**二元对立**来思考事物的结果就是排除弱者和异质性事物。因此，他尝试将**二元对立**解构，称为**解构主义**。

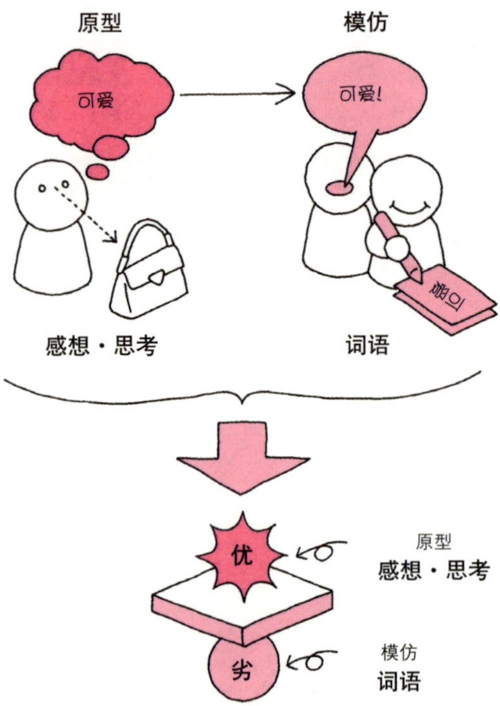

让我们以原型和模仿之间的关系为例来说明**德里达**的**解构主义**吧。看到手提包产生了"可爱"的**感想**（思考），用"可爱"这一**词语**进行传达。词语是感想的模仿，作为原型的感想（思考）优于作为模仿的词语。

但**德里达**认为，这个感想并不是原型。因为人类实际上是在用既有的词语来思考。词语并非自己创造的，感想也只是在某处听到看到而模仿的词语。这样一来，原型和模仿的关系就发生了逆转。

解构主义

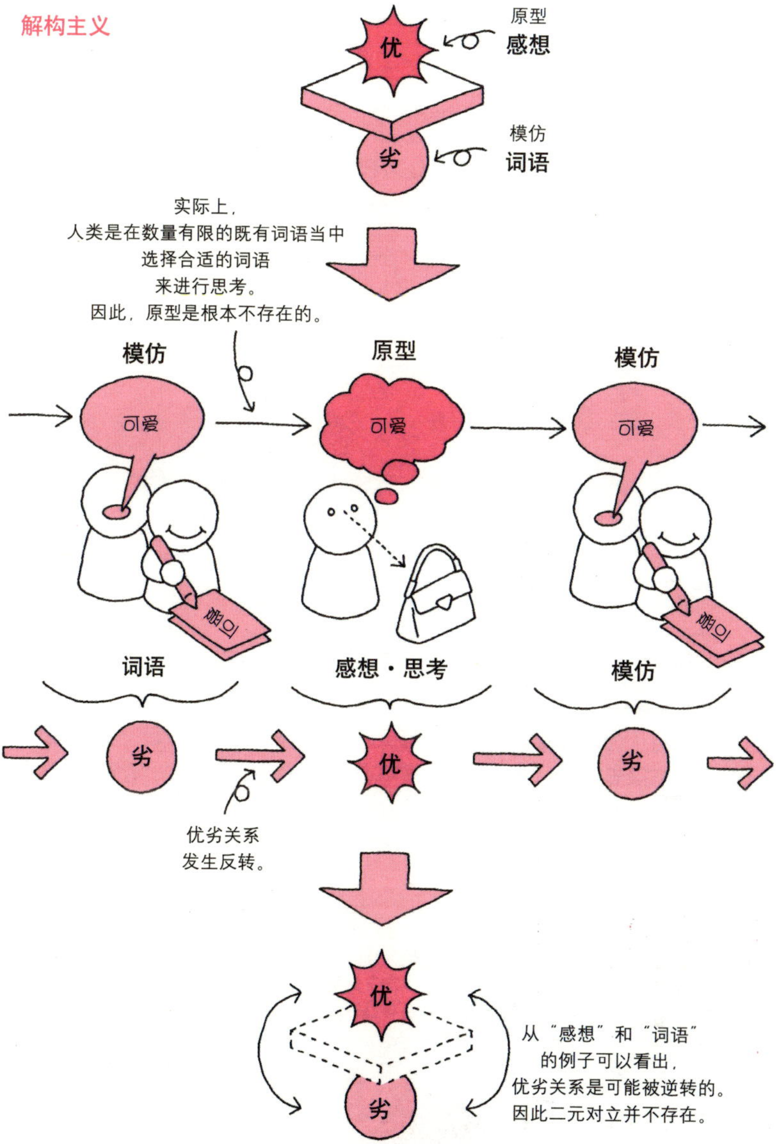

这样一来，“优 / 劣”轻易就被逆转。德里达用解构主义说明以**二元对立**解读事物是有缺陷的。

延异

文　献 -------------------------------- 德里达《哲学的边缘》
相　关 ------------------ 二元对立（P318）、解构主义（P320）
注　释 ------------ 法语为“différance”，是德里达创造的词语，包含了“差异”和“延迟”双重含义

西方认为**文字（书写符号）**只是**声音话语（口头语言）**的**模仿**，因此语音的价值高于文字。这称为**语音中心主义**。

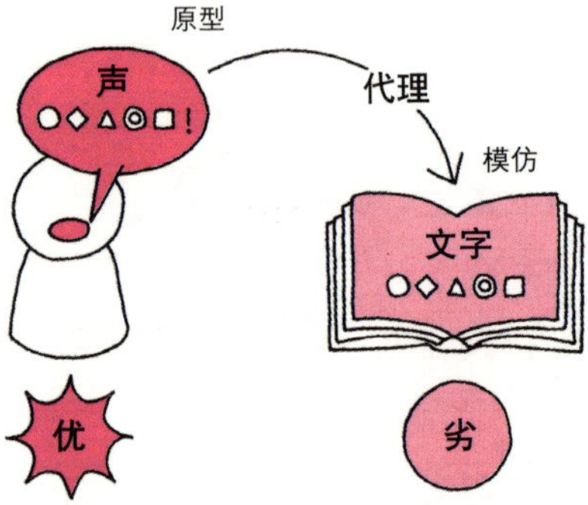

西方认为原始的声音话语（口头语言）
比模仿出来的文字（书写符号）更有价值。

德里达认为，**语音中心主义**是将眼前的、直接的、易于理解的事物最优先考量的危险思想。对他来说，**语音中心主义**与以直接易懂的言词加上具有煽动性的演讲来诱导群众的纳粹政权有重叠之处。

德里达认为，文字并非声音话语的正确模仿。当声音话语变化为文字时，已将动态的存在变成了静态的存在，并且在变化过程中还存在时间差距。因此，声音话语和文字并不一致。**德里达**把像“**声音话语→文字**”这种**原型**同**模仿**的**差异**称为**延异**。由于文字和声音话语并不一致，因此文字不是声音话语的代理，而应该将二者同等看待。

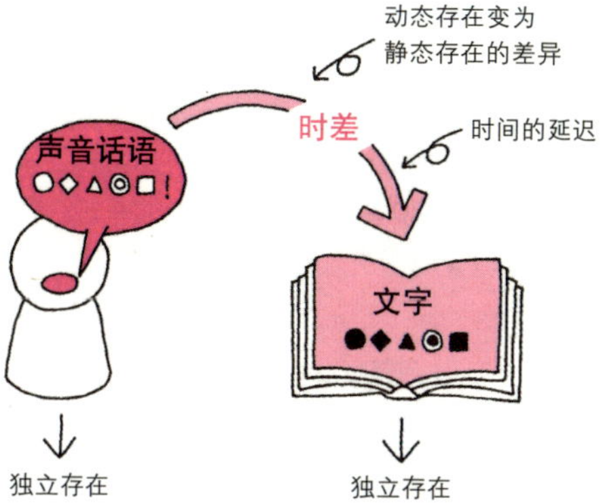

德里达认为，
文字不是声音话语的代理，二者彼此独立存在，
具有同等价值。

根据**德里达**的理论，声音话语也并非完全与原型对等。人通过在自己熟知的语言当中选择合适的词来思考。曾经在某处看到的文字发生**延异**而变成声音话语的可能性非常大。**德里达**认为，事物永远处于“**→原型→模仿→原型→模仿→**”这样一个无限**延异**的过程中，此间并无优劣之分。

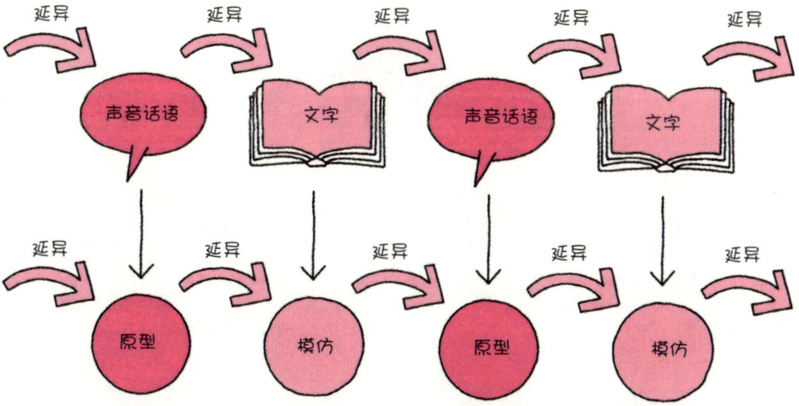

“原型／模仿”并无优劣之分；“正常／异常”“强／弱”同样如此。

树状思维｜块茎思维

文　献 ------------------------德勒兹、加塔里《千高原》
备　注 --------------------------------哲学家千叶雅也

针对代表了块茎思维的“连续的德勒兹”，
将关注点放在了“截断的德勒兹”这样一个侧面

德勒兹和精神科医师**加塔里**（1930 ~ 1992）认为，西方的思想如系统图一般，是从一个绝对的事物展开的思想。如果将这种思考以**树状思维**（**树木**）为例，那偶尔出现的不能纳入这个树状体系的事物将被排除。为了对抗这种树状思维，他们提出了**块茎思维**（**根**）。

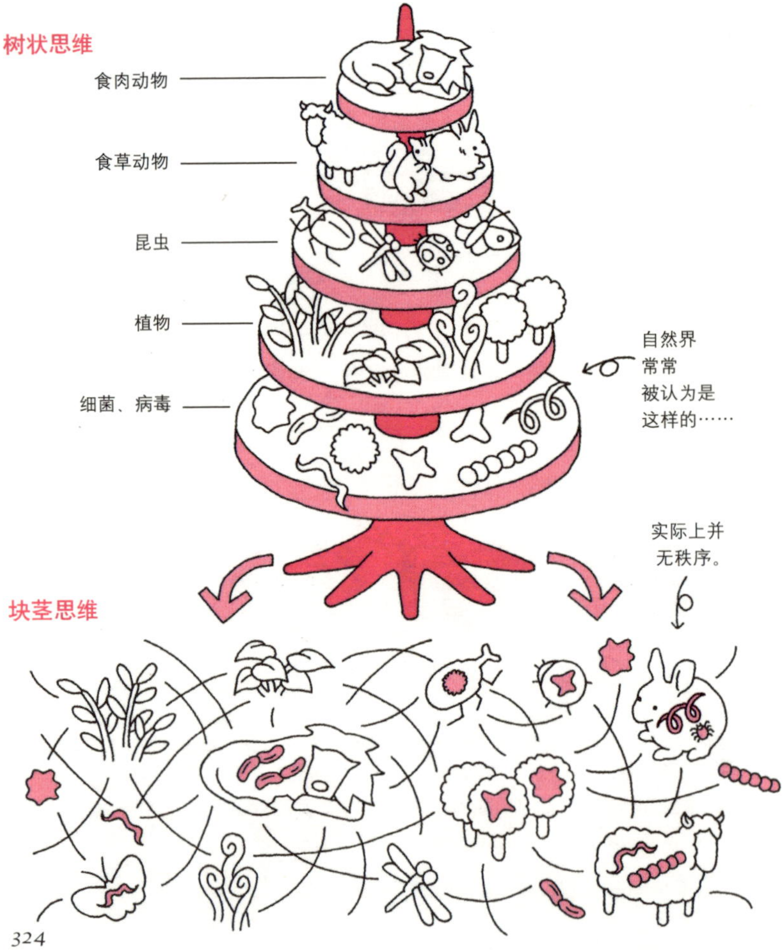

不同于**树状思维**，**块茎思维**既没有起点也没有终点，具有网状的逃亡路线，纵横无尽。与着力于统一不同思维的**黑格尔**的**辩证法**不同，**德勒兹**和**加塔里**认为，若以块茎隐喻来看待事物，应当承认**差异**的存在。

树状思维

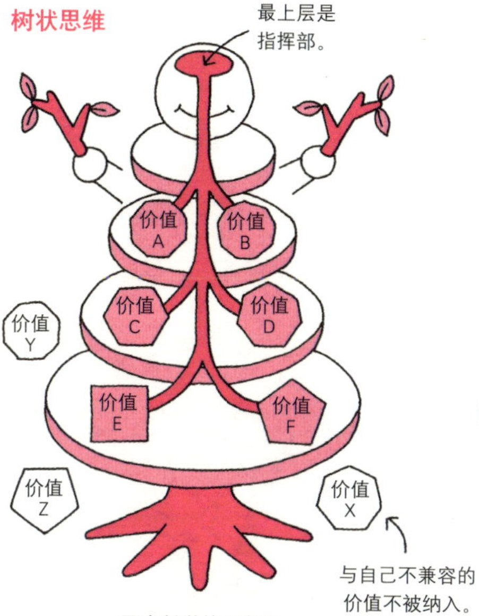

西方哲学的思考❶

体系化

以一种秩序为基础，将多样的价值观
没有矛盾地和谐地统一在一起。

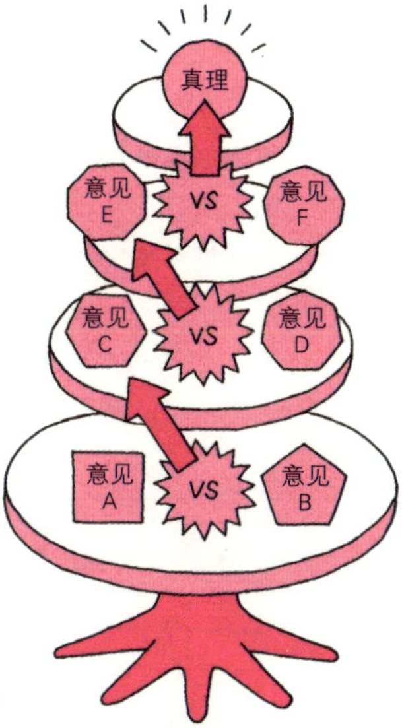

西方哲学的思考❷

辩证法

统合对立的思想，
从而到达更高层次的知识。

块茎思维

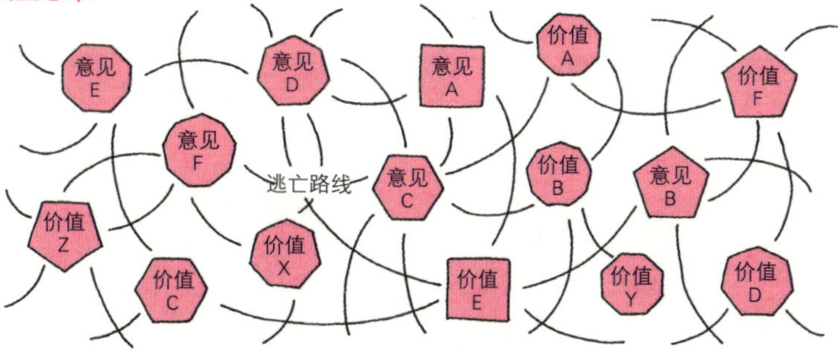

应该以块茎隐喻来思考。
不求将各种各样的价值统一起来，
而是承认差异、接受差异。

精神分裂症｜偏执狂

文　献----------------------德里达和加塔里《反俄狄浦斯》

相　关---------树状思维｜块茎思维（P324）、游牧思维（P328）

备　注-------------------由浅田彰引入日本，风靡八十年代，在流行语大奖中摘得桂冠

德勒兹和**加塔里**将**欲望**看作不断增加并向四面八方扩散的分子。这种增殖且扩散的力量是世界运转的原动力。他们将这种由欲望驱动的世界称为**欲望机器**。**欲望机器**中也包括人类。而且在**潜意识**中，身体的各个**器官**也会被它驱动。

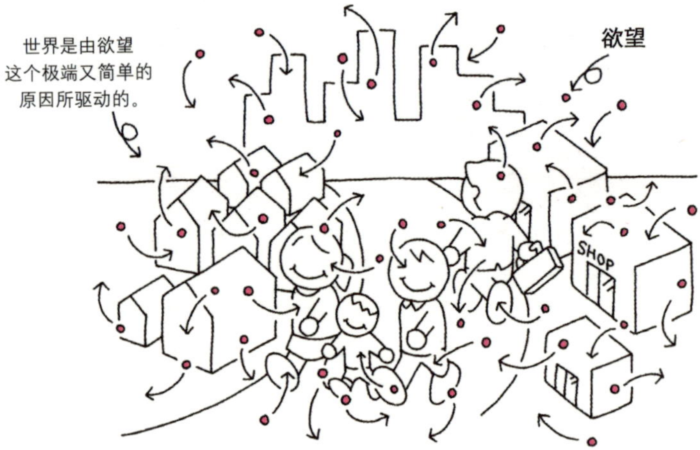

世界的原动力是向四面八方扩散的欲望，
但社会总是试图压制欲望而推动体系化。

原本人类应该按照欲望的驱使而行动，但父母、社会等**压抑装置**发生作用，将这有如扩散的分子般的动力归束统一到一个方向。这样形成的就是**认同**。

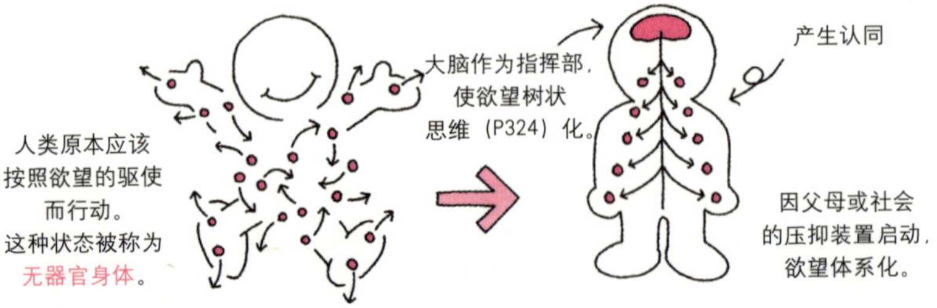

一旦自己创造了自我认同，就会被社会规范所束缚，不得不在意他人的看法，背负着众多束缚生存下去。这种状态被德勒兹称为**偏执狂**。偏执狂将所有的事情都圈进自己的价值基准领域内，这样一来，就无法诞生新的价值。

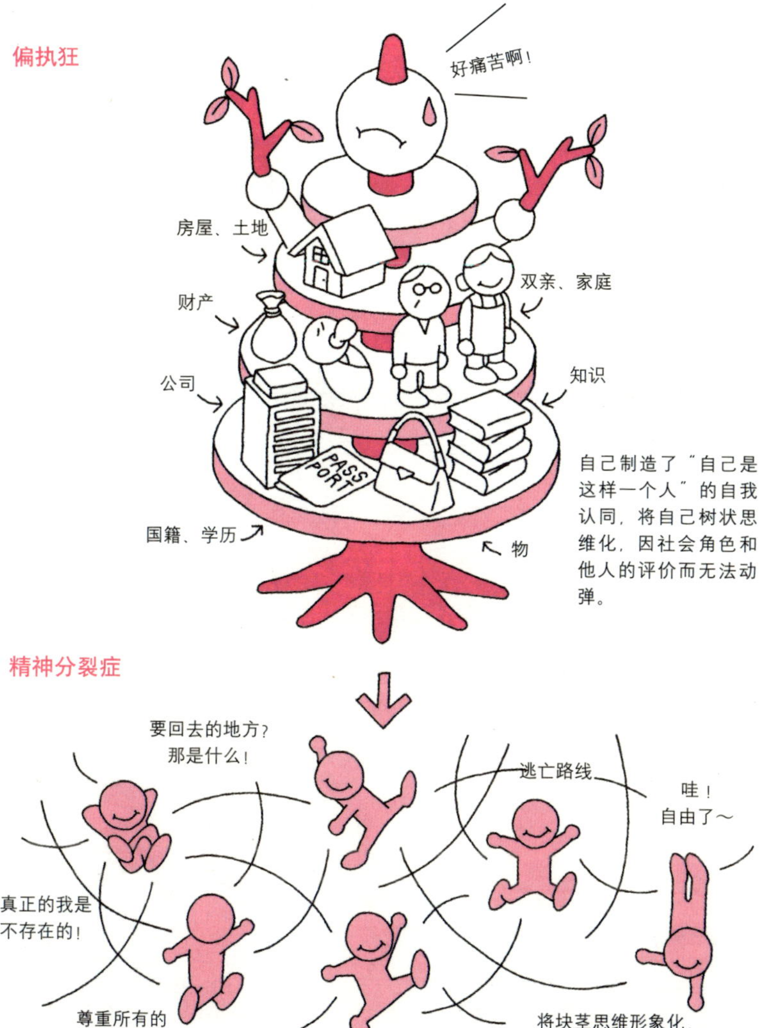

相反地，不持有自己的人格和认同立场，被称为**精神分裂症**。**精神分裂症**受欲望驱使而及时行乐、接受所有价值观。**德勒兹**和**加塔里**都认为这是理想的生存方式（游牧思维 P328）。

游牧思维

文　献 ---------------------------- 德勒兹、加塔里《千高原》
相　关 ---树状思维｜块茎思维（P324）、精神分裂症｜偏执狂（P326）
备　注 -------------《千高原》中，游牧思维成为“战争机器”，同压抑的国家相抗衡

我们大都安居乐土，积累财富，努力让人生充实。但在**德勒兹**和**加塔里**看来，这种生活方式被社会角色和他人的看法所束缚，是一种背负着许多束缚的生活方式。安居乐土的想法很快就会变成无法接纳不同于自己的思想，成为将一切都按照自己的价值观来解读的**偏执狂**（P327）。

游牧思维

游牧思维是指在块茎思维（P324）下以精神分裂症（P327）的状态生活。

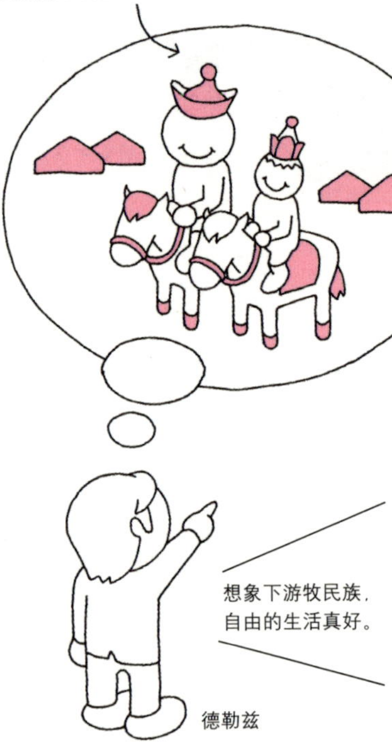

在自己的领域为知识和财富所累而难以行动。这就是树状思维（P324）下的偏执狂（P327）的生活。

为了从**树状思维**（P324）下的**偏执狂**（P327）的生活中逃离，他们将目光放在了**游牧思维**（游牧民）的生活方式上。

不停留在一处，而是以**块茎思维**（P324）下的**精神分裂症**（P327）式的**游牧思维**，驰骋于各种各样的价值领域。**德勒兹**和**加塔里**以游牧民为蓝本提出生活方式。

单纯爱好旅行与游牧思维生活方式的区别

单纯爱好旅行（树状思维、偏执狂的）

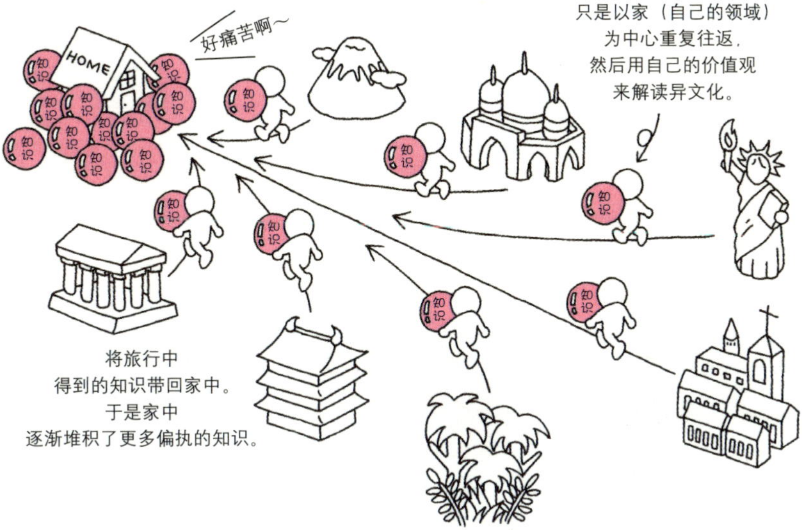

游牧思维的生活方式（块茎思维、精神分裂症式的）

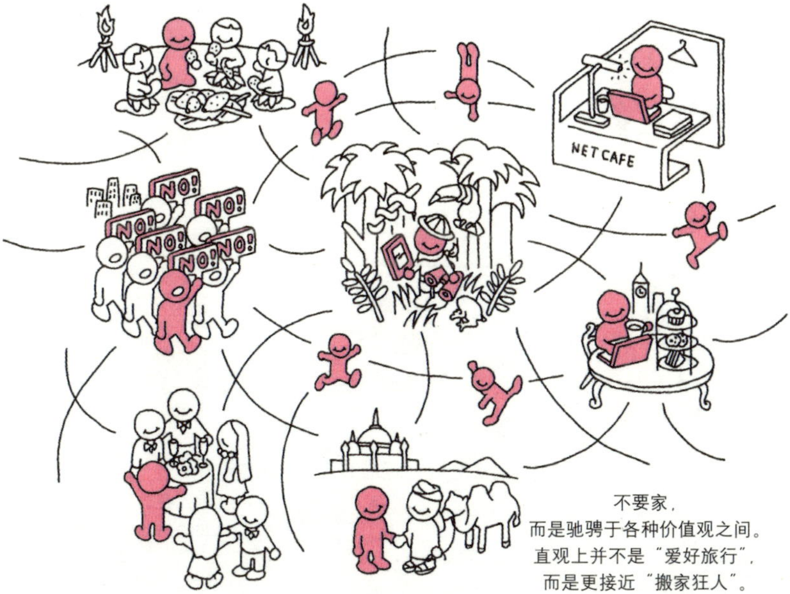

女性主义

含　义 --------------------------------- 批判男性支配的社会，主张女性的自主权利的思想、运动

备　注 ------------------------ 以参政权为代表，近代民主主义是从男性中心的民主主义开始的

女性主义在男性支配的世界中提出异议，呼吁建立男女平等的社会。通常分为三个阶段。

第一阶段

十九世纪至
二十世纪六十年代
争取女性和男性同等的法律地位，围绕具体权利的获得开展运动。

第二阶段

二十世纪六十年代至
二十世纪七十年代
致力于消除肉眼看不到的、残留在潜意识里的对女性的歧视。

第三阶段

二十世纪七十年代以后
肯定同性恋和变性，提倡人们应从生理性别和社会性别（P331）的束缚中解脱，摸索自己喜欢的生活方式。

社会性别是女性而生理性别是男性，或社会性别是男性而生理性别是女性，都可以被接纳的时代。

社会性别

含　义 ------------------------ 由社会、文化因素形成的性别

备　注 -------------- 社会性别研究以各种事例来说明过去人们认为是先天的、本质的性别其实是由社会、历史建构的

社会性别是人类因为社会、历史、文化因素后天形成的**性别差异**，不同于生物学上的生理性别。

生理性别

生物学上的性别差异，是自然界先天存在的性别差异。

社会性别

社会、文化上的性别差异。不是先天的性质，而是社会形成的性别差异。

女性擅长持家育儿

女性和善温柔

女性是感性的

隐藏含义＝女性就该大门不出二门不迈

隐藏含义＝女性要顺从男性，不应反抗

隐藏含义＝女性是缺乏逻辑的

社会性别中蕴含了很多“女性就该大门不出二门不迈”的隐藏信息，可以说皆是为迎合男性而创造的。此外，**巴特勒**认为**生理性别**也是一种社会创造的**社会性别**，因此她支持同性恋和变性。

东方主义

含　义 -------------------------- 西方擅自塑造的东方印象

文　献 ----------------------------------萨义德《东方主义》

备　注 --------- 萨义德认为，克服东方主义需要重视多文化主义

近代西方社会眼中的非西方社会都是来历不明的**他者**（P268）。

因此西方把非西方社会统一冠以“东方”之名，认为东方是“懒惰的”“感情用事的（缺乏逻辑的）”“异国情调的（没有现代化的）”“神秘的（不可思议、难以理解的）”“不能客观看待自己的”。

西方炮制的这种印象被认为是对东方的正确解读。电影、小说自不必说，连客观的经济学、社会学等学术研究，也让这种片面印象广泛传播。

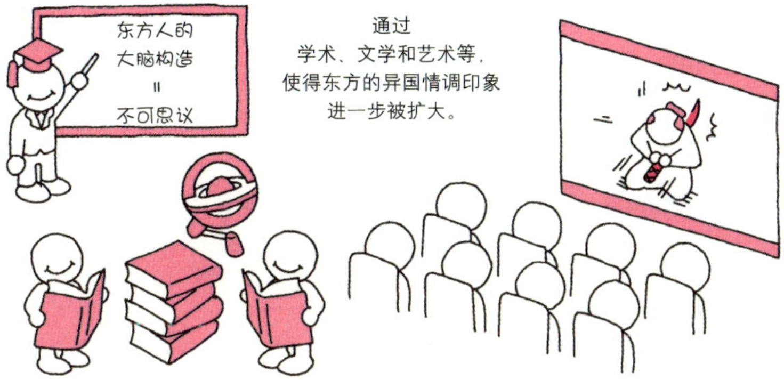

另一方面，东方相对的另一极——“西方”一词，代表了掌握正确理解世界的理论的所在。**萨义德**认为，这种认为自己拥有正确的知识、应该教育现代化迟缓的东方的思维，为西方对殖民地的统治提供了理论支持。

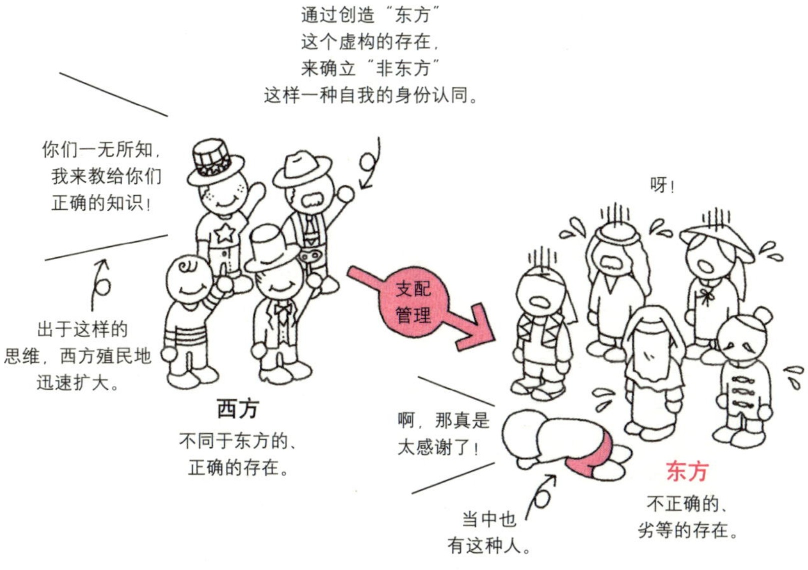

萨义德将西方对于东方的这种流于表面的片面理解称为**东方主义**。作为“东方”一员的日本，也曾经努力参与到西方的现代化进程当中，并对没有现代化的亚洲诸国实行殖民统治。

“帝国”

含 义 ------------------------ 超越国境的网络状的主权

文 献 ---------------------------奈格里、哈特《帝国》

相 关 ---------------------------------- 诸众（P336）

备 注 ------------------- 并不是指美国或中国等具体的国家

奈格里和**迈克·哈特**（1960～ ）主张地球上出现了一种支配全世界的新型**权力**——“帝国”。过去的帝国，指的是罗马帝国、大英帝国，或者是带有比喻色彩的“美帝”这样，其权力构造的中心是国王或国家扩张**领土**的情况。

过去的帝国

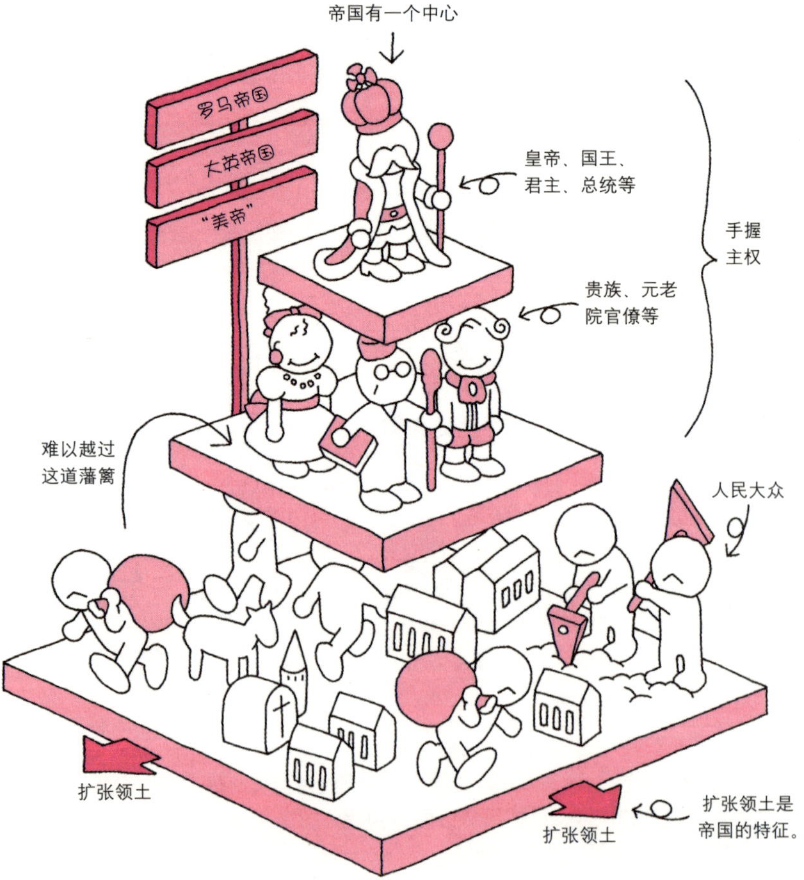

与之相对，随着通信技术和物流技术的进步，“**帝国**”出现了。“**帝国**”是指以资本主义为基础，美国政府、跨国企业、G20、WEF（世界经济论坛）等跨国境的、复杂的网状**权力系统**。“**帝国**”并没有中心，无须扩张领土。在“**帝国**”当中，拥有强大核军备的美国持有强大的话语权。但美国自身也必须遵循这个系统，因此不能说美国等同于“**帝国**”。

现代的“帝国”

“帝国”是没有中心也没有领土的网状权力系统，可从各场所对我们进行管理和培养。

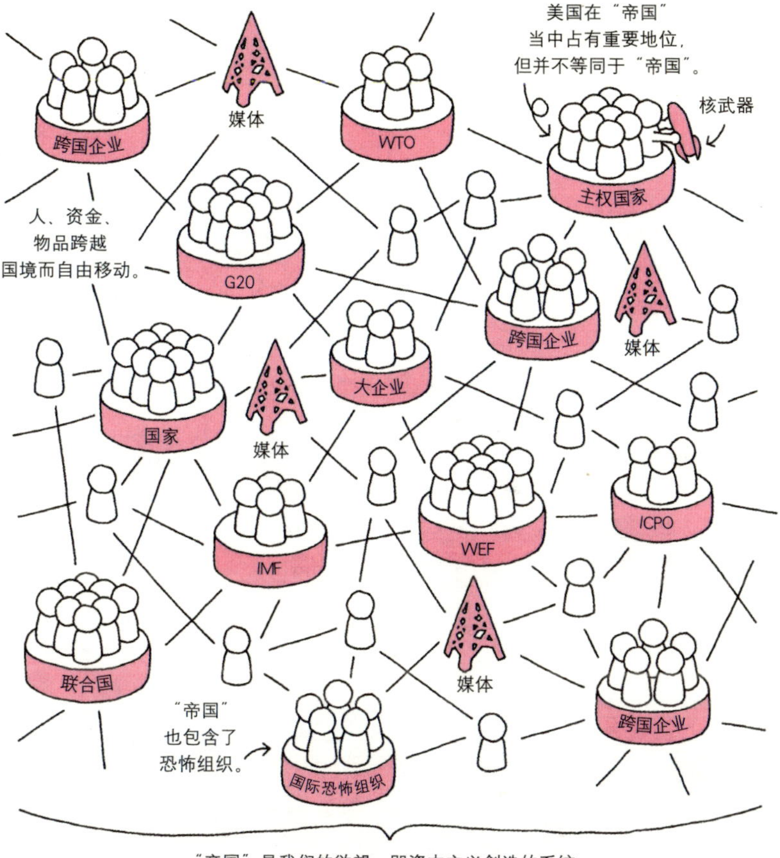

“帝国”是我们的欲望，即资本主义创造的系统。

奈格里和**哈特**认为，为了使我们顺从资本主义，“**帝国**”渗透到我们日常的点点滴滴，在任何地方对我们进行管理和培养。而与之相对抗的就是**诸众**（P337）。

诸众

含　义 -------------------- 推进全球民主主义的群众主体
文　献 ---------------------- 奈格里、哈特《艺术与诸众》
相　关 ------------------------------------ “帝国”（P334）
备　注 ------------------- 也可理解为无产阶级的现代概念

奈格里和**迈克·哈特**（1960～ ）主张地球上出现了一种支配全世界的网络状的权力——“**帝国**”（P334）。“**帝国**”为了使我们顺从资本主义，而在任何地方对我们进行管理和培养。**奈格里**和**哈特**认为，既然“**帝国**”呈网络状分布，那么**民众**只要以网络状来连接，就能对抗“**帝国**”。

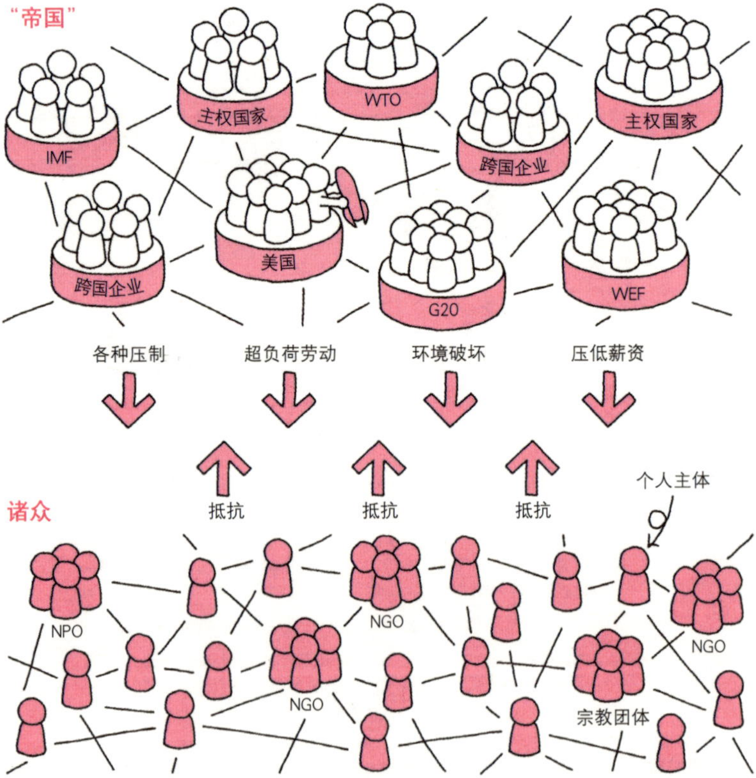

如果“帝国”是网络状的，
那么诸众也可以以网络状来连接，对抗“帝国”。

奈格里和**哈特**将处于国家和资本主义统治之下的人民称为**诸众**，认为**诸众**拥有反抗权力的力量。但需要注意的是，这和马克思提出的掀起暴力革命的**无产阶级**（P195）并不一样。主妇、学生、移民、老人、LGBT、资本家、公司职员、专家、记者等各种各样的人，通过自己擅长的网络连接，时而沟通，时而集会，成为一一解决资本主义矛盾的力量，即**诸众**。

诸众

指超越人种、国籍、阶层的各种各样的人。
他们结成网络，可以对抗"帝国"，即资本主义的矛盾。

生命伦理 | 环境伦理

随着基因技术和医疗技术的进步，人类似乎已经可以操控人类的生死。另外，随着生态的破坏与污染，地球环境也急剧变化，有必要重新定义“人类”“家庭”“自由”“死亡”等概念。

基因操控

利用克隆技术已经可以制造人类，可以解决无法生育或失独家庭的难题。但这在伦理上真的可以吗？

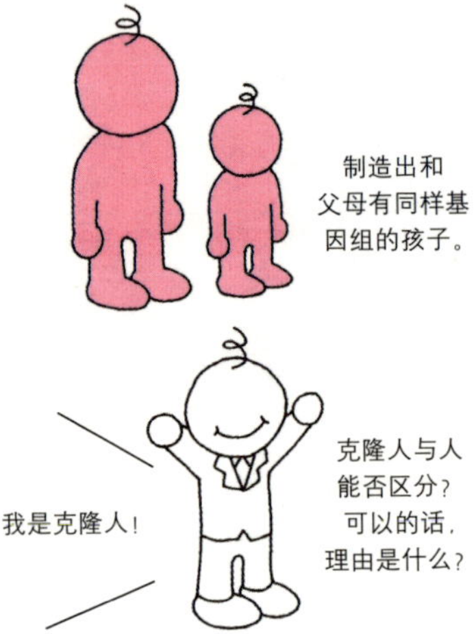

产检

可以知道未出生的胎儿有无异常。人类对人类进行有目的的选择真的可以吗？

人工智能、人工脏器

拥有人造人体的生化电子人和具备人工智能及感情的人形机器人，两者有什么区别？

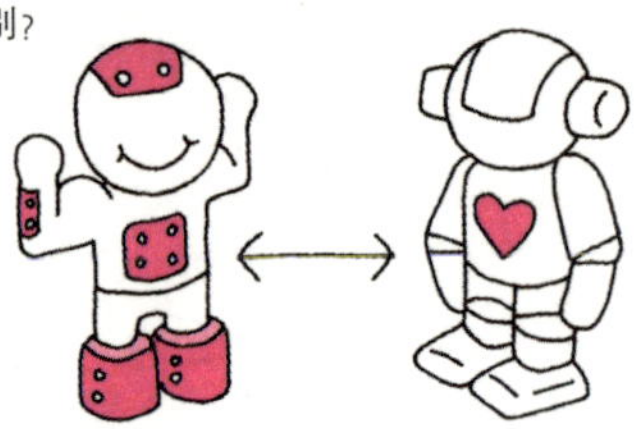

代孕

无法生育的夫妇通过代孕有了孩子。生下来的孩子的父母可能最多会有五人。“家庭”的概念是不是需要重新定义？

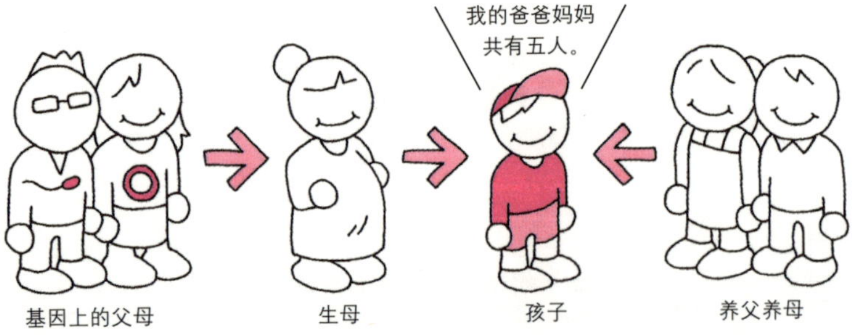

设计婴儿、人工授精

在受精卵阶段控制基因或在网上购买优秀的精子，有意识地创造出优秀的后代。优秀的后代是指最能适应“当今环境”的孩子。那如果环境变化，不再是“当今环境”了呢？

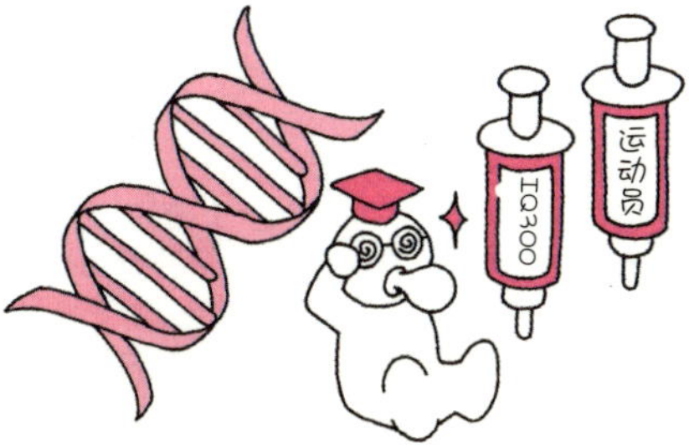

脏器移植

脏器移植也成为现实。这是人对人的崇高行为，还是把人体看作可替换部件的非人行为？身体是自己的，脏器自由买卖可取吗？

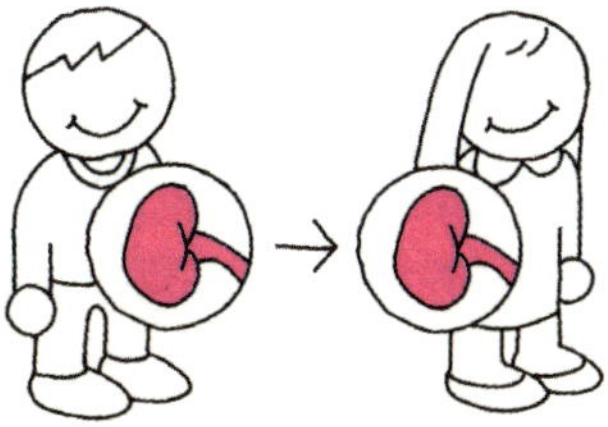

安乐死、脑死亡

医疗技术的发展延长了人的寿命。如何度过将死的时光？脑死亡的新标准产生后，死亡将如何定义？

自然生存权

不能因为自己是人类就认为人类是最伟大的“种”。例如脊椎动物是可以感受到痛苦和恐怖的生物。那么为了人类微小的利益而侵犯其他生物“生”的权利，真的可以吗？

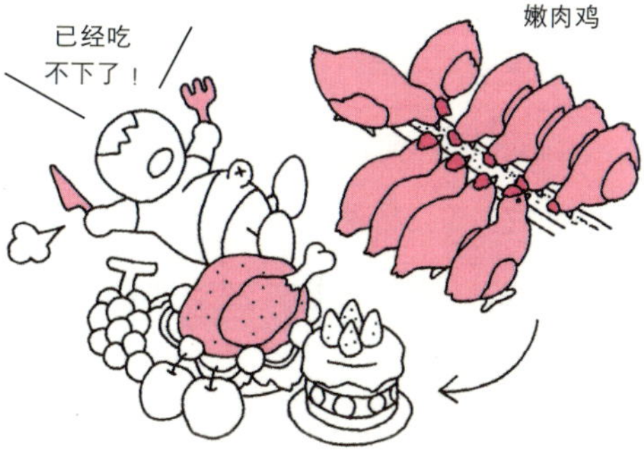

代际公平、地球有限性

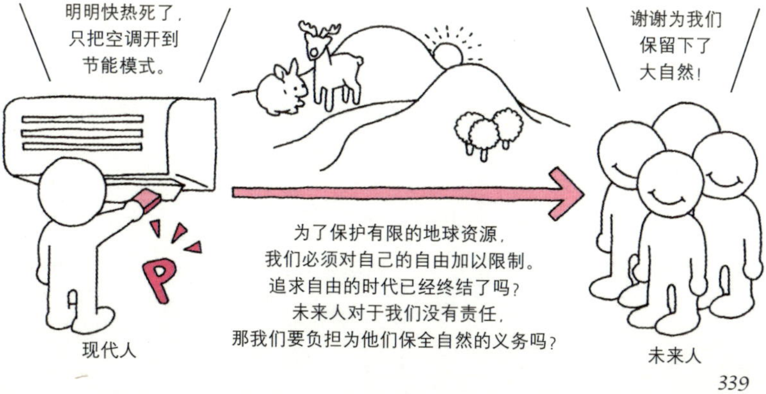

后记

“也许我眼中苹果的颜色、形状和他人看到的并不同，那为何能相互沟通呢？”“也许这世界本就是一场梦呢？”

对于这些想必谁都曾有过的谜团，我无论如何都想知道答案。祖父酷爱读书，有时候家中四壁都淹没在书海之中，有写着法语或德语、来历不明的外文书，也有包着泛黄牛皮纸的哲学书。有一天，我突然意识到，那个我思索已久的答案可能就在这书海之中。果然，向“主观和客观”这一问题发起挑战的先贤大有人在。

笛卡尔说，主观和客观是一致的，因为神让它们一致；但休谟认为，客观世界是不存在的；康德提出，虽然人类主观和物体本身不一致，但同属人类的主观是一致的；黑格尔主张，用辩证法可以使主观和客观一致；胡塞尔则去探寻人类确信世界存在于自我之外的根据。

我想把邂逅这些伟大思想时的震惊直观地呈现出来，于是有了这本书。

这本书由斋藤哲也先生修正。斋藤先生编辑过许多图书，涉及哲学、思想、教育、社会等领域。对本书中每一处错误，斋藤先生都进行了细致的订正。这本书能够完成，很大程度上仰仗他的帮助，在此我要向他表示由衷的感谢。此外，也要谢谢给予这本书出版机会的PRESIDENT出版社的中岛爱女士。

如果读者朋友能在这本书中有所发现、有所惊喜，将使我不胜欢喜。

田中正人

主要参考文献

罗素《哲学问题》高村夏辉 译 筑摩学艺文库
雅斯贝尔斯《哲学入门》草薙正夫 译 新潮文库
弗朗索瓦·沙德烈编《希腊哲学（西方哲学的智慧）》藤泽令夫 译 白水社
弗朗索瓦·沙德烈编《中世纪哲学（西方哲学的智慧）》山田晶 译 白水社
弗朗索瓦·沙德烈编《近代哲学（西方哲学的智慧）》竹内良知 译 白水社
弗朗索瓦·沙德烈编《启蒙时代的哲学（西方哲学的智慧）》野泽协 译 白水社
弗朗索瓦·沙德烈编《哲学和历史（西方哲学的智慧）》野田又夫 译 白水社
弗朗索瓦·沙德烈编《工业社会的哲学（西方哲学的智慧）》花田圭介 译 白水社
弗朗索瓦·沙德烈编《人类科学和哲学（西方哲学的智慧）》田岛范夫 译 白水社
弗朗索瓦·沙德烈编《二十世纪的哲学（西方哲学的智慧）》中村雄二 译 白水社
第欧根尼·拉尔修《名哲言行录（上）（中）（下）》加来彰俊 译 岩波文库
利真弗贝尔《西方古代·中世纪哲学史（平凡社书库）》矢玉俊彦 佐藤直子 译 平凡社
托马斯·内格尔《你的第一本哲学书》冈本裕一郎 若松良树 译 昭和堂
皮耶特罗·埃曼努尔《看这些哲学家——在名言中认识西方哲学史》泉典子 译 中公文库
乔斯坦·贾德《苏菲的世界》须田朗 监修 池田香代子 译 NHK 出版

《岩波哲学·思想事典》广松涉 编 岩波书店
《缩印版·现象学事典》木田园 野家启一 村田纯一 鹫田清一 编 弘文堂
《新版 哲学·逻辑用语辞典》思想科学研究会 编 三一书房
《了解概念和历史 西方哲学小事典》生松敬三 伊东俊太郎 岩田靖夫 木田元 编 筑摩学艺文库
《哲学关键词事典》木田元 编 新书馆
多米尼克·福勒斯施德《世界哲学·思想年表小事典》菊地伸二 杉村靖彦 松田克进 译 白水社
山本巍 宫本久雄 门协俊介 高桥哲哉 今井知正 藤本隆志 野矢茂树《哲学原典资料集》东京大学出版会
麻生享志 伊古田理 桑田礼彰 河谷淳 饭田亘之 黑崎刚 久保阳一《从原典看哲学史》公论社
永井均 小林康夫 大泽真幸 山本广子 中岛隆博 中岛义道 河本英夫《事典·哲学的树》讲谈社
今村仁司《现代思想事典》讲谈社现代新书
威尔·巴金汉《哲学大图鉴》小须田健 译 三省堂

重田园江《社会契约论——霍布斯、休谟、卢梭、罗尔斯 》筑摩新书
石川文康《康德入门》筑摩新书
熊野纯彦《康德——可以体验世界的界限吗（哲学随笔系列)》NHK 出版
长谷川宏《新解黑格尔》讲谈社现代新书
长谷川宏《黑格尔〈精神现象学〉入门》讲谈社选书 Metier
金子武藏《黑格尔的精神现象学》筑摩学艺文库
生松敬三《社会思想的历史——黑格尔・马克思・韦伯》岩波现代文库
大川正彦《马克思——今天，共产主义如何存在》NHK 出版
今村仁司《马克思入门》筑摩新书
鱼津郁夫《实用主义的思想》筑摩学艺文库
竹田青嗣《现象学入门》NHKbooks
竹田青嗣《现象学导论》海鸟社
木田元《海德格尔的思想》岩波新书
内田树《列维纳斯和爱的现象学》文春文库
永井均《这才是尼采》讲谈社现代新书
富增章成《图解尼采思想》中经文库
妙木浩之《弗洛伊德入门》筑摩新书
野矢茂树《解读维特根斯坦〈逻辑哲学论〉》筑摩学艺文库
永井均《维特根斯坦入门》筑摩新书
渡边公三《列维－施特劳斯（现代思想的冒险者们 Select)》讲谈社
桥爪大三郎《结构主义导论》讲谈社现代新书
内田树《睡前学一点结构主义》文春新书
神崎繁《福柯——如他般思考，如他般生活 (哲学随笔系列)》NHK 出版
贯成人《福柯——主体的梦想：生命权力 (入门・哲学家系列 2)》青灯社
中山元《福柯入门》筑摩新书
户田山和久《科学哲学的冒险——探寻科学的目的和方法》NHKbooks
斋藤庆典《德里达——为什么解构是正义的 (哲学随笔系列)》NHK 出版
今村仁司 三岛宪一 鹫田清一 野家启一 矢代梓《现代思想的源流 (现代思想的冒险者们 Select)》讲谈社
久米博《现代法国哲学》新曜社

户田山和久《哲学入门》筑摩新书
木田元《我的哲学入门》学术文库
木田元《反哲学入门》新潮文库

木田元《反哲学史》讲谈社学术文库
贯成人《图说·标准哲学史》新书馆
贯成人《图解杂学 哲学》NATSUME 社
三木清《哲学入门》岩波新书
竹田青嗣《了解自我的哲学入门》筑摩书房
竹田青嗣《现代思想的冒险》筑摩学艺文库
小阪修平《现代思想是这样的啊》讲谈社 + α 文库
小阪修平《图解杂学 现代思想》NATSUME 社
熊野纯彦《西方哲学史——从古代到中世》《西方哲学史——从近代到现代》岩波新书
今道友信《西方哲学史》讲谈社学术文库
仲正昌树 藤本一勇 清家龙介 北田晓大 毛利嘉孝《现代思想入门》PHP 研究所
堀川哲《改变世界的哲学家》角川 Sophia 文库
堀川哲《推动历史的哲学家》角川 Sophia 文库
畠山创《掌握思考力 哲学入门》中经出版
饮茶《史上最强哲学入门》 Magazine · Magazine
泷本往人《哲学成就自身 十九位哲学家的方法》东京书籍
岩田靖夫《欧洲思想入门》岩波 Junior 新书
山本信《哲学的基础》北树出版
荻野弘之《哲学的原风景》NHK 书库
小须田健《有趣易懂的世界哲学与思想图解》日本文艺社
山竹伸二《看到惊喜！真正读懂哲学》日本实业出版社
冈本裕一朗《看到惊喜！真正读懂现代思想》日本实业出版社
甲田烈《掌中哲学读本》KANKI 出版
秦野胜《有趣易懂！哲学书》西东社
泽边有司《最好懂的哲学书》彩图社
小川仁志《完全解读〈哲学概念〉事典》PHP 文库
吉冈友治《完全解读“×× 主义”事典》PHP 文库
高级中学公民科《伦理》教科书 东京书籍 / 清水书院 / 山川出版社 / 数研出版
《伦理用语集》滨井修 监修 小寺聪 编 山川出版社

索 引

哲学著作

哲学概念

图书在版编目（CIP）数据

惊呆了！哲学这么好 /（日）田中正人著 ；（日）斋藤哲也编 ；尹国鹏译. —— 海口 ：南海出版公司，2018.2

ISBN 978-7-5442-9153-8

Ⅰ. ①惊… Ⅱ. ①田… ②斋… ③尹… Ⅲ. ①哲学－通俗读物 Ⅳ. ① B-49

中国版本图书馆 CIP 数据核字（2017）第 312989 号

著作权合同登记号　图字：30-2017-116

Original Japanese title：TETSUGAKU YOUGO ZUKAN

Original Design & Illustration:
MORNING GARDEN INC. (Masato Tanaka, Mayuko Watanabe)
Original Japanese edition published by President Inc.
Simplified Chinese translation rights arranged with President Inc.
through The English Agency(Japan)Ltd.and Bardon-Chinese Media Agency

惊呆了！哲学这么好
〔日〕田中正人 著
〔日〕斋藤哲也 编
尹国鹏 译

出　　版　南海出版公司　（0898）66568511
　　　　　海口市海秀中路 51 号星华大厦五楼　　邮编 570206
发　　行　新经典发行有限公司
　　　　　电话（010）68423599　　邮箱 editor@readinglife.com
经　　销　新华书店

责任编辑　张　锐
特邀编辑　王　雪
装帧设计　朱　琳
内文制作　王春雪

印　　刷　北京盛通印刷股份有限公司
开　　本　880 毫米 ×1194 毫米　1/32
印　　张　11
字　　数　253 千
版　　次　2018 年 2 月第 1 版
印　　次　2025 年 2 月第 25 次印刷
书　　号　ISBN 978-7-5442-9153-8
定　　价　59.00 元